George Thompson

Guerra no Paraguai

1ª edição

Rio de Janeiro
RCMP
2014

CIP-BRASIL. CATALOGAÇÃO-NA-FONTE
SINDICATO NACIONAL DOS EDITORES DE LIVROS, RJ

T39g

    Thompson, George, 1839-1878
        Guerra no Paraguai / George Thompson ; tradução e organização Ricardo Cunha Mattos Portella. - 1. ed. - Rio de Janeiro : RCMP, 2014.
        268 p. : il. ; 23 cm.

    Tradução de: War in Paraguay
    Inclui apêndice
    ISBN 978-85-66005--09-7

    1. Paraguai, Guerra do, 1865-1870 -- Campanhas. I. Portella, Ricardo Cunha Mattos. II. Título.

14-18387   CDD: 989.205
                              CDU: 94(89.2)'1865/1870'

03/12/2014   04/12/2014

Revisão Alessandra Angelo
(http://www.primaverarevisaodetextos.com)
Copyright da tradução© 2014 Ricardo Cunha Mattos Portella
Capa: retrato de Francisco Solano López, Presidente do Paraguai durante a guerra.
Revisão 2.0

Copyright desta edição© 2014 Ricardo Cunha Mattos Portella40005267072
All rights reserved. Nenhuma parte deste livro pode ser reproduzida ou usada de qualquer forma ou por qualquer meio, eletrônico ou mecânico, inclusive fotocópias, gravações ou sistema de armazenamento em banco de dados, sem permissão por escrito.

editorarcmp@hotmail.com
http://www.editorarcmp.com.br

ISBN-13: 978-85-66005-09-7

NOTAS DESTA EDIÇÃO

Esta edição é uma tradução original do livro de George Thompson "War in Paraguay" primeiramente publicado em Londres em 1869. Além das figuras da edição original, esta edição conta com várias ilustrações adicionais. Este livro é o relato do lado paraguaio mais famoso da Guerra do Paraguai, e foi escrito antes do fim da mesma em 1870. George Thompson era um engenheiro inglês contratado no governo do pai de Francisco Solano López para melhorar a infraestrutura do país. Ele foi o responsável pelo projeto e construção das fortificações paraguaias durante a guerra, e um apaixonado pelo Paraguai e seu povo. Dessa forma, sua visão da guerra é bastante enviesada, mas mesmo assim, seus depoimentos atestam o caráter ditatorial e sanguinário de López.

Visite nossa página em http://www.editorarcmp.com.br, veja nossos lançamentos e dê sugestões para próximas edições.

GEORGE THOMPSON

Coronel George Thompson

GEORGE THOMPSON

SUMÁRIO

LISTA DE FIGURAS..xi

PREFÁCIO DA EDIÇÃO ORIGINAL 1

CAPÍTULO I.. 3
    NOTAS SOBRE AS FORÇAS BELIGERANTES E UMA BREVE HISTÓRIA DO PARAGUAI ATÉ O COMEÇO DA GUERRA 3

CAPÍTULO II... 13
    DAS CAUSAS QUE LEVARAM A GUERRA DO PARAGUAI E O COMEÇO DA MESMA POR LÓPEZ CONTRA O BRASIL 13

CAPÍTULO III.. 25
    A EXPEDIÇÃO PARAGUAIA AO MATO GROSSO 25

CAPÍTULO IV... 31
    O COMEÇO DA GUERRA POR LÓPEZ II CONTRA A CONFEDERAÇÃO ARGENTINA – O TRATADO SECRETO DA TRÍPLICE ALIANÇA 31

CAPÍTULO V.. 39
    O EXÉRCITO DO PARAGUAI E SEUS RECURSOS – AS FORÇAS DOS ALIADOS... 39

CAPÍTULO VI... 45
    O COMEÇO DA CAMPANHA EM CORRIENTES – GENERAL URQUIZA. 45

CAPÍTULO VII.. 53
    A BATALHA DO RIACHUELO – LÓPEZ DEIXA ASSUNÇÃO PARA O COMANDO DA GUERRA – APRISIONAMENTO DO GENERAL ROBLES E CONTINUAÇÃO DA CAMPANHA DE CORRIENTES................................. 53

CAPÍTULO VIII... 65
    A CAMPANHA NO RIO URUGUAI – OS ALIADOS VÃO A CAMPO – A EVACUAÇÃO DE CORRIENTES PELO EXÉRCITO PARAGUAIO. 65

CAPÍTULO IX... 75

LÓPEZ SE PREPARA PARA RECEBER OS ALIADOS NO PARAGUAI – RECRIMINAÇÕES ENTRE LÓPEZ E MITRE – OS ALIADOS CHEGAM AO LADO DE CORRIENTES DO PASSO DA PÁTRIA – INCURSÕES DOS PARAGUAIOS EM CORRIENTES 75

CAPÍTULO X 91

OS ALIADOS INVADEM O PARAGUAI – OPERAÇÕES PRELIMINARES – A BATALHA DA MARGEM – EVACUAÇÃO DO PASSO DA PÁTRIA. 91

CAPÍTULO XI 101

AS BATALHAS DOS DIAS 2 E 24 DE MAIO DE 1866, E A DESTRUIÇÃO DO EXÉRCITO PARAGUAIO 101

CAPÍTULO XII 113

PARALISAÇÃO DAS OPERAÇÕES – A FROTA BRASILEIRA – DESCRIÇÃO DE CURUPAITI – PORTO ALEGRE REFORÇA OS ALIADOS – LÓPEZ REVIVE – BATALHAS DE YATAITY CORÁ E DO SAUCE. 113

CAPÍTULO XIII 125

A FROTA BRASILEIRA – CAPTURA DE CURUZÚ – ENTREVISTA ENTRE LÓPEZ E MITRE – DERROTA DOS ALIADOS EM CURUPAITI – PARALISAÇÃO DE TODAS OPERAÇÕES. 125

CAPÍTULO XIV 139

OS ALIADOS NÃO FAZEM NADA – CÓLERA – A ARTILHARIA WHITWORTH E OS VELHOS CANHÕES DE ALMA LISA – MORTE DO GENERAL DIAZ – MANUFATURAS NO PARAGUAI – ANIQUILAÇÃO DA EXPEDIÇÃO BRASILEIRA NO MATO GROSSO. 139

CAPÍTULO XV 161

OS ALIADOS MARCHAM PARA TUIU-CUÊ – OS ENCOURAÇADOS PASSAM PELAS BATERIAS DE CURUPAITI. 161

CAPÍTULO XVI 165

PROPOSTAS DE PAZ – INTERMEDIAÇÕES DOS SRS. WASHBURN E GOULD. 165

CAPÍTULO XVII 169

OS ALIADOS TENTAM CERCAR HUMAITÁ – DESCRIÇÃO DO TERRENO EM TORNO DE HUMAITÁ – BATALHAS DE iLHA TAYÍ, TATAYIBÁ, OBELLA E GUARDIA TAYÍ – SAQUE E QUEIMA DO ACAMPAMENTO ALIADO DE TUIUTÍ. 169

CAPÍTULO XVIII 181

LÓPEZ CONCENTRA SUAS FORÇAS NO PASSO PUCÚ, E ESTABELECE UM ACAMPAMENTO E BATERIA NO TIMBÓ – MITRE DEIXA O COMANDO NAS MÃOS DE CAXIAS – MORTE DO GENERAL FLORES. 181

CAPÍTULO XIX 187

OS ENCOURAÇADOS PASSAM POR HUMAITÁ – CAPTURA DO REDUTO CIERVA – EVACUAÇÃO E BOMBARDEAMENTO DE ASSUNÇÃO – ATAQUE AOS ENCOURAÇADOS COM CANOAS – LÓPEZ RECUA PARA O CHACO – ATAQUE NAS LINHAS PARAGUAIAS DO ESPINILLO E DO SAUCE – EVACUAÇÃO DOS MESMOS PELOS PARAGUAIOS. 187

CAPÍTULO XX 195

A MARCHA PELO CHACO – BATERIAS EM FORTIM – LÓPEZ SE ESTABELECE NO TEBICUARY – EVACUAÇÃO DE MATO GROSSO. 195

CAPÍTULO XXI 205

O CERCO DE HUMAITÁ. 205

INVESTIDA SOBRE HUMAITÁ – RESISTÊNCIA DOS PARAGUAIOS NO CHACO – ATAQUE AOS ENCOURAÇADOS NO TAYÍ – ATAQUE A HUMAITÁ – BATALHA DE ACAYUASÁ – EVACUAÇÃO DE HUMAITÁ – DUROS COMBATES NO CHACO – RENDIÇÃO DO RESTANTE DA EX-GUARNIÇÃO DE HUMAITÁ – EVACUAÇÃO DO CHACO. 205

CAPÍTULO XXII 211

LÓPEZ ABANDONA O TEBICUARY, E SE FORTIFICA EM ANGOSTURA E PIQUISSIRÍ – OS ALIADOS SE ESTABELECEM EM PALMAS. 211

CAPÍTULO XXIII 217

OS ALIADOS SE PREPARAM PARA OPERAÇÕES – ESTRADA ATRAVÉS DO CHACO – OS ENCOURAÇADOS PASSAM ANGOSTURA – VASOS DE

GUERRA NEUTROS – LÓPEZ FORMA UMA FORÇA RESERVA. 217

CAPÍTULO XXIV 225

OS BRASILEIROS DESEMBARCAM EM SAN ANTONIO – BATALHAS DO ITORORÓ E AVAÍ – CAPTURA DAS TRINCHEIRAS DE PIQUISSIRÍ – SETE DIAS DE COMBATES EM ITÁ IVATÉ, RESULTANDO NA DERROTA DE LÓPEZ, A DESTRUIÇÃO DE SEU EXÉRCITO, E A CAPITULAÇÃO DE ANGOSTURA. 225

CAPÍTULO XXV 243

A RESPEITO DA ALEGADA CONSPIRAÇÃO E DAS ATROCIDADES COMETIDAS POR LÓPEZ. 243

CAPÍTULO XXVI 249

PERSONALIDADE DE LÓPEZ. 249

CAPÍTULO XXVII 253

NOTAS DE ENGENHARIA. 253

APÊNDICES 259

nº I. 259

nº II 263

nº III 269

nº IV 271

nº V 273

SOBRE O AUTOR 289

OUTROS LIVROS DA EDITORA RCMP 291

LISTA DE FIGURAS

Figura 1 - Soldado Paraguaio 42
Figura 2 - Ordem Nacional do Mérito do Paraguai 52
Figura 3 - Representação de chata paraguaia no quadro de Pedro Américo, A Batalha do Riachuelo 55
Figura 4 - Munição de artilharia de metralha 57
Figura 5 - Pelota 76
Figura 6 - Monitor Bahia 92
Figura 7 - Encouraçados Tamandaré e Brasil 92
Figura 8 - Canhão raiado LaHitte 103
Figura 9 - General Venâncio Flores 105
Figura 10 - Rifle Enfield utilizado pelas forças brasileiras 114
Figura 11 - Quartel-General de Tuiuti com a torre de vigia visível ao fundo. 117
Figura 12 - Torpedos Paraguaios 126
Figura 13 - Canhão Whitworth de 32 libras 140
Figura 14 - "El Cristiano" 145
Figura 15 - Canhão "O Criolo" 147
Figura 16 - O Cabichui 157
Figura 17 - Teatro de Operações - 1866-1868 170
Figura 18 - Placa de aço do monitor *Alagoas* 188
Figura 19 - HBMS Cherub - Navio da mesma classe do Linnet 219
Figura 20 - Assalto às trincheiras de Lomas Valentinas (Ita Ivaté) 230
Figura 21 - Canhão montado *en barbette*. 254
Figura 22 - Ilustração I 275
Figura 23 - Ilustração II 277
Figura 24 - Ilustração III 279
Figura 25 - Ilustração IV 281
Figura 26 - Ilustração V 283
Figura 27 - Ilustração VI 285
Figura 28 - Ilustração VII 287

PREFÁCIO DA EDIÇÃO ORIGINAL

Os pontos de vista contraditórios da conduta e personalidade do Presidente López mostrados por aqueles que tiveram parte na luta entre os paraguaios e as forças aliadas opostas a eles, me levaram a pensar que um pequeno trabalho escrito por alguém que residiu 11 anos no Paraguai seria interessante. Tendo estado engajado na defesa do país, eu estou capacitado a dar uma autêntica informação a respeito do assunto.

Como veremos na narrativa a seguir, eu considero López um monstro sem paralelo, mas eu não tinha descoberto sua verdadeira personalidade antes do final de 1868. De seus ultrajes ao começo da guerra eu somente tinha ouvido falar por meio de boatos. Suas maneiras, entretanto, eram tais que levavam a desacreditar quaisquer tipos de rumores que eram ditos a respeito dele. Mais tarde, entretanto, eu tive inúmeras corroborações do que havia sido dito contra ele nas partes iniciais deste livro.

O modo como o Presidente López começou a guerra com os argentinos foi ultrajante, mas com o Brasil a guerra era aparentemente inevitável, e se ele não tivesse começado a guerra naquele momento, o Brasil teria pego o Paraguai desprevenido.

Os meus motivos pessoais em tomar parte desta guerra não foram apenas políticos, mas também físicos. Eu queria uma mudança de ares, e eu estava contente com a oportunidade de me juntar ao que prometia ser apenas um serviço militar fácil a centenas de quilômetros. Motivos monetários não existiam porque eu não receberia nenhum aumento salarial, e quando o Tratado Secreto foi revelado, ele me deu mais motivos para lutar pelo Paraguai, porque pelos termos do tratado, eu acreditava que o país deveria lutar ou desaparecer.

A minha intenção era escrever sobre este relato da guerra depois que o Presidente López fosse deposto pelos aliados. Entretanto, parece que eles não estão ansiosos em pôr um fim ao terrível sacrifício de vidas que está ocorrendo no Paraguai há quatro anos e meio. E, considerando que a narrativa a seguir pode ter algum efeito em fazê-los terminar a guerra, e assim salvar as vidas das mulheres e crianças do Paraguai, que agora devem estar morrendo de fome, escrevi este relato cru dos fatos.

Apesar de eu falar sobre o déspota que usou seu povo somente para seus propósitos egoístas com grande horror e aversão, pelos paraguaios propriamente ditos eu tenho os sentimentos mais carinhosos, e eu penso que cumpri o meu dever com eles tendo, na medida do possível, aliviado as misérias da vida militar daqueles que estavam sob minhas ordens, salvando muitas vidas.

Sobre algumas informações relativas aos aliados, eu estou em débito aos arquivos dos jornais de Buenos Aires, o Standard, a Tribuna e a Nación Argentina.

Londres, 18 de junho de 1869.

CAPÍTULO I

NOTAS SOBRE AS FORÇAS BELIGERANTES E UMA BREVE HISTÓRIA DO PARAGUAI ATÉ O COMEÇO DA GUERRA

Paraguai[1], a Confederação Argentina, a Banda Oriental e o Brasil, são quatro países da América do Sul que por sua posição topográfica são obrigados a ter certo relacionamento que cada um deles graciosamente dispensaria já que seus habitantes cordialmente não gostam um dos outros. Os três primeiros são povoados por uma mistura de espanhóis com as raças aborígenes e o quarto por uma mistura de portugueses, aborígenes e negros.

O Brasil desde que foi colonizado pelos portugueses esteve fortemente engajado no tráfico de escravos e no uso do trabalho escravo para produzir bens para exportação para a Europa. Ele não esteve envolvido em guerras, exceto por pequenas escaramuças com seus vizinhos sempre fora de seu território, e algumas pequenas e fracas revoltas foram rapidamente dominadas pelo governo central por meio de suborno e não luta. O número de negros importados e as condições degradantes a que eles estiveram submetidos, rebaixaram os brasileiros (como uma raça) a um grau muito baixo na escala da humanidade.

Os argentinos e os orientais (como são conhecidos os habitantes da Banda Oriental) são uma raça muito parecida – homens e mulheres muito bonitos – com pouco sangue índio, exceto os gaúchos e os correntinos que têm muito mais sangue de índio do que espanhol. Estas duas nações têm lutado continuamente; quando não estavam em luta entre si, estavam em lutas internas, geralmente cortando as gargantas dos prisioneiros capturados em batalha.

---

[1] Paraguai: Do guarani, *Pará*, mar; *guá*, pertencente a; *ý*, rio ou água. Literalmente, "o rio que pertence ao mar".

O Paraguai, desde que foi conquistado pelos espanhóis, tem estado em uma profunda paz, se nós não levarmos em conta uma expedição de umas poucas centenas de homens sob o comando do General Belgrano, enviado por Buenos Aires no início deste século. Esta expedição lutou duas chamadas batalhas, nas quais o Paraguai clamou vitória. A primeira, no entanto, depois da travessia do Rio Paraná[2], no Rio Taquari, deve ter sido um empate ou mais provavelmente uma derrota paraguaia; porque depois dela os argentinos marcharam uma distância de 420 km pelo coração do país até a planície do Paraguarí, onde eles foram batidos pelos paraguaios que tinham apenas bastões e pedras a oporem às armas de Belgrano. Esta foi a única ocasião, antes da guerra atual, na qual o Paraguai foi invadido por forças estrangeiras.

Nas guerras de Rosas, o Paraguai enviou alguns poucos homens para Corrientes, sob o comando de López, então um jovem de 18 anos e "Comandante-Chefe dos Exércitos Paraguaios", mas não houve lutas de modo que antes da guerra atual, podemos dizer que os paraguaios não tinham experiência na ciência da guerra.

A raça dos homens no Paraguai era fisicamente uma raça melhor do que aquela dos outros países mencionados, e estava dividida em quatro classes: brancos, mulatos, índios e negros – a segunda sendo uma mistura da terceira ou da quarta com a primeira. Os brancos, a aristocracia do Paraguai, era descendente dos primeiros invasores espanhóis que casaram com mulheres índias. Os descendentes destes casamentos somente se casaram entre eles mesmos, ou com sangue novo europeu, não admitindo mais casamentos com índios. Os mulatos não podiam ser ordenados padres – os índios podiam.

Logo depois da descoberta do Paraguai, os jesuítas se fixaram lá e construíram uma igreja (1588). Nesta época os espanhóis que governavam o país, estavam tratando os índios muito mal e usando-os como escravos. Os jesuítas escreveram para a sua sede e reclamaram deste comportamento, e o governador do Paraguai foi repreendido e os jesuítas orientados a fazer os melhores esforços para civilizar os índios e tratá-los bem.

Os jesuítas, desta maneira, se estabeleceram no país e se puseram a trabalhar para o bem. Eles construíram vilas chamadas de "Missões" longe do governo espanhol para não serem perturbados por ele nos seus esforços. Estas vilas ficavam a uma distância de 16 a 32 km entre si, de maneira que a comunicação entre elas era fácil. Ali eles reuniram os índios e os ensinaram a ler e a escrever. Eles organizaram um sistema escrito para a língua falada pelos índios, o Guarani (falado por todos os paraguaios), e imprimiram gramáticas, dicionários, missais, etc., nesta língua. Eles ensinaram aos índios todos os ofícios, e construíram belas igrejas com lindos entalhes de madeira

---

[2] Paraná: Do guarani, *Pará*, mar; *ná*, como. Literalmente, "como o mar".

dourada, tapetes, etc. – o trabalho de seus discípulos. Eles elevaram os índios a um estado de disciplina e obediência maior do que o dos militares, no qual eles gradualmente abdicaram da sua razão e pensamento, e faziam o que lhes era ordenado, sem pensar se seus mestres tinham o direito ou não de mandarem neles.

Em 1767, o governo espanhol ordenou que os jesuítas abandonassem o país, e nisto os jesuítas merecem o nosso aplauso por evitarem um banho de sangue, pois graças à sua influência sobre o povo, eles poderiam ter facilmente resistido à ordem e permanecido os senhores do país. Eles fizeram um grande bem ao Paraguai, civilizando os índios e os protegendo dos espanhóis, mas apesar de provavelmente eles terem maiores ambições, não estavam preparados para persegui-las ao custo de tantas vidas quantas teriam se perdido caso eles tivessem se oposto ao governo.

Depois da expedição do General Belgrano, e no mesmo ano (1811), uma revolução silenciosa, durante a qual nenhuma gota de sangue foi derramada, aconteceu. Como resultado foram apontados dois conselheiros para assistir o governador espanhol (Velasco) a formar um novo governo. Um destes foi o famoso Dr. José Gaspar Francia. Estes três governaram em paz até 1813 quando Francia e Yegros foram escolhidos cônsules. Yegros morreu logo depois (é dito que Francia se livrou dele), então Francia convocou o congresso e foi nomeado ditador – primeiro por dois anos, e logo depois perpetuamente.

Ele em seguida iniciou o seu terrível sistema tirânico. Primeiramente instituiu um sistema de espionagem tão perfeito que mesmo conversas com amigos íntimos poderiam ser relatadas para Francia. Todos que supostamente fossem contra o governo, mesmo que em pensamento, poderiam ser jogados na prisão, e alguns deles fuzilados (especialmente os homens mais influentes do país), e suas propriedades confiscadas. Francia vivia num medo contínuo de ser assassinado, e quando ele trafegava pelas ruas, todos eram obrigados a se esconder, mesmo mulheres, porque sua escolta costumava bater em todos que estavam na rua quando S. Ex.ª passava.

Francia fechou o Paraguai, por terra e água, de toda comunicação exterior, colocando guardas e piquetes em toda a fronteira. Proibiu o ingresso e o egresso de pessoas e bens, e qualquer um que fosse pego tentando deixar o país, ou enviar dinheiro para fora, era fuzilado. De vez em quando permitia-se que um navio chegasse ao Paraguai com bens, aos quais Francia pagava em erva-mate (o chá do país), mas qualquer estrangeiro que chegasse perto de suas garras era detido no país.

Ele promulgou uma lei proibindo o casamento entre brancos, negros, índios e mulatos, e declarou vários chefes de família, de que ele não gostava, como mulatos, de maneira que eles não poderiam se casar, pois nenhum paraguaio branco iria se degradar casando-se com alguém de uma casta inferior. Francia esperava desta maneira exterminar essas famílias, mas a lei espanhola de legitimidade permitiu que eles se casassem depois de sua morte. Casamentos em geral não foram encorajados por Francia, e desta maneira floresceu a imoralidade entre as classes inferiores, apesar disto ter sido raro entre as mais altas classes. Sua moral, entretanto, não era tão ruim quanto se poderia supor, pois apesar dos casamentos não serem celebrados na igreja, as mulheres eram tão fiéis quanto se elas tivessem sido casadas, com a diferença que quando duas pessoas achavam que eles não davam certo, elas se separavam já que os laços não eram irrevogáveis.

Francia morreu em 1840 aos 85 anos de idade. Ele foi enterrado debaixo do altar da Igreja da Encarnação em Assunção, mas seus restos mortais foram posteriormente desenterrados e atirados ao rio por homens cujas famílias ele tinha prejudicado. Três homens de distinção do Paraguai seriam fuzilados na manhã em que ele morreu, mas a ordem para suas execuções nunca foi levada adiante.

Um congresso foi convocado e Carlos Antônio López e Roque Alonzo foram escolhidos cônsules. O segundo destes era um homem bom e bem falado por todos que o conheciam, mas ele não tinha força de caráter suficiente para lidar com López que logo se livrou dele e permaneceu sozinho no governo. A princípio ambos assinavam em uma única linha denotando igualdade de poderes. Logo em seguida, López começou assinando primeiro e Alonzo debaixo dele em segundo lugar, mas finalmente López disse a Alonzo, "Andate, bárbaro" (vá embora bárbaro), e se elegeu presidente por 10 anos por um congresso que ele convocou em 1844. Neste congresso e em outros[3], leis foram passadas cujos extratos estão a seguir:

Dos "Estatutos para a Administração da Justiça", 24 de novembro de 1842.

Art. 71 – A tortura e a confiscação de bens estão abolidas.

Do "Decreto para a Abolição da Escravatura", 24 de novembro de 1842.

O Governo Supremo da República do Paraguai acorda e decreta:

Art. 1 – A partir de 1º de janeiro do ano de 1843, os nascidos de todas as escravas deverão ser livres, e qualquer criança que eles tenham depois desta data deverão ser chamados Libertos da República do Paraguai.

Art. 2 – Os libertos estarão obrigados a servir a seus mestres até a idade de 25 anos para os homens e 24 para as mulheres.

Da "Aprovação" da Mensagem do Congresso.

---

[3] Um infeliz membro de um dos congressos se aventurou a sussurrar para seu vizinho durante uma das sessões e foi ignominiosamente expulso por López.

Art. 29 – A partir do primeiro dia do próximo mês, o salário do Primeiro Consul será de 4 mil dólares por ano, e o do Segundo Consul, 3 mil.

Do "Ato da Independência do Paraguai", 25 de novembro de 1842.

Art. 2 – A República do Paraguai nunca deverá ser patrimônio de uma pessoa ou família.

Das "Instruções da Polícia", 15 de junho de 1843.

Art. 37 – É absolutamente proibido falar dos partidos e da guerra civil que, triste dizer, está assolando as províncias vizinhas, e insultos e ameaças aos refugiados de ambos partidos não serão permitidos. Aqueles que desejam viver nesta república devem entender que tem de manter profundo silêncio a respeito das ocorrências e partidos no outro lado, em Corrientes, e o comissário de polícia irá avisar a todos estrangeiros e refugiados que nós aqui não desejamos saber nada de seus ódios e rancores desastrosos, e aqueles que não gostarem disto devem se retirar imediatamente do país.

Da "Lei Estabelecendo a Política Administrativa da República do Paraguai", 16 de março de 1844.

Capítulo VII

Dos Atributos do Presidente da República

Art. 1 – A autoridade do Presidente da República é extraordinária em casos de invasão, comoção interna, e às vezes pode ser necessária para a conservação da ordem e tranquilidade pública da república.

Art. 9 – Ele declara guerra e paz e toma para si a responsabilidade de todas as medidas que podem levar a guerra ou a paz.

Art. 17 – Ele pode celebrar acordos com a Santa Fé Apostólica, permitir ou recusar o seu consentimento aos decretos dos concílios e qualquer outra constituição eclesiástica, dar ou recusar a promulgação de bulas e comunicados pontífices que sem isto ninguém irá cumpri-los.

Art. 18 – Ele é o único juiz das causas reservadas no estatuto da administração da justiça.

Capítulo VIII

Art. 3 – Os Ministros de Estado não terão outro tratamento que não 'você', e não podem dar ordens sem a aprovação e consentimento do Presidente da República.

Art. 4 – Eles irão receber o salário que o Presidente da República designar para eles.

Da "Reforma de alguns dos Privilégios dos Bispos", 3 de novembro de 1845.

O Presidente da República do Paraguai, considerando que ao mesmo tempo em que lhe foi confiado por seu zelo religioso deve tomar cuidado que nenhum empregado da Igreja apareça nela ou nas ruas exaltando a ele próprio acima do Supremo Governo Nacional, decreta:

Art. 1 – Todo e qualquer tocar de sinos está proibido quando os bispos entram ou saem das igrejas.

Art. 2 – Da mesma forma é proibido se ajoelhar nas ruas ou em qualquer outro lugar quando o bispo passa.

Art. 3 – Ele não irá usar nem um trono, nem um manto seja dentro ou fora da igreja.

Tendo então o poder legal absoluto em suas mãos, López começou a montar um exército para sustentá-lo. Isto será descrito mais adiante.

Sua família era pobre quando ele entrou no governo, e ele próprio no tempo de Francia, era um pobre advogado contente em conseguir uma causa de um dólar. Carlos Antonio López era casado com Dona Juana Carrillo. Ambos eram "brancos", e extremamente gordos. Eles tinham cinco crianças: três filhos – Francisco Solano, Venâncio e Benigno – e duas filhas – Inocência e Rafaela, todos eles bastante gordos. López I começou seu reino aumentando a fortuna de suas crianças de modo inescrupuloso. Ele fez o seu filho mais velho (mais tarde López II) General do comando do exército e Ministro da Guerra. Desde cedo, a este jovem foi confiada uma grande parcela do poder executivo por seu pai, que costumava lhe fazer uma visita oficial nas quais abria as portas de supetão para pegar seu filho de surpresa. Seu segundo filho, Venâncio, foi feito coronel e comandante da guarnição de Assunção. O terceiro, Benigno, tornou-se Major do Exército, mas não satisfeito foi promovido a Almirante da Frota. Este posto, entretanto, ele também renunciou, preferindo uma vida vadia. Foi o grande favorito do velho. Cada um dos filhos tinha uma casa separada, e todos eles eram notórios por sua libertinagem, em especial o mais velho e o mais jovem.

Esta autoridade ilimitada de Carlos Antonio López, que os filhos também exerciam sob seus auspícios, fez as pessoas ficarem com muito medo de dizer ou fazer qualquer coisa que os desagradasse. Todos ficaram muito ricos rapidamente por meio do exercício de seu poder. Eles costumavam oferecer um preço pelo gado muito abaixo do preço de mercado, e as pessoas tinham medo de recusar a oferta. Então eles enviavam o gado ao mercado e vendiam ao preço que queriam, e ninguém podia vender gado no mercado quando a família do Presidente estava lá.

Eles também compraram propriedades ao mesmo preço baixo de particulares e do governo. As moças da família faziam uma troca de moeda, onde papel-moeda rasgado que não podia mais circular era comprado a um desconto de seis centavos no dólar, e por suas conexões no governo elas trocavam no tesouro por uma nota nova do mesmo valor. Elas também emprestavam dinheiro por penhora de joias com um grande lucro, e qualquer uma que elas desejassem elas guardavam, sem nenhuma consideração com os donos das mesmas.

López I continuou com o sistema de espionagem começado por Francia, apesar de não ser tão grande quanto, assim como o aprisionamento de pessoas suspeitas de não serem favoráveis a ele.

Apesar de todo o egoísmo de López I, seu governo foi relativamente bom para o Paraguai. Provavelmente em nenhum país do mundo a vida e a propriedade estiveram tão seguras quanto no Paraguai durante o seu reino. Crime era quase inexistente e quando cometido, imediatamente descoberto e punido. O povo era talvez o mais feliz em existência. Eles praticamente não tinham que trabalhar para ganhar a vida. Cada família tinha sua casa ou cabana em seu próprio terreno. Eles plantavam, em poucos dias, suficiente tabaco, milho e mandioca para seu próprio consumo, e as plantações raramente precisavam que alguém as cuidasse até a época da colheita. Tendo em cada casa um pomar de laranjas, que era um bem comestível popular no Paraguai, e também algumas vacas, eles passavam grande parte do ano sem necessidade de trabalhar. As classes mais altas, é claro, viviam em um modo mais europeu, com muitas famílias bem de vida.

Todos estavam sujeitos a qualquer momento a terem suas propriedades colocadas a serviço público, sem pagamento, à vontade de um juiz de paz, mas este poder em geral não foi abusado durante o tempo do velho. Ele permitia que somente sua família abusasse do povo de maneira ostensiva. Como para a maioria dos Paraguaios a ideia de felicidade humana era ficar de poncho o dia inteiro numa sombra, fumar e tocar violão, eles se consideravam muito felizes porque tinham tão pouco a fazer.

Os paraguaios eram um povo muito hospitaleiro. Recebiam qualquer convidado em suas casas, conhecendo-o ou não, com a maior gentileza, e faziam o melhor que podiam oferecendo aos convidados o melhor quarto e rede de dormir da casa, e geralmente davam um baile na noite que tinham convidados. Eles nunca esperavam qualquer recompensa por isto, e as classes melhores ficariam insultadas se fosse lhes oferecido algo.[4]

A vestimenta paraguaia era para os homens um chapéu preto alto, tal como é usado na Europa, uma camisa com a frente e os punhos lindamente bordados, umas calças brancas, com a bainha chegando até o chão, e 8 ou

---

[4] Os paraguaios viviam de um modo tão simples e pouco ligavam para luxos de forma que o modo de vida descrito aqui os deixava muito satisfeitos. Eles não conheciam nada melhor.

10 cm de bordados próximos à bainha. Em cima destas, uma chiripá que é uma espécie de pano enrolado em torno das pernas, da cintura para baixo até o bordado das calças, e seguro por uma faixa de seda escarlate. Não calçavam sapatos, e levavam um poncho nos ombros. As mulheres vestiam uma camisa branca com mangas curtas com bordados e laços, e na parte de cima da camisa um bordado em volta do pescoço com seda preta. Elas não vestiam nada por cima da camisa até a cintura, onde uma faixa escarlate segurava uma saia branca bordada de preto numa larga faixa na metade de baixo. Não calçavam sapatos. Estas vestimentas eram apenas usadas pelos camponeses e por aqueles das classes mais baixas na cidade. As camisas das mulheres, chamadas tüpoi, são muito bonitas e charmosas. As damas e os cavaleiros na cidade se vestiam como europeus, e as damas, geralmente, tinham muito bom gosto. Elas eram muito femininas e graciosas, e qualquer um que fosse a um baile em Assunção poderia se imaginar em Paris.

Em 1845, López I declarou o país aberto a estrangeiros para o comércio e para residência. Entretanto, eles não podiam ter propriedades no Paraguai, nem casar com nativos sem uma licença especial do governo, a qual não era facilmente obtida. O meio para isto era fazer uma petição ao governo para se casar, citando duas testemunhas que jurariam saber que o requerente era solteiro. López geralmente mantinha as pessoas esperando por alguns meses antes de responder, que geralmente era uma negativa, e às vezes aproveitava a oportunidade para insultar o requerente. Uma vez, um espanhol (de baixa estatura) que fez uma petição, recebeu, depois de três meses, a seguinte resposta endossada na petição: "Apesar do pequeno galego[5] falido N. N. ter vindo a este país, como todos os estrangeiros fazem, tentar sua fortuna, ele ainda é permitido, como um favor especial, a se casar com a distinta jovem senhora M. M.".

Em 1849, uma expedição paraguaia foi enviada a Corrientes sob o comando do General López e retornou um pouco depois sem ter entrado em ação.

As primeiras diferenças com o Brasil começaram na fronteira norte em 1850, quando o Brasil reivindicava o Rio Apa com sua fronteira, e o Paraguai reivindicava o Rio Branco. O Brasil ocupou o Pão de Açúcar, uma colina no território disputado, e foi expulso pelos paraguaios. A disputa ficou em suspensa aqui, e um tratado foi feito, deixando a questão fronteiriça em aberto. Desde então, o Paraguai sempre ocupou o território disputado.

López I entrou em águas quentes com todas as potências com as quais tinha relacionamento. Ele tinha um temperamento petulante e desconfiava de estrangeiros em geral, apesar dele tratá-los bem, provavelmente porque tinha a noção de que seus governos eram mais fortes do que ele. López I

---

[5] Galego, habitante da Galícia e um termo pejorativo.

geralmente se safava de seus problemas pagando quaisquer que fossem as demandas que seus ministros apresentassem. Quando ele chegou ao poder o tesouro era muito rico em dobrões, dólares, ouro e prata. A maioria destas riquezas tinha sido confiscada por Francia de particulares e dos jesuítas que tinham grande quantidade de prata nas igrejas.

Em 1854, López enviou seu filho, General López, para a Europa, como ministro em diferentes cortes. Ele ficou 18 meses na Europa: Inglaterra, França, Espanha, Alemanha e Itália. Nesta viagem ele obteve uma grande quantidade de conhecimento superficial e alguma polidez. Provavelmente foi observando os exércitos europeus que ele teve a noção de imitá-los e brincar de Napoleão na América do Sul. Sua missão não tinha nenhum objetivo em particular além de apresentar o Paraguai ao mundo.

Em 1858, López I colocou umas 20 pessoas na prisão por uma suposta conspiração para assassiná-lo no teatro. Um destes era um súdito inglês, Canstatt, que escapou pelos esforços do Sr. Henderson, o Consul britânico, e pelas medidas de força tomadas pelo Almirantado no Rio da Prata, que parou e deteve em Buenos Aires o vapor de guerra Taquari, quando ele estava deixando aquele porto com o General López que tinha mediado com sucesso dois partidos de uma revolução da Confederação Argentina. O General López desembarcou e foi por terra até Santa Fé onde ele embarcou em um navio para Assunção. Assim que López I ouviu da detenção do Taquari, ele libertou Canstatt da prisão e liberou sua raiva em dois cavaleiros chamados Decoud, pertencentes a uma das primeiras famílias do Paraguai, que foram fuzilados por sua ordem. Talvez esta tenha sido a única grande atrocidade cometida durante o reino de López I, além de uma contra os índios do Chaco que foram convidados para atravessar o rio para fazer um tratado com o comandante de Vila Oliva, que, tendo colocado grande número deles numa sala, assassinou-os a sangue frio. Isto, entretanto, provavelmente foi feito sob a autoridade do próprio comandante.

No todo, López I fez muito bem ao seu país. Ele abriu o comércio exterior, construiu arsenais, vapores e estradas de ferro. Nenhum imposto foi cobrado no Paraguai, e todas as obras foram custeadas pelo imenso tesouro paraguaio.

A única fonte de renda do Paraguai provinha da erva-mate, um monopólio do governo que comprava dos fabricantes a 1 centavo cada 11 quilos, e a vendia entre 24 e 32 centavos a mesma quantidade.

O Paraguai nunca teve, nem tem dívida do tesouro.

Em 10 de setembro de 1862, López I morreu depois de uma longa e dolorosa doença. Tão logo ele morreu, o General López, que estava na casa, tomou posse de todos os papéis, dobrou os guardas e colocou patrulhas extras nas ruas. Ele convocou um conselho de Estado e leu o testamento de seu pai que o apontava Vice-Presidente até que um congresso fosse formado para eleger um novo presidente. Ele então embalsamou o velho e realizou um grande velório na catedral de Assunção. López I foi levado num carro funerário francês até a Igreja da Trindade, que ele próprio tinha construído, a 5 km de Assunção, onde foi enterrado na frente do grande altar com todas as honras, estando presentes o General López e o resto da família. A população inteira de Assunção também estava ali.

O povo em geral pensava que o General López iria estabelecer um governo livre, igual aos que ele tinha visto na Europa e que a mudança seria decididamente para melhor. Os mais sábios, entretanto, balançaram suas cabeças e lamentaram a morte do velho.

O General López imediatamente convocou o congresso e foi eleito presidente em 16 de outubro de 1862. Uns poucos infelizes membros deste congresso timidamente sugeriram que o governo não deveria ser hereditário, e outros fizeram objeções a ele ser militar. Estes membros foram todos postos a ferro e jogados na prisão onde a maioria deles morreu de maus tratos. Seu irmão, Benigno López, foi um destes, banido para sua estância no norte. Padre Maiz, que tinha sido o confessor do velho López, foi outro. Ele conseguiu sobreviver alguns anos na prisão e quando foi solto, se tornou uma desprezível ferramenta nas mãos de López.

Realizou-se uma coleta de dinheiro para erigir um monumento à memória de López I. Este foi um movimento espontâneo dos cidadãos, apesar de na realidade ter sido arranjado por ordem de López II. Foi acordado que nenhuma doação superior a 5 dólares deveria ser recebida, e recibos desta grandeza foram feitos no nome de todos que supostamente tinham 5 dólares e enviados com o pedido de dinheiro, sem perguntar se as pessoas queriam ou não doar dinheiro para o monumento. Isto foi feito tanto entre os nativos como os estrangeiros. No mês de junho, 55 mil dólares tinham sido coletados somente dos paraguaios. O total coletado desapareceu e, é claro, nenhuma pergunta foi feita a respeito, nem monumento algum apareceu.

O Bispo do Paraguai, Urvieta, era um homem velho, mas ainda andava a cavalo. No congresso, López II se referiu à sua idade, propôs que o Papa promulgasse uma bula para que um novo bispo estivesse pronto quando do falecimento do velho. Ele conseguiu uma bula para um bispo do interior chamado Palacios, um homem em torno de 35 anos, que era alguém que ele podia contar para qualquer coisa.

O novo presidente foi homenageado com banquetes e discursos, já que se julgava indecente dar bailes imediatamente após a morte do último presidente.

Nem o primeiro, nem o segundo López jamais permitiram que se dissesse algo contra Francia. Seus próprios sistemas teriam sidos os próximos a serem criticados.

CAPÍTULO II

DAS CAUSAS QUE LEVARAM A GUERRA DO PARAGUAI E O COMEÇO DA MESMA POR LÓPEZ CONTRA O BRASIL

López I tinha fortificado uma curva do Rio Paraguai, perto de sua desembocadura, com umas poucas baterias que foram sendo aumentadas de forma lenta, mas contínua, e uma trincheira foi cavada no lado terrestre de forma a circunvalar a traseira delas. Estas baterias dominavam a curva inteira do rio, e o Paraguai exigiu que todos os barcos ancorassem e pedissem permissão antes que eles pudessem seguir rio acima. Como esta era na prática a única via que o Brasil tinha para a sua província do Mato Grosso, naturalmente ele desaprovava esta prática, e gradualmente acumulou grandes quantidades de materiais militares no Mato Grosso, com vistas, sem dúvida, a algum dia vir a destruir Humaitá, que foi o nome dado ao sítio onde as baterias foram erguidas. O Brasil tinha um forte semelhante mais acima no rio, chamado de Coimbra, por meio do qual todas as embarcações que iam ao Paraguai tinham que passar. Este, entretanto, não tinha nada a ver com o Paraguai, já que ele não perturbava o seu tráfico. Estas baterias e a questão de fronteiras continuamente geravam mal-entendidos entre os governos, o que tornou evidente que uma guerra iria acontecer algum dia, já que nenhum lado cedia ao que considerava ser seu direito. A guerra, entretanto, foi começada por López contra o Brasil e a Confederação Argentina, e sem nenhuma declaração regular de guerra. Ele seguiu um caminho tortuoso, com a intenção de declarar guerra de uma maneira civilizada, mas não pôde resistir à tentação de lucrar com o descuidado de seus oponentes, e sequestrou um de seus vapores em tempos de paz. O modo como a guerra realmente começou e suas causas ostensivas foram o seguinte:

No dia 17 de abril de 1863, o General Flores, um gaúcho, líder de um dos partidos políticos de Montevidéu, e exilado, partiu de um pequeno barco da estação de gás de Buenos Aires com quatro companheiros, e chegou a Montevidéu para fazer uma revolução. Isto foi feito apenas para tomar o governo em suas próprias mãos. Os gaúchos estavam quietos por alguns meses, e a única coisa que eles precisavam era de um líder para levá-los novamente a fazer uma guerra civil. Ele logo juntou uns poucos gaúchos e os serviu com armas e munição provenientes do Departamento da Guerra de Buenos Aires, um país até então em paz com Montevidéu. A revolução ganhou corpo lentamente, e o governo não foi forte o suficiente para sufocá-la de imediato.

O Brasil tirou vantagem do estado das coisas na Banda Oriental para exigir reparações do governo por causa dos danos sofridos por cidadãos brasileiros que viviam lá, que diziam que alguns deles tinham sido estaqueados no chão e outros assassinados, e o governo Oriental não tomou nenhuma medida para descobrir ou punir os mandantes.

O Paraguai começou os preparativos para a guerra no começo de 1864, e em março do mesmo ano López estabeleceu um acampamento militar em Cerro-Leon, onde 30 mil homens, entre 16 e 50 anos foram convocados como soldados. Ao mesmo tempo, foram convocados em torno de 17 mil recrutas em Encarnação, 10 mil em Humaitá, 4 mil em Assunção e 3 mil em Conceição. Ao todo, mais ou menos 64 mil homens foram convocados em 6 meses, de março a agosto de 1864, sem contar uns 6 mil que morreram neste período. Antes destas preparações começarem, o exército tinha mais ou menos 28 mil homens e um general, López.

O exército paraguaio foi organizado nos moldes do sistema espanhol, e obedecia aos regulamentos espanhóis. Eram pagos nominalmente 7 dólares por mês a um soldado raso, mas ele somente recebia a cada 2 meses. Era pago um terço em prata, um terço em papel-moeda e um terço em bens, os quais aos soldados era permitido escolher em lojas do governo mantidas para este propósito. Depois que a guerra começou, entretanto, o exército não recebeu nenhum pagamento, mas durante toda a guerra, López ordenou que se pagassem 3 "gratificações", cada uma igual a um mês de pagamento.

O Brasil também continuou suas preparações para a guerra, e em março de 1864, ele adquiriu seus primeiros 10 canhões Whitworth.

A imprensa de Buenos Aires ficou muito alarmada com o recrutamento em Cerro-Leon, apesar deles saberem que era destinado apenas para o Brasil, e eles consideravam o Paraguai, por suas tradições e posição, ser um aliado natural da Confederação Argentina.

As preparações no Paraguai estavam sendo feitas em grande escala para aquele país. Uma linha telegráfica foi construída de Assunção ao Passo da Pátria – 435 km – tendo o trabalho levado 10 meses. Um grande curtume foi estabelecido, onde selas, cintos, cartucheiras, etc., foram feitas e enviadas por ferrovia para Cerro-Leon.

No mesmo ano, o governo paraguaio enviou uma nota ao governo argentino reclamando da assistência e apoio dado por aquele governo ao rebelde Flores, e pedindo explicações sobre o armamento na Ilha de Martin Garcia. Esta é uma ilha na boca dos Rios Paraná e Uruguai, e comanda a navegação em ambos – e, consequentemente, a navegação do Paraguai. Na cabeça de López, a Ilha de Martin Garcia teria sido para o Paraguai o que Humaitá era para o Mato Grosso. Por sua posição geográfica ela pertencia à Banda Oriental, mas era (e ainda é) dominada por Buenos Aires. O governo argentino prometeu explicações, mas em 10 semanas eles não as enviaram, e o Paraguai escreveu novamente. Buenos Aires, entretanto, se evadiu da questão. Estas ocorrências não serviram para melhorar os sentimentos entre os dois governos que nunca foram bons.

Em julho, o Brasil, para dar mais força às suas reclamações, invadiu a Banda Oriental por terra, mas parou perto da fronteira, e ninguém sabia se ele iria tomar parte na revolução, ou meramente colocar adiante seus próprios pedidos. No final do mês, entretanto, ele se alinhou a Flores, mas sem dar a ele nenhuma ajuda além de um mero apoio. Buenos Aires, ao mesmo tempo, enviou 2 mil homens a Flores, mas sem reconhecer o fato.

Finalmente, em 4 de agosto, Saraiva, o plenipotenciário brasileiro no Rio da Prata, enviou um ultimato ao governo de Montevidéu, demandando o pagamento das reivindicações e a punição das autoridades que tinham cometido barbaridades contra os cidadãos brasileiros, e ameaçou com represálias.

Antes disto, o governo paraguaio estava se correspondendo com o embaixador de Montevidéu residente em Assunção, levando-o a acreditar que o Paraguai iria assistir ao governo de Montevidéu. Quando as notícias sobre o ultimato brasileiro alcançaram o Paraguai, o embaixador oriental propôs ao governo paraguaio que intervisse nos negócios do Rio da Prata, com embarcações e homens. A nota paraguaia, em resposta a este pedido, é um documento extraordinário, mas por sua extensão ele não pode ser reproduzido aqui no todo. Sobre o pretexto de relembrar os antecedentes, para melhor entendimento do caso, ele revela todas as confidências diplomáticas do embaixador Oriental. Entre outras revelações, lá diz que o embaixador de Montevidéu, com suas credenciais oficiais, propôs fazer uma aliança, ofensiva e defensiva, contra o governo argentino; que o mesmo embaixador tinha dito que a Ilha de Martin Garcia pertencia, de direito, à Montevidéu, oferecendo, caso seu governo capturasse a ilha, mantê-la neutra; que o embaixador Oriental tinha proposto ir a Montevidéu, e então despachar um emissário para começar uma negociação com Urquiza (chefe do Estado de Entre Rios), e tentar induzi-lo a se declarar contra o governo da Confederação Argentina e se pronunciar a favor de Montevidéu. O ministro paraguaio, Berges, termina seu despacho dizendo que ele não acha conveniente que seu governo deva interceder como Montevidéu propõe enviando homens e navios para o Rio da Prata, mas que o equilíbrio do Rio da Prata sendo essencial para o bem-estar do Paraguai, aquele país se reserva o direito de alcançar este resultado por sua própria ação independente. Tendo assim despachado seu aliado, López, no mesmo dia (30 de agosto), por intermédio de seu ministro, Berges, escreve para o Sr. Vianna de Lima, embaixador brasileiro residente em Assunção, protestando contra as ameaças brasileiras no território Oriental[6].

No dia primeiro de setembro, Sr. Vianna de Lima respondeu que nenhuma consideração iria para o seu governo na execução do dever sagrado de proteger as vidas e interesses de seus súditos. Berges respondeu, no dia 3, que se os brasileiros tomassem as medidas anunciadas, seu governo estaria sob a necessidade dolorosa de fazer o seu protesto efetivo.

Demonstrações foram feitas no Paraguai (é claro que por ordem do governo) em favor do protesto. Um corpo de líderes de Assunção foi ao Palácio e declarou a sua adesão. Então, eles foram com um piquete de soldados do Palácio à Praça do Governo em procissão. Lá eles hastearam a bandeira paraguaia sob uma salva de 21 tiros, e depois toda a cidade se pôs a dançar, beber e tocar serenatas – sob ordens, é claro. Todos, classe alta e baixa, foram obrigados a assistir a estes festejos sob pena de serem denunciados à polícia como impatrióticos, o que na prática era banimentos para o interior para as mulheres e para os homens prisão. Grande comoção familiar não era uma desculpa para se ausentar das comemorações.

Manifestos escritos foram feitos e assinados por todos, oferecendo suas vidas e bens para sustentar a causa. Mesmo as mulheres e as crianças eram obrigadas a assinar estes documentos; e eles surgiram em todas as cidades e vilarejos do Paraguai, de maneira que não restou ninguém no país que não tivesse entregue suas vidas e propriedades, sem saber porquê. O manifesto escrito de Assunção foi levado por todos os cidadãos à López, e lido para ele, ao que ele respondeu:

"Em nome do país, eu agradeço a vocês, cidadãos, pela solene manifestação que me fizeram, e a importância capital que consiste na sinceridade e espontaneidade com as quais vocês estão justamente orgulhosos. Como magistrado e como paraguaio, eu me congratulo em receber aqui a sua eloquente adesão à política do governo, por tal explosão de patriotismo que esta numerosa assembleia representa. Em razão da atitude assumida pela República neste momento solene, nós necessitamos que a voz da Pátria seja ouvida. É hora que ela seja ouvida.

O Paraguai não pode mais consentir ser ignorado quando os Estados vizinhos estão discutindo questões que mais ou menos têm uma influência

---

[6] Veja Apêndice I.

direta nos seus interesses mais próximos.

Assumindo esta atitude que recebeu a vossa mais generosa oferta e adesão, eu não vou me enganar a respeito da seriedade da situação, mas a sua união e patriotismo, e o virtuoso exército da República, irão sustentar todas as questões de nossa nação, tão zelosa de seus direitos, e cheia de um futuro glorioso.

Em atenção aos meus primeiros deveres, eu chamei atenção do Imperador do Brasil com relação à sua política no Rio da Prata, e deste modo eu espero que apreciando a prova de moderação e amizade que eu lhe ofereço, minha voz seja ouvida. Entretanto, se ela não for, e minhas esperanças se desvanecerem, eu vou convocar a vocês, estando certo que a decisão patriótica que vocês estão imbuídos, nos levará ao triunfo da causa nacional quaisquer que sejam os grandes sacrifícios que o país poderá demandar de seus filhos.

Enquanto isso permaneçam com a atitude decidida que vocês assumiram até que eu ache que seja necessário apelar diretamente a vocês."

Estas demonstrações não pararam e continuaram por toda a guerra. Bailes eram realizados, em salões improvisados, nas praças, e as bandas de música passavam primeiro diante do Presidente, da Sra. Lynch, do Bispo e dos Ministros, e depois se dirigiam aos salões, a dança começava e prosseguia até o amanhecer. Estes bailes eram dados todas as noites para diferentes grupos de cidadãos que recebiam ordens da polícia. A imprensa de Buenos Aires os ridicularizava chamando os bailes de danças de São Vito.[7]

O alarme foi dado a partir do momento em que os primeiros recrutamentos começaram no Paraguai, e quando estes relatos alcançaram Buenos Aires, os jornais começaram a especular que lado a Confederação Argentina iria tomar. Reportou-se que Corrientes tinha sido invadida por Paraguaios e que 10 mil homens estavam para invadir La Paz em Entre Rios. Em Buenos Aires supunha-se que o exército paraguaio tivesse 50 mil homens, e como a Confederação não tinha um exército e López continuava com seus preparativos, eles tinham todos os motivos para estarem alarmados no Rio da Prata.

Em outubro, o Almirante Tamandaré, comandante da frota brasileira no Rio da Prata, escreveu uma circular pomposa para os embaixadores estrangeiros lá, dizendo que ele iria realizar operações na Banda Oriental, que iria abordar todos os vasos neutros passando pelo Rio Uruguai em busca de contrabando de guerra. O Sr. Lettsom, embaixador britânico em Montevidéu, respondeu que as águas do Prata e do Uruguai estavam abertas

---

[7] N.E.: Dança de São Vito é um sintoma de uma doença infecciosa, caracterizado por movimentos involuntários do corpo. A origem vem da celebração do dia de São Vito que também é patrono dos epiléticos.

a todas as nações, e que os brasileiros não tinham jurisdição lá, que não havia neutralidade na questão já que Flores era meramente um rebelde, que o Brasil não tinha declarado guerra, e que, portanto, não poderia haver contrabando de guerra e, finalmente, que os barcos de guerra britânicos iriam proteger todos os navios de bandeira britânica de qualquer intrusão ou insulto nestas águas.

A imprensa de Buenos Aires, sempre uma inimiga de López, ficou muito sarcástica a respeito do guardião do equilíbrio no Rio da Prata, e a respeito da fábrica de couro que o jornal oficial do Paraguai, o Semanario, tinha mencionado como um dos preparativos de guerra. Estas piadas, apesar de divertirem os seus autores, afetaram profundamente a alma de López, e ele se ressentiu delas mais do que quaisquer reveses que ele sofreu durante a guerra. Ele até mesmo as mencionou em correspondências oficiais com o governo argentino, se referindo aos "artigos ofensivos" da imprensa de Buenos Aires, e não há dúvida de que estes artigos foram uma das causas principais do seu ataque à Confederação.

O Brasil apoiou abertamente a Flores sem declarar guerra contra a Banda Oriental, e Tamandaré, em uma de suas circulares oficiais, declara casualmente que todas as suas operações serão conduzidas de acordo com Flores.

Acreditou-se em todo o Brasil que o Paraguai iria cumprir suas ameaças, e até mesmo foi reportado em um jornal do Rio de Janeiro, em outubro, que 7 mil paraguaios tinham marchado para o Brasil.

No começo de novembro de 1864, os brasileiros ocuparam as cidades Orientais ao norte do Rio Negro, e o General Flores estava operando ao sul, em combinação com eles. Tamandaré bloqueou os portos da Banda Oriental no Uruguai. Brasil condicionou a paz à queda do atual governo de Montevidéu. Dois ministros deste governo tinham uma má reputação por terem ordenado o massacre a sangue-frio de centenas de prisioneiros de guerra capturados durante uma de duas revoluções, e a imprensa de Buenos Aires foi neste momento muito severa com um deles, o Dr. Carreras, por algumas declarações fortes que ele usou em suas correspondências diplomáticas. Falou-se de uma aliança Brasil-Argentina, e em 1º de novembro a imprensa oficial do governo mostrou qual seria a política de Buenos Aires.

O General Urquiza, chefe de Entre Rios, apesar de nominalmente ser apenas o governador de uma província da Confederação Argentina, e debaixo do Presidente da mesma, era na realidade um monarca independente. Diariamente se esperava que ele enviasse um exército para ajudar o governo de Montevidéu, e para dar aparência de verdade a esta suposta política dele, a imprensa de Entre Rios disse que 5 mil paraguaios iriam chegar a Entre Rios, onde carretas e gado já estavam preparados para marcharem para a Banda Oriental. Urquiza era o líder de um partido político forte na Confederação, e especialmente em Buenos Aires. Não há dúvida de que ele secretamente encorajou a esperança de assistência a Montevidéu, do mesmo modo que fez ao Paraguai durante toda a guerra, apesar de publicamente ele professar sua lealdade à Confederação Argentina e prometer enviar tropas para a guerra. Ele, entretanto, soube se aproveitar da situação e não enviou nenhum homem para estas guerras, enriqueceu a ele e a seu povo provendo com grande parte do gado e cavalos consumidos pelos aliados durante a guerra do Paraguai.

A imprensa argentina continuou a ridicularizar o Paraguai, e nenhuma ação foi tomada depois da chegada das notícias a respeito da ocupação das cidades Orientais pelos brasileiros, e falou-se que o Paraguai não iria sair do seu casulo.

Havia uma companhia brasileira que possuía dois vapores que faziam uma rota mensal entre Montevidéu e Corumbá passando, é claro, por Assunção. Um dos seus vapores era chamado de Marquês de Olinda. Ele chegou, na sua passagem rio acima, em Assunção no dia 10 de novembro de 1864, levando a bordo o Sr. Carneiro de Campos, recém-nomeado presidente ou governador da província brasileira de Mato Grosso. López estava em Cerro Leon neste dia, e hesitou por um dia inteiro se ele deveria quebrar a paz ou não. Ele pensava que apenas por meio da guerra o Paraguai seria conhecido, e sua motivação era sua ambição pessoal, pois ele sabia que ele podia recrutar todos os homens do país imediatamente e montar um grande exército. Ele também sabia que os brasileiros levariam um longo tempo para juntar uma grande força, e não achava que eles ficariam em guerra por um longo tempo. Ele disse: "Se nós não tivermos uma guerra com o Brasil agora, nós poderemos ter uma numa hora menos propícia para nós no futuro.". Então, ele enviou seu ajudante de ordens rapidamente a Assunção com ordens para que o Taquari (o vapor mais rápido no Rio da Prata) seguisse o Marquês de Olinda, que tinha continuado sua viagem, e o trouxesse de volta a Assunção. Isto foi feito e ele foi alcançado 320 km rio acima, trazido de volta e colocado sob guarda em Assunção, sendo todos os passageiros, incluindo o Presidente do Mato Grosso, aprisionados a bordo e sem permissão para se comunicar com terra.

No mesmo dia (12 de novembro de 1864), Berges escreveu para o Sr. Vianna de Lima dizendo que, em consequência da invasão brasileira à Banda Oriental, todas as relações com o Brasil foram cortadas e somente navios neutros seriam permitidos seguir para o Mato Grosso.

Vianna respondeu protestando contra a detenção do Marquês de Olinda sem uma declaração prévia de guerra, exigindo seus passaportes para descer o rio no Marquês de Olinda. Os passaportes foram enviados, mas não foi permitido que o vapor partisse. Como não havia outros vapores navegando no Rio Paraguai, o embaixador brasileiro não sabia como deixar o país e apelou ao Sr. Washburn, o embaixador americano, como membro sênior do corpo diplomático no Paraguai, para obter um meio de transporte para si e sua família. Depois de um bocado de correspondências com Berges, o Sr. Washburn conseguiu obter uma ordem para o vapor Paraná ser colocado à disposição do Sr. Vianna de Lima na garantia oficial de ele seria permitido retornar sem ser molestado. Nesta correspondência, o Sr. Washburn se refere a uma oferta de Berges para facilitar e dar toda proteção ao Sr. Lima para uma viagem por terra, a qual o Sr. Washburn respondeu que esperava que isto não fosse necessário, pois se o embaixador brasileiro e sua família viajassem por terra eles seriam expostos às terríveis provações do calor e do mau estado das estradas. Na sua resposta Berges disse:

"O signatário não professou prover pela segurança do Sr. Vianna de Lima, no caso de ele viajar por terra, como S. Ex.ª deve ter entendido, porque esta segurança está totalmente garantida pelas leis da república, e pela moralidade de seus habitantes, como S. Ex.ª já teve muitas oportunidades de observar em suas frequentes viagens pelo interior.".

Pelo esforço que ele mostrou nesta tarefa, o Sr. Washburn sem dúvida salvou o Sr. de Lima e sua família de um grande sacrifício e uma morte lenta que caiu sobre o grupo do Presidente do Mato Grosso e grande parte da tripulação do Marquês de Olinda.

No dia da captura do "Marquês", o Sr. Washburn mostrou ao governo paraguaio uma carta do Sr. Seward, louvando a atitude do Paraguai e condenando a do Brasil por incentivar uma guerra por todos os Estados do Rio da Prata. No janeiro seguinte o Sr. Washburn partiu para os Estados Unidos de licença.

Poucos dias depois da captura do Marquês de Olinda, seus passageiros e sua tripulação desceram do navio e foram colocados num celeiro como prisioneiros de guerra. Lá eles foram maltratados, tendo o Presidente Campos que comer no mesmo prato que os marinheiros comuns, e não foi permitido a ninguém se comunicar com eles. Quarenta e dois tripulantes foram em seguida permitidos a irem para Buenos Aires. O resto dos prisioneiros foi, depois de um tempo, levado para o interior do país, ninguém soube para onde, e sofreram terríveis privações, muitos deles morrendo de fome, apesar de López no Semanario, o jornal oficial do governo, declarar que eles estavam recebendo meio salário e alimentação completa. O Presidente Carneiro Campos, e mais ou menos uma dúzia mais, sobreviveram a isto, e no meio de 1867 foram trazidos, sob escolta, para o acampamento paraguaio em Passo Pucu, onde todos morreram. O Presidente morreu no dia que viu o acampamento brasileiro em Tuiuti queimar, quando achou que não havia mais esperança para seus compatriotas. Ele deixou uma nota muito sentimental a lápis para sua esposa que foi encontrada pelos aliados entre os papéis de López capturados em 27 de dezembro de 1868.

A carga e suprimentos do navio foram leiloados e os ganhos colocados na conta do Governo Paraguaio. Dois mil mosquetões e 400 mil dólares em notas novas foram tomados. Este não tinha uso no Paraguai, é claro. Pouco depois, o cônsul brasileiro em Buenos Aires publicou uma nota dizendo que uma tentativa foi feita de passar estas notas em Buenos Aires, e avisou as pessoas que elas não seriam pagas pelo Governo Imperial.

Quatro canhões foram colocados no Marquês de Olinda, e ele foi integrado à frota paraguaia.

A seguinte circular foi enviada pelo Governo Paraguaio aos agentes estrangeiros em Assunção:

"Ministério do Exterior, Assunção, 17 de novembro de 1864.

O signatário, Ministro do Exterior, recebeu ordens de S. Ex.ª, o Presidente da República, para informar aos senhores que o território da Banda Oriental tendo sido invadido e ocupado no último dia 12 de outubro, pela vanguarda do Exército Imperial sob ordens do General Mena Barreto, e os fatos que foram motivos do protesto solene de 30 de agosto terem ocorrido, o signatário, fiel desta declaração e da contida na carta de 3 de setembro, enviou à S. Ex.ª, o Sr. César Sauvan Vianna de Lima embaixador residente de Sua Majestade o Imperador, a resolução que V. Ex.ªs tem cópia, nº 1, e sua resposta, nº 2.

O signatário deixará o comércio e a livre navegação permitidos à província do Mato Grosso para bandeiras amigas, e nisto, S. Ex.ª verá uma prova do forte desejo de seu Governo em limitar tanto quanto ele puder, segundo os costumes das nações mais civilizadas, os malefícios da guerra, evitando qualquer dano aos súditos das nações amigas que tenham interesses naquela província brasileira.

O signatário aproveita esta oportunidade para reiterar à S. Ex.ª seus votos da maior consideração e estima.

JOSÉ BERGES

Para S. Ex.ª, o Embaixador..."

Por este documento, podemos ver o quanto ansioso López estava naquela época para ser visto pelas potências europeias como um regente civilizado e iluminado. Desde o começo até o fim da guerra, ele sempre declarou e reiterou de todas as maneiras possíveis, que foi o Brasil que fez guerra ao Paraguai, e não o Paraguai ao Brasil.

É incrível como os jornais de Buenos Aires, durante toda a guerra, deram notícias de como as coisas aconteceram antes delas terem realmente acontecido. A expedição ao Mato Grosso foi anunciada muito antes de ser conhecida no Paraguai, e logo em novembro disseram que López tinha pedido permissão ao Governo Argentino para cruzar com um exército através de Corrientes, permissão esta que ele somente foi pedir em fevereiro seguinte.

O seguinte parágrafo, traduzido de um jornal de Buenos-Aires, dá uma boa ideia do sentimento local com relação ao Paraguai:

"PARAGUAIOS – Estes cavalheiros recém deixaram o seu casulo, contrariando a opinião geral e o bom senso. Por quatro meses eles vêm se revelando, e provavelmente decorrerá um ano antes deles fazerem algo, porque o Paraguai sempre age com uma vagarosa prudência – muito prudente."

Vamos ver meus caros Paraguaios, como vocês se comportam numa guerra em terras distantes. Esperamos que não se importem com as dificuldades que poderão encontrar quando você se lançarem ao mundo, se transformado de Paraguaios em conquistadores das liberdades de outros povos.

Quanto ao meu país, ele não se importa nem um pouco com os vossos movimentos, e quanto a mim, eu gosto de algazarras, e eu estou desejoso de ver a coisa mais estranha da minha vida que será uma batalha entre tartarugas e outros animais mais ágeis. Deus seja louvado!"

Alguns destes jornais, entretanto, eram financiados pelos Paraguaios. O Consul Paraguaio em Rosário, no começo da guerra, ofereceu a um dos jornais locais dez dobrões por mês mais o papel imprensa para escrever a favor do Paraguai. Esta oferta foi recusada.

Quando as notícias da captura do Marquês de Olinda e da detenção do Presidente do Mato Grosso alcançaram o Brasil, todos lá ficaram furiosos. Entretanto, o Governo absorveu a notícia friamente e declarou no jornal oficial que contava com o patriotismo de todos os brasileiros para eliminar a afronta, que o Paraguai estava tomado por um governo despótico e que, consequentemente, não havia necessidade de se angustiar com relação às ações, que o caso de Montevidéu logo estaria terminado, e que então a totalidade das forças do Império estaria livre para operar contra o Paraguai.

O caso de Montevidéu estava avançando rapidamente para uma conclusão desde a interferência Brasileira. O Brasil tinha se aliado a Flores, e eles estavam levando tudo de roldão adiante deles até que chegaram à cidade de Paysandu, onde o seu progresso parou. Eles a cercaram por terra e mar com a totalidade de suas forças. A guarnição era comandada pelo Coronel Leandro Gomez, e foi defendida com um heroísmo que ganhou o aplauso mesmo de seus inimigos. Ele tinha um punhado de homens contra todos os brasileiros e Flores, e estava sem víveres. Ele executou em torno de 24 brasileiros que foram capturados, os quais seus compatriotas juraram vingança.

Rigorosamente falando, entretanto, ele procedeu corretamente, já que o Brasil não tinha declarado guerra, e o exército de fato era meramente um bando de assassinos. Depois de vários ataques infrutíferos, Paysandu foi bombardeada pelos brasileiros durante dois dias, após os quais eles enviaram uma requisição de rendição por meio de uma bandeira de paz. Enquanto Gomez estava escrevendo uma resposta, os brasileiros traiçoeiramente entraram na cidade sobre a cobertura da bandeira de paz. Alguns dos oficiais brasileiros foram direto onde Gomez estava escrevendo, o capturaram e o enviaram prisioneiro junto com seus principais oficiais para outra casa. Lá eles imediatamente foram levados ao jardim e fuzilados. Houve um massacre indiscriminado de mulheres e crianças do lugar. A tomada de Paysandu, com as atrocidades cometidas lá, forma uma página revoltante da história do Brasil.

O Governo de Montevidéu agora viu que não havia esperanças de se sustentar, e entrou em negociações. A situação era muito complicada. Entretanto, um acordo foi costurado, e uma grande parte do governo entregue a Flores, que logo dispensou o restante e permaneceu sozinho com o título de Governador Provisório da República da Banda Oriental.

GEORGE THOMPSON

CAPÍTULO III

A EXPEDIÇÃO PARAGUAIA AO MATO GROSSO

Em 14 de dezembro de 1864 toda Assunção estava à beira do rio porque uma expedição iria sair aquele dia para invadir o Mato Grosso.

Três mil homens e dois canhões de campo embarcaram em cinco vapores e três escunas. Duas chatas, cada uma carregando um canhão de 8 polegadas, também foram rebocadas. Os homens tinham uniformes novos, e estavam muito pitorescos em suas camisetas escarlates.

Entre as tropas embarcadas estavam o 6º e o 7º batalhão que nos anos passados estiveram trabalhando na construção da ferrovia que, certamente, estava agora parada. Estes eram os dois melhores batalhões do exército, todos soldados veteranos, e todos mulatos, ou "orelhas pequenas" como eram chamados. O 7º era comandado pelo Major (depois Coronel) Luis Gonzalez, que tinha ganhado uma reputação na guerra e participado de quase todas as batalhas principais.

Antes dos homens partirem, a seguinte proclamação foi dita a eles:

"SOLDADOS! – Meus esforços para manter a paz foram infrutíferos. O Império do Brasil, não conhecendo o nosso valor e entusiasmo, declarou guerra a nós, cujo desafio nós estamos obrigados a aceitar pelo nossa honra e dignidade na proteção de nossos direitos mais queridos.

Em recompensa por sua lealdade e longos serviços, eu tive minha atenção voltada para vocês e os escolhi entre as numerosas legiões que formam o exército da República para que vocês sejam os primeiros a dar provas da força de nossos braços, para colher os primeiros louros que nós devemos adicionar àqueles que nossos pais plantaram na coroa de nossa pátria nas batalhas memoráveis do Paraguarí e Taquari.

Sua subordinação, disciplina e sua constância sob as adversidades, me asseguram de sua bravura, e a força de suas armas me dão confiança sobre seu valor.

Soldados e marinheiros! Levem este voto de confiança aos seus companheiros que irão se juntar na nossa fronteira nortista, e marchem serenamente para o campo de honra onde conquistando glórias para seu país e fama para si próprios, vocês possam mostrar ao mundo do que é feito o soldado paraguaio.

FRANCISCO SOLANO LÓPEZ"

Coimbra é um forte no Rio Paraguai situado próximo à fronteira paraguaia do Brasil no Mato Grosso. Ele comanda a entrada do rio para aquela província, que é praticamente a única entrada já que as estradas são tão ruins por terra do Rio de Janeiro que leva três meses para carroças fazerem a jornada, e um mês para pessoas a cavalo. Toda a comunicação com ela, portanto, era feita através do Rio da Prata. Coimbra fica no sopé de uma montanha que desce até o rio. Sendo construído de pedra, com escarpas de até 4,5 metros de altura, ele era um lugar muito forte, assaltável apenas por um lado, podendo ser defendido por uma pequena guarnição. Ele tinha 37 canhões de bronze – a maioria de 8 libras, com alguns de 32 libras – e tinha uma guarnição de 400 homens. Ele ficava em torno de 12 metros acima do nível do rio.

Na noite de 26 de dezembro, os vapores ancoraram a uma légua abaixo de Coimbra, e as tropas e a artilharia foram desembarcadas. General (então Coronel) Barrios, um cunhado de López II, era o comandante da expedição. A artilharia foi colocada numa colina oposta a Coimbra, no outro lado do rio. As chatas se posicionaram para bombardear o forte, e tudo estava preparado para um ataque.

Na manhã do dia 27, Barrios enviou uma nota a Porto-Carreiro[8], o comandante de Coimbra, sob a bandeira de paz, convidando a ele se render dentro de uma hora, ameaçando tomar o lugar à força se suas demandas não fossem cumpridas, e dizendo que neste caso a guarnição seria submetida à lei marcial.

Porto-Carreiro respondeu que não era costume no exército brasileiro se render sem ter recebido ordens de um oficial superior, e que ele tinha enviado uma cópia da carta de Barrios para seu comandante e aguardava a decisão deste.

Os paraguaios, então, abriram fogo contra o forte, e o bombardeio continuou até o dia seguinte. Ele foi então assaltado por parte da força paraguaia que foi rechaçada.

O forte era assaltável apenas por um lado devido às colinas inacessíveis que o cercavam, e neste lado ele era fortemente protegido por vegetação de

---

[8] Porto-Carreiro tinha sido um instrutor militar no exército paraguaio, tendo sido enviado a pedido de López I pelo Governo Brasileiro.

cactos, os quais os atacantes tinham que cortar sob fogo. Mesmo assim, eles mal podiam avançar por causa das pedras e dos tocos. Apesar de expostos a um terrível fogo de canhões e fuzis, eles alcançaram as paredes, mas não puderam escalá-las porque não tinham trazido escadas com eles. Também perderam muitos homens por causa das granadas de mão que a guarnição atirou sobre eles. Entretanto, sete homens escalaram a muralha e penetraram no forte, mas foram rapidamente sobrepujados, e o restante recuou. O Coronel Luis Gonzalez liderou o ataque com o 6º batalhão com 750 homens. Ele foi atingido por uma bala e perdeu 200 homens entre mortos e feridos. Isto foi mais um reconhecimento do que um ataque, pois poucos homens foram expostos.

Durante a noite foram feitos preparativos para um ataque regular por todas as forças no dia seguinte. Em torno do meio-dia, quando o ataque iria começar, descobriu-se que os únicos ocupantes do forte eram dois feridos. A guarnição, percebendo que os paraguaios realmente estavam decididos a tomar o lugar, o evacuaram silenciosamente durante a noite em dois vapores sem que os paraguaios tivessem a menor suspeita.

Grandes quantidades de armas e pólvoras foram capturadas em Coimbra pelos paraguaios. A guarnição deixou tudo para trás.

A retirada dos brasileiros foi conduzida com maestria, mas com a quantidade de munição que havia no forte, e considerando o fato de que suas comunicações estavam abertas, e que eles tinham vapores, eles certamente tinham de ter defendido a posição[9].

Quando Porto-Carreiro se reportou a seu oficial comandante, ele foi aprisionado e levado prisioneiro para Cuiabá.

Com Coimbra capturado, Barrios imediatamente avançou para Albuquerque e Corumbá, onde ele encontrou as cidades desabitadas, mas na última encontrou 23 canhões de bronze, e em ambas localidades grandes quantidades de munição.

Corumbá era a principal cidade comercial da província de Mato Grosso, e uma grande quantidade de valores foi dela tomada. Os habitantes tinham se escondido nas matas próximas, e Barrios procurou-os e os trouxe de volta. Suas casas já tinham sido completamente saqueadas, e alguns dos artigos mais valiosos foram enviados como presentes para López, que os aceitou. As mulheres foram maltratadas, e o próprio Barrios incentivou isto. Um cavalheiro brasileiro e sua filha foram levados a ele a bordo de seu vapor, e como o velho se recusou a deixar sua filha com Barrios, ele foi levado embora sob a ameaça de ser fuzilado, e sua filha foi mantida a bordo. Todos a quem Barrios capturou foram interrogados, e aqueles que

---

[9] N.E.: Jourdan conta uma versão diferente em seu livro "Guerra do Paraguai". A guarnição tinha gasto quase toda a munição e consistia de apenas 100 homens exaustos pela defesa do forte por dois dias.

se recusaram ou não possuíam a informação que ele queria foram espancados por suas ordens, e alguns deles lançados até a morte como espiões.

Depois que os paraguaios ocuparam Corumbá, o General Barrios enviou dois vapores para seguir os barcos em que os brasileiros tinham fugido. Um destes enviados, o Iporá, um pequeno vapor de passageiros construído no Paraguai que tinha quatro pequenos canhões, foi muito mais rápido que seu parceiro e no Rio San Lorenzo avistou o Anhambaí. Este era um pequeno navio de guerra construído na Inglaterra com seis canhões, sendo o canhão de popa um bonito 32 libras de bronze. O Tenente Herreros, comandante dos dois vapores, estava a bordo do Iporá e imediatamente começou a perseguição. O Anhambaí, comandado pelo Capitão Baker, um inglês, ficou atirando pelos canhões da popa no Iporá, e um de seus tiros matou um oficial paraguaio na ponte. O Iporá não retornou fogo, mas tendo a bordo alguma infantaria, bem com sua tripulação, continuou e finalmente alcançou e abordou o Anhambaí.

Os brasileiros ficaram apavorados e muitos deles pularam na água e foram alvejados. O resto foi passado à espada. O Capitão Baker, que foi obrigado a carregar e atirar ele próprio, pois seus homens não lutaram, pulou na água e escapou para a mata. Botes foram enviados para seguir os fugitivos e todos que foram pegos, foram mortos. Os paraguaios cortaram as orelhas dos brasileiros mortos, as colocaram numa corda e penduraram nos cabos dos mastros do Iporá. Quando o Iporá chegou de volta a Assunção, as orelhas foram rapidamente removidas "por ordem suprema". Quando a imprensa de Buenos Aires descobriu a história, o jornal oficial paraguaio, o Semanario, indignadamente repudiou a calúnia.

Descendo o rio com os vapores, Herreros parou em Dourados, o arsenal de Mato Grosso, que ele encontrou abandonado na sua jornada rio acima. Ali ele encontrou mais dois vapores, os quais tinham grandes suprimentos, estavam cheios de munição, especialmente de pólvora. Havia também muita maquinaria nos depósitos. O sol estava muito quente no meio do dia, e a pólvora estava tão mal acomodada e armazenada que o chão dos armazéns estava coberto com pólvora solta, assim como o caminho que ia dos armazéns aos vapores. O oficial que supervisionava o carregamento foi a Herreros e o avisou do perigo em continuar a carregar a pólvora naquele calor intenso. Herreros, entretanto, disse que não havia perigo e dispensou o oficial. O paiol de pólvora logo em seguida explodiu, matando Herreros, outro oficial e 23 praças. Isto aconteceu em 10 de janeiro de 1865. Quando a notícia chegou a Assunção, um serviço fúnebre público e um monumento foram feitos em sua homenagem. Ele era querido por todos e era muito bem relacionado.

Ao mesmo tempo em que ia a expedição pela água a Mato Grosso, o General (então Coronel) Resquin marchou para aquela província por terra desde Concepción, com 2.500 cavalarianos e um batalhão de infantaria. Eles descobriram a província deserta, tendo todas as pessoas sido avisadas com dois meses de antecedência pelo governo a estarem prontas para recuar no caso dos paraguaios aparecerem. Em todos os lugares que eles chegaram, avistaram apenas uma ou duas velhas que não tinham querido partir. Eles sempre achavam papéis e armas, muitas delas enterradas às pressas pelas autoridades que tinham partido. Em muitos lugares foram encontradas mulheres escondidas nas matas com todos os seus pertences. Estas pobres mulheres foram em geral maltratadas, e seus pertences tomados. As casas foram todas saqueadas pelos paraguaios que encontraram uma grande quantidade de produtos nelas. Eles arrasaram a propriedade do Barão de Vila Maria, que escapou por pouco. Ele conseguiu levar uma garrafa cheia de diamantes no seu bolso. O Barão era o homem mais rico da província, e tinha uma boa casa com finos móveis, pinturas, etc., e também tinha 80 mil cabeças de gado. Tudo isto foi tomado pelos paraguaios, junto com sua patente de nobreza com o selo do Imperador, o qual ele tinha recém-comprado. Ela estava numa moldura dourada, e depois decorou a sala da Madame Lynch[10].

As notícias da invasão do Mato Grosso pelos paraguaios foram levadas ao Rio de Janeiro pelo Barão de Vila Maria que completou sua jornada em um mês.

Muitas das mulheres capturadas em Mato Grosso foram enviadas para Assunção, onde elas foram entregues a diferentes famílias para servi-las e serem alimentadas por elas. Muitas, entretanto, tiveram que mendigar nas ruas e era muito triste ver quão infelizes elas pareciam estar.

Resquin estava subordinado a Barrios, e eles mantiveram comunicação. Resquin mal tinha encontrado resistência em sua marcha. A região estava inundada pelo rio na época da invasão, e os paraguaios tiveram que cavalgar e marchar pela água, algumas vezes por dias seguidos. Em razão disto, eles foram tão ao norte quanto Barrios, e enviaram a este todas as armas e papéis capturados, deixando pequenas guarnições nas vilas pelas quais eles passaram.

Um primeiro carregamento de 67 canhões de bronze de todos os calibres – de 4 a 32 libras – foi despachado de uma vez para Assunção, onde eles foram montados sobre rodas, assim como foram feitos carros de munição. Cinquenta carpinteiros trabalharam dia e noite nisto. No Mato Grosso, estes canhões estavam muito mal montados, estando a maioria em carros de baixa qualidade.

Muitas cargas de pólvora, armas e munição foram enviadas ao Paraguai, que utilizou estes suprimentos durante toda a guerra. Somente os canhões

---

[10] Esta era uma dama irlandesa, educada na França, que tinha seguido López da Europa para o Paraguai.

requeridos para defender os locais guarnecidos pelos paraguaios foram deixados[11].

O Brasil estava se preparando para a guerra há muito tempo nesta área. Entre os papéis capturados, estavam despachos do Governo Imperial de julho e outubro de 1861, e de janeiro de 1862, ordenando ao governo provincial a manter vigilância e reportar os movimentos do Paraguai.

O comportamento dos brasileiros em não lutar pelo Mato Grosso, e pular na água ao invés de tomar e afundar o Iporá, naturalmente fez com que os paraguaios desprezassem totalmente seus inimigos.

Como os vapores paraguaios não puderam subir mais o rio além da boca do Rio Cuiabá, por causa das águas rasas, e porque a marcha por terra até a cidade de Cuiabá era quase impossível, uma guarnição em torno de mil homens foi deixada em Corumbá, Coimbra e outras cidades, enquanto o restante da tropa retornou a Assunção.

---

[11] Em uma vila tomada pela cavalaria foram encontrados 4 canhões, 500 mosquetes, 67 carabinas, 131 pistolas, 468 espadas, 1.000 lanças e 9.847 balas de canhão.

CAPÍTULO IV

O COMEÇO DA GUERRA POR LÓPEZ II CONTRA A CONFEDERAÇÃO ARGENTINA – O TRATADO SECRETO DA TRÍPLICE ALIANÇA

No meio de janeiro de 1865, o velho Bispo de Assunção (Urvieta) morreu, como se previu, e um novo (Palacios) ficou à frente da igreja. Ele era um homem jovem, com 35 anos de idade, de semblante muito ameno, e nunca conseguia encarar ninguém. Desde que foi feito bispo, ele geralmente comia suas refeições na mesa de López, e tornou-se um grande glutão, fato que contribuiu para agravar sua personalidade naturalmente ruim. Ele se prostituiu e a todo o sacerdócio à López, e levou sua maldade tão longe que usou seu confessório, que é uma prática da Igreja Católica Romana, para não outro propósito senão de relatar os pensamentos das pessoas para López. Este homem mau nunca perdeu uma oportunidade de falar mal de alguém para López, e sem dúvida muitas atrocidades deste foram devidas a ele. López desprezava-o tanto que ele costumava humilhá-lo publicamente em sua mesa. Ele clamou a López para se vingar dos artigos contra ele vindos da imprensa de Buenos Aires, que continuava a bater nos pontos fracos de López, chamando-o de cacique, e Assunção de sua taba. Eles diziam ver no recuo brasileiro em Mato Grosso um grande plano estratégico, e profetizaram que o Brasil não iria ter dificuldade nenhuma em liquidar com o Paraguai.

Em 26 de janeiro, o Sr. Paranhos, o embaixador brasileiro para o Rio da Prata, endereçou uma circular para os embaixadores estrangeiros residentes, detalhando o modo como o Paraguai tinha começado a guerra, e terminando assim:

"O Governo Imperial irá repelir o agressor pela força, mas mantendo intacta a dignidade do Império e a legitimidade de seus direitos, não irá confundir a *nação* com o *Governo* paraguaio, que expôs sua nação aos malefícios de uma guerra injusta, e irá, portanto, como beligerante, se manter dentro dos limites da civilização e das suas obrigações internacionais."

Em 5 de fevereiro de 1865, despachos de López para o General Mitre, então Presidente da Confederação Argentina, chegaram a Buenos Aires, pedindo permissão para um exército paraguaio marchar através da província de Corrientes. Mitre recusou este pedido e pediu explicações a respeito da grande força paraguaia que estava se concentrando em suas fronteiras.

A imprensa de Buenos Aires agora cessou de ridicularizar López e o chamou de Átila americano. Ela cresceu no seu clamor para a derrubada de López, e pela abertura do Paraguai, considerando baratas as vidas perdidas em tal empreendimento. Os argentinos sempre foram um pouco invejosos das ferrovias, arsenais, estaleiros paraguaios, etc., que eram mais avançados do que os da Confederação. No Paraguai, estes estabelecimentos pertenciam exclusivamente ao governo, que por seu poder despótico sobre as pessoas e propriedades dos habitantes, podia construir grandes empreendimentos com apenas as despesas do projeto vindo da Inglaterra.

A frota brasileira no Rio da Prata, sob as ordens do Almirante Tamandaré, não deu sinal de se mover para libertar o Presidente do Mato Grosso, ou mesmo bloquear o Rio Paraguai.

Em 15 de fevereiro, López conclamou uma assembleia extraordinária do congresso para 5 de março. Todos os paraguaios em Buenos Aires que estavam foram do alcance do seu jugo assinaram e publicaram um protesto contra sua tentativa de legalizar seus atos forçando o congresso a sancioná-los. López se vingou de seis principais signatários deste manifesto fazendo com que seus parentes e conhecidos no Paraguai escrevessem e publicassem cartas renegando seu relacionamento com eles em razão de sua traição. O seguinte extrato é de uma destas cartas, uma longa, a qual López forçou a mãe escrever sobre seu filho e publicou-a no Semanario:

"(...) e eu digo mais, que se meu filho, Benigno, persistir no seu caminho errado, ou não se retratar publicamente, ele irá atrair a maldição de todos os seus concidadãos, e de sua mãe aflita que será, contra sua vontade, obrigada a amaldiçoá-lo! (...)".

Mais tarde na guerra, quando as coisas pioraram para López, ele fez as cartas ficarem muito mais escandalosas. Os amigos de todos os que foram capturados, ou que se renderam ou que desertaram para o inimigo, foram forçados a escrever estas cartas no Semanario.

Em 5 de maio, o congresso se reuniu em Assunção. Ele era composto dos homens mais influentes no Paraguai, que quando chegaram à cidade, tiveram que encontrar alguns funcionários do governo para saber o que iriam dizer no congresso. Estas dicas foram dadas a cada um dos congressistas.

Na mensagem do Presidente ao congresso, ele aludiu veementemente a inimizade de Buenos Aires, e distribuiu cópias de alguns artigos sarcásticos da imprensa daquela cidade entre os congressistas.

O congresso ficou reunido por quatro dias, e as seguintes proposições foram feitas e passadas: O Governo estava autorizado a negociar um empréstimo de 5 milhões de xelins; e López estava autorizado a criar seis brigadeiros-generais e três divisões. Os insultos da imprensa de Buenos Aires foram denunciados pelos congressistas, e foi proposto que jornais que os publicaram fossem queimados pelo carrasco público. Um decreto foi emitido permitindo a López imprimir a quantidade de papel-moeda que fosse necessária. O posto de Marechal de Campo foi conferido a ele com um salário anual de 60 mil dólares (o de seu pai foi de somente 4 mil dólares). López aceitou o posto de Marechal de Campo "por causa da sua honra", mas não pôde aceitar o dinheiro. Os congressistas, entretanto, insistiram, mas ele novamente recusou. Isto se repetiu todos os dias que o congresso se reuniu (tudo por "suprema ordem"), até que ele finalmente aceitou o salário. Durante a discussão um congressista propôs dar a ele uma espada e uma joia de honra, ao invés dos 60 mil dólares. Ele aceitou estes também. A sentença do Bispo que a fortuna particular de López e a do Estado eram uma só foi recebida com grande aplauso. Uma lei foi proposta, proibindo ele de expor sua preciosa vida na guerra. López objetou que se alguma coisa desse errado, ele iria se sentir responsável se ele não estivesse lá em pessoa, mas tanto foi insistido, que ele prometeu expor-se o menos possível. O Bispo disse que era a determinação e a bravura de López que os faziam ficar ansiosos com isto.

Afirmou-se que Buenos Aires virtualmente declarou guerra ao se recusar a dar passagem às tropas paraguaias por meio de Corrientes, enquanto ela formalmente tinha permitido que os brasileiros subissem o rio e ameaçassem o Paraguai. López foi autorizado a passar com as tropas quando ele achasse que fosse necessário.

Banquetes e bailes ainda estavam na ordem do dia em Assunção. López fazia com que danças acontecessem todas as noites "em salões improvisados" nas praças públicas. Estas eram divididas em três compartimentos para as três classes de povo – os elegantes, os "pentes dourados", e o povo comum. "Pente dourado" foi um nome dado a uma classe inventada no começo da mania das danças, e consistia de todas as garotas de terceira classe que tinham alguma pretensão a boas maneiras, e que eram tolerantemente relaxadas em sua moral. Todas tinham imensos pentes dourados nos seus cabelos. Elas eram trazidas pelo Governo para contrariar as damas, que na sua maioria se recusava a dançar nestes locais apesar disto colocá-las em perigo de vida. Entretanto, elas eram obrigadas a ir e participar por um pequeno período.

As pessoas a quem López tinha aprisionado durante sua eleição estavam morrendo agora, e um grande terror se apoderou das pessoas devido aos maltratos a que estes prisioneiros foram submetidos. Um deles – o Juiz Lescano, um bom homem – foi mantido a céu aberto e na lama até morrer. Seu corpo foi então enviado a um hospital para um exame póstumo. Isto era feito a todos os prisioneiros ilustres que morriam para provar que eles não tinham sido envenenados. O Chefe da Polícia buscou sua esposa, e (sorrindo) disse a ela que seu marido estava livre, e que ela podia ir ao hospital e pegá-lo. Ela foi alegremente, mas para seu horror encontrou-o na sala de autópsia! À tarde, um pequeno carro de bois dirigido por policiais, foi enviado para levar seus restos mortais, não tendo sido permitido à sua família nem o pequeno consolo de enterrá-lo.

Outro, Jovellanos, logo quando estava para morrer, foi enviado à sua família. Quando ele morreu, López enviou o carro de bois com policiais, como no caso anterior que entraram rudemente na casa, pegaram o corpo pelos pés, atiraram-no no carro e foram embora. As pessoas ficaram com medo de respirar.

Em 25 de março, López decretou a emissão de 2,9 milhões de dólares em papel-moeda, elevando a emissão total a 5 milhões de dólares, e em 10 de abril, ele aboliu a lei que ordenava que metade de todos os pagamentos devessem ser feitos em espécie.

Nesta época, um ultraje sem tamanho foi feito para o Consul brasileiro em Assunção, que sendo casado com uma senhora nativa, tinha ficado no país. Enquanto eles estavam seguindo calmamente pelas ruas numa noite, sua cabeça foi golpeada com uma garrafa, deixando-o desacordado e muito ferido. A impressão geral foi de que os atacantes tinham agido de acordo com as autoridades.

Dia 16 de abril, grandes transações de câmbio em Buenos Aires feitas por agentes paraguaios causaram sensação e fizeram os curiosos buscarem por notícias. Eles descobriram que uma carta tinha sido escrita pelo general paraguaio, Robles, de Humaitá para agentes paraguaios no Rio da Prata por ordens de López, dizendo a eles, secretamente, que a guerra tinha sido declarada contra a Confederação Argentina, que ele tinha ordens de marchar sobre Corrientes, e estava por fazer isto, e que espiões tinham sido enviados à frente, e eles poderiam tomar as ações que achassem necessárias.

Esta declaração de guerra era um despacho de Berges para Elizalde, Ministro Argentino de Assuntos Estrangeiros. Era datada de 29 de março, e a primeira vez que o Governo de Buenos Aires a viu foi quando ela foi publicada em um jornal de Corrientes depois que a cidade foi ocupada pelos paraguaios. Ela foi oficialmente recebida pelo Governo Argentino dia 3 de maio, e tinha o seguinte conteúdo: que as aparências de neutralidade do Governo Argentino não enganavam López; que um General Argentino tinha atuado na guerra Oriental, com a anuência do Governo Argentino;

que o Governo Argentino estando em paz com o Paraguai, tinha permitido a criação do Comitê de Guerra Paraguaio naquela cidade; e como se isto não fosse suficiente, o Governo tinha que ter emprestado sua imprensa oficial a produções estúpidas e insultantes contra o Paraguai como nunca tinha sido feito em nenhum lugar do mundo; que para ser realmente neutro, o Governo Argentino deveria dar ao Paraguai e ao Brasil, ou recusar a ambos, o livre trânsito para suas tropas; que as afirmações de amizade eram totalmente não condizentes com os insultos e calúnias que a imprensa oficial continuamente divulgava ao mundo contra o Paraguai e seu Governo; que todos estes atos hostis, que o Paraguai não tinha de modo algum provocado, tinham convencido López que a política do Governo Argentino ameaçava os interesses mais vitais do Paraguai; que convencido de que o atual Governo da Confederação era um inimigo dos direitos, interesses, honra e integridade da nação paraguaia e seu governo, ele tinha posto o caso diante do Congresso, e agora enviava uma cópia da resolução daquela casa declarando guerra ao atual Governo Argentino, e que ele jogava toda a responsabilidade no Governo Argentino.

O seguinte texto é da declaração mencionada, em particular a declaração de guerra do Congresso Paraguaio:

"O CONGRESSO NACIONAL SOBERANO

Considerando (...)

Declara.

A conduta do Poder Executivo da nação em relação ao Brasil está aprovada (...) e está autorizado a continuar a guerra.

Art. 2 – Guerra é aqui declarada contra o atual Governo Argentino até que sejam dadas garantias e satisfações que são devidas aos direitos, honra e dignidade da nação paraguaia e seu governo.

Art. 3 – S. Ex.ª o Presidente da República irá fazer paz com ambos beligerantes quando ele achar apropriado, reportando então ao Congresso Nacional de acordo com a lei (...).

Assunção, 18 de março de 1865."

Em 17 de abril, a notícia do seguinte ultraje alcança Buenos Aires:

No dia 13, às 7 a.m., cinco vapores paraguaios desceram o rio passando por Corrientes, em cujo porto dois vapores argentinos estavam ancorados – o 25 de Maio e o Gualeguay. Os paraguaios viraram seus navios, e indo corrente acima ficaram ao lado dos vapores argentinos, e tendo atirado contra eles com metralha, os abordaram e os capturaram. Os argentinos mal resistiram, já que não estavam preparados para uma luta. Alguns que não se atiraram na água, foram passados à espada. Muitos que tinham se escondido até que a carnificina estivesse terminada foram aprisionados – 49 ao todo, incluindo um capitão, um comandante e quatro tenentes. Aqueles que pularam na água foram alvejados pelos paraguaios, que tendo permanecido três ou quatro horas no porto, partiram rebocando seus dois prêmios para o Paraguai. Oitocentos sabres navais foram tomados nestes vapores que foram dados ao 6º Batalhão, em adição às suas outras armas. Os dois vapores eram velhos navios mercantes quase inúteis, mas depois de alguns reparos eles ficaram úteis, e foram adicionados à flotilha paraguaia.

No Paraguai a notícia foi recebida como um grande triunfo, e as danças foram redobradas. Buenos Aires quase explodiu com a notícia. Os cidadãos se juntaram e foram em massa à casa do Presidente Mitre. Tendo expressado seus sentimentos tanto quanto puderam, Mitre replicou:

"Cavalheiros, depois da provocação e insulto à nossa bandeira pelo tirano do Paraguai, seu Governador só pode lhes dizer que as proclamações e manifestações serão traduzidas em atos, e que em 24 horas nós estaremos nas casernas, em uma noite em Corrientes, e em três meses em Assunção.".

Este discurso trouxe grande aplauso. A excitação em Buenos Aires foi intensa. As peças de teatro eram paradas para que as pessoas dessem discursos sobre a guerra, e a cortina descia mostrando uma faixa com as palavras "Em três meses em Assunção!".

Mitre colocou a Confederação Argentina em Estado de Sítio. Ele decretou que 19 batalhões de infantaria, de 500 homens cada, fossem adicionados ao exército para a campanha, e que Corrientes e Entre Rios deveriam cada uma contribuir com 5 mil cavalarianos. Ele nomeou Urquiza Oficial Superior da cavalaria de Entre Rios. Isto foi imprudente, já que Urquiza era Capitão-General do exército argentino, e um completo soberano em sua província de Entre Rios. Ele era tão poderoso que o Governo não podia forçá-lo a fazer nada contra sua vontade. Se Mitre tivesse oferecido a ele o posto de Comandante-Chefe do exército, Urquiza poderia ter aceitado, e então, a Confederação teria tido talvez uns 15 mil Entrerianos – boas tropas – para adicionar ao seu exército, além da vantagem da liderança de Urquiza, e a guerra provavelmente estaria terminada em alguns meses. Foi talvez por causa deste deslize que Urquiza não tomou parte na guerra e não enviou homens ao exército.

Mitre também emitiu a seguinte proclamação:

"O Presidente da República aos seus caros cidadãos

Compatriotas! Em completa paz, e ao contrário do costume das nações, o Governo do Paraguai declarou guerra contra nós, pelo ato de traiçoeiramente capturar em nosso território pela força das armas dois vapores da esquadra argentina, e atirar em nossas cidades indefesas.

Sendo provocados ao combate, sem o ter procurado, depois de ter feito tudo que podia e devia ter feito para evitá-lo – mantendo a neutralidade que era a regra de nossa política – nós devemos responder guerra com guerra, e nós devemos fazê-la com toda energia e força para corresponder aos gloriosos antecedentes da nação Argentina, nesta hora tão deslealmente ferida em sua honra.

Caros cidadãos! Contando com a força do povo argentino, e com sua firmeza, o país até agora se manteve num inteiro estado de paz, cumprindo estritamente desta maneira com a condição de neutralidade, na certeza de que quando o momento de perigo chegasse, todos, sem distinção, iriam correr ao seu posto ao pé da bandeira nacional resolutos em cumprir com os seus deveres sagrados.

Argentinos! Este momento terrível chegou. Em nome de nosso país, e com a autoridade da lei, eu conclamo vocês a ocuparem seus postos, como cidadãos e soldados de um país livre, cujo estandarte sempre foi seguido pela vitória e justiça.

Compatriotas! Eu posso calmamente oferecer a vocês o triunfo, pois cada argentino sente que está seguro de antemão pelos poderosos elementos os quais a nação tem a seu comando, e com a ajuda da Providência, e do seu valor e patriotismo.

Depois deste nobre esforço, a paz será mais sólida, mais gloriosa e mais proveitosa, e vocês poderão continuar, com maior energia, o ofício do progresso que foi interrompido por tal agressão traiçoeira e vândala.

De minha parte não é necessário dizer que eu devo cumprir com minhas obrigações para com o país e que a Constituição impõe a mim nestas circunstâncias, e que com confiança em Deus que protege a justiça de nossa causa, e no seu generoso patriotismo, eu não vou descansar enquanto eu não tiver restaurado a paz que foi traiçoeiramente tomada de vocês, e até que eu tenha vingado a honra da nação argentina.

Seu compatriota e amigo,

Bartolomeu Mitre.

Buenos Aires, 16 de abril de 1865."

O Presidente Mitre convocou o congresso, escreveu uma circular aos embaixadores estrangeiros, informando a eles do estado de guerra que a República se encontrava, e declarou os portos do Paraguai bloqueados.

Ele cancelou as licenças dos cônsules paraguaios na Confederação, e colocou Eguzquiza, o cônsul em Buenos Aires na prisão. Ele foi libertado sob fiança, mas novamente aprisionado no dia seguinte.

O General Paunero foi nomeado comandante da 1ª Divisão do exército argentino. Todos os batalhões de infantaria foram ordenados para aumentar seu efetivo em 500 homens.

O Governador (Lagraña) de Corrientes conseguiu parar a tempo e mandar voltar o Esmeralda, um vapor que ia ao Paraguai com armamento leve, que fora desapropriado pelo Governo de Buenos Aires.

Urquiza também levantou um exército de 10 mil homens, sem, entretanto, movê-los em qualquer direção.

Em 1º de maio de 1865, o General Flores, o General Urquiza, o Embaixador Plenipotenciário do Brasil no Rio da Prata, Sr. Octaviano, o Almirante Tamandaré, e o General Osório, chegaram a Buenos Aires, e se encontraram com o Presidente Mitre no cais do porto. No mesmo dia um tratado de aliança foi assinado entre o Brasil, a Confederação Argentina, e a Banda Oriental, sendo os termos mantidos secretos. Era sabido, entretanto, que os Aliados tinham resolvido ir até o último homem e o último centavo para humilhar López. Em poucos dias, a imprensa conseguiu tirar as principais condições dos ministros que tinham assinado o tratado, e elas foram publicadas, apesar de não serem oficiais.

Banquetes foram dados em toda parte, nos quais a maioria dos ministros neutros demonstrou sua simpatia pelos Aliados.

O tratado secreto foi publicado pela primeira vez em Buenos Aires em abril de 1866, por um jornal que o pegou de um livro-azul do Parlamento Inglês. Ele foi comunicado em particular pelo embaixador Oriental, Castro, e todas as partes signatárias ficaram furiosas quando o documento iníquo veio à tona e, em consequência desta publicação, o embaixador Oriental em Londres foi obrigado a retornar.

O tratado está por inteiro no Apêndice deste livro. Os principais pontos nele são: Os Aliados se comprometem a não baixar as armas até que eles tenham eliminado o Governo López, e a não negociar com ele, a menos que seja consenso comum. A independência do Paraguai está garantida. O Paraguai irá pagar pelas despesas de guerra. As fortificações de Humaitá serão destruídas, e não será permitido que se construam outras. Nenhuma arma ou elemento de guerra será deixado no Paraguai.

Buenos Aires pode ser desculpado em certo grau por assinar tal documento, porque o ultraje que López cometeu era recente, mas o Brasil não tinha recebido tal afronta, e o procedimento foi imperdoável de sua parte.

CAPÍTULO V

O EXÉRCITO DO PARAGUAI E SEUS RECURSOS – AS FORÇAS DOS ALIADOS

As forças do Paraguai nesta época consistiam de um exército de 80 mil homens, um terço dos quais era de cavalaria, e o resto de infantaria e artilharia. Os melhores homens eram escolhidos para a cavalaria e a artilharia. A cavalaria era dividida em regimentos, a infantaria em batalhões, e a artilharia em regimentos a cavalo e em batalhões de artilharia pesada.

Os regimentos de cavalaria consistiam de quatro esquadrões, cada um com cem praças, e apropriadamente eram comandados por um coronel, um tenente-coronel, dois majores, etc., mas na maioria das vezes um regimento era comandado por um tenente, e raramente por um oficial de posto maior que o de capitão. Isto era em razão da escassez de oficiais de alta patente, porque López era sempre muito parcimonioso com as promoções. Com o avançar da guerra, a força de um regimento diminuiu à medida que os homens morreram e não haviam homens suficientes para repô-los. As últimas duas observações se aplicam à infantaria também. A cavalaria estava armada com sabres, além dos quais, geralmente, um dos esquadrões de um regimento estava armado com espingardas de pederneira e os outros três com lanças. As lanças paraguaias tinham 2,7 metros de comprimento, e as lanças dos Aliados de 3 a 3,7 metros. A Escolta do Governo de 250 homens estava armada com carabinas Turner de alimentação traseira, e o regimento "Escolta de Dragões" com carabinas comuns. Como os primeiros somente entraram em ação nos últimos dias da guerra, não houve oportunidade de testar suas armas. A cavalaria cavalgava sobre o "recado", que é a sela do país, e que também serve de cama. Ela consiste, em primeiro lugar, de um grosso manto de lã, que é dobrado em dois no lombo do cavalo; por cima disto, uma grande peça de couro, feito de uma única pele dobrada em duas, sobre a qual é colocada a sela propriamente dita, na qual estão ligados os estribos. Estes consistem de uma espécie de botão no final da tira de couro que fica no meio do dedão e do segundo dedo do pé, já que eles não usam botas, e o pé descansa sobre o botão. A sela é apertada por um largo cinto de couro com grandes anéis de ferro, que também segura o pelego de ovelha onde se senta. Eles não usavam bridões, mas uma longa tira de couro era passada pelas mandíbulas dentro da boca do cavalo segura nos arreios. Havia nesta época em todo o Paraguai uns 100 mil cavalos, sendo que apenas metade podia galopar por 3 ou 5 km. Os cavalos paraguaios nunca foram bons, e uma terrível doença na espinha nos últimos tempos dizimou-os, atacando em geral os melhores animais.

Cada batalhão de infantaria estava dividido em seis companhias de cem homens, chamadas de companhia de granadeiros, primeira, segunda, terceira, quarta e companhia de caçadores. A de granadeiros consistia dos homens mais fortes do batalhão, e a de caçadores dos menores e mais fracos. Entretanto, no começo da guerra, a maioria dos batalhões tinha de 800 a 1.000 homens, com companhias de 120 homens e com mais de seis companhias por batalhão. Três batalhões estavam armados com rifles Witton. Um dos batalhões foi criado no tempo de López I, e sempre tinha estado em Humaitá, onde eles não tinham rações, mas eram enviados com seus rifles por dois a três dias de uma vez com um pouco de munição para caçar a sua comida. As balas eram cortadas em pequenos pedaços para atirar nos patos selvagens, e os rifles sendo mal utilizados por vários anos perderam todas as suas ranhuras. Três ou quatro batalhões eram armados com gatilhos de percussão, e todos os outros com mecanismo de pederneira tipo Brown Bess, com a marca da Torre de Londres neles. Nenhum infante tinha outra arma exceto pelas baionetas que não tinham bainhas e que eles sempre levavam fixadas ao rifle. O 6º Batalhão tinha apenas os sabres de abordagem capturados no vapor de Corrientes, já que eles iriam atuar como fuzileiros na marinha depois do seu retorno de Mato Grosso.

Havia três regimentos de artilharia montada, cada um consistindo de quatro baterias de seis canhões. Havia uma bateria de canhões de 12 libras de aço com cano raiado; todo o resto era de todos os tamanhos, formas, metal e calibres imagináveis, de 2 libras a 32 libras. A maioria deles tinha sido construída em Assunção.

A artilharia pesada (todas de cano liso) tinha 24 canhões de 8 polegadas e 3 toneladas de peso; 2 canhões pesados de 56 libras; e ao todo mais de 100, entre 32 e 24 libras[12]. Destes, 18 de 8 polegadas, 2 canhões pesados de 56 libras e 70 canhões menores, entre os quais muitos 8 libras e 12 libras,

---

[12] N.E.: Nesta época ainda era comum se referir ao calibre dos canhões pelo peso de seus projéteis. Então, Thompson irá se referir em todo o livro em calibres de canhão pelo peso (ex.: 24 libras) ou pelo diâmetro (ex.: 8 polegadas) do cano do canhão.

estavam todos montados no reduto de baterias de Humaitá. Seis canhões de 8 polegadas estavam em chatas.

A maior parte da artilharia paraguaia consistia de velhos canhões de ferro gastos pelo tempo, provavelmente utilizados como lastros por navios e comprados pelo Paraguai. Eles eram como aqueles canhões que hoje servem como poste em Woolwich Commons[13].

Além dos exercícios de artilharia, os membros da artilharia montada eram exercitados em manobras de cavalaria, e os da artilharia pesada em exercícios de infantaria. Ao todo, o Paraguai tinha entre 300 e 400 canhões de todos os calibres.

A marinha consistia de 17 pequenos vapores, todos eles navios de passageiros, exceto o Añambay e o Taquari, ambos construídos como canhoneiras. Todos estavam armados com canhões de alma lisa, de 4 a 32 libras. O Jejuí tinha um canhão raiado, alimentados por trás de 12 libras. Os marinheiros estavam armados com rifles Witton com baionetas.

Nem os homens da infantaria, nem os da artilharia foram ensinados a usar as miras graduadas de suas armas, mas eles as elevavam apontando-as muito além do alvo de acordo com a distância. Entretanto, eles tinham uma prática muito melhor do que seus inimigos que entendiam o uso das miras.

O transporte terrestre era efetuado por meio de lentos carros de boi. Não havia uma unidade de transporte separada, mas todo oficial comandante tinha quantos carros e bois que ele pedisse, e ele fornecia os condutores dentro de sua companhia.

A equipe médica era composta de um major cirurgião, três cirurgiões com o posto de capitão, e um farmacêutico com o posto de tenente – todos ingleses. Além destes, havia sob o comando deles vários cirurgiões e aprendizes paraguaios, todos eles treinados pelos doutores e farmacêuticos da equipe médica. O serviço de transporte de hospital era feito da mesma maneira que o transporte terrestre. Remédios já estavam ficando escassos.

Havia ao todo cinco toneladas de pólvora nos paióis paraguaios, e muita quantidade de projéteis e munição de todos os tipos.

Os soldados paraguaios vestiam calças e camisas brancas, um blusão escarlate com decorações pretas ou azuis, sobre o qual eles colocavam um cinturão branco, e não tinham sapatos. O chapéu ou quepe era a característica distinta de seus uniformes. A infantaria usava um quepe parecido com o quepe sem revestimento da Guarda Imperial Francesa, mas com um penacho, e era ou preto com decorações vermelhas ou vermelho com decorações pretas. Mais tarde, quando não restavam mais tecidos no país, ele foi trocado por um quepe de couro preto, uma invenção muito boa. A cavalaria e a artilharia usavam um elmo alto de couro preto com um

---

[13] N.E.: Bairro de Londres que abriga unidades militares incluindo o museu de artilharia Firepower.

penacho, tendo a cavalaria uma flor-de-lis e a artilharia um alvo de três cores pintado nele.

Figura 1 - Soldado Paraguaio

O regimento da escolta, que era armada com rifles Turner, era chamado de *aca-carayá*, ou cabeças de macaco, porque eles usavam um elmo de couro revestido de latão que tinha costurado na parte superior uma cola de macaco preto. Uma longa cauda de cavalo descia da parte traseira do elmo até a cintura. Estes homens vestiam uma túnica escarlate, calças brancas, e quando de prontidão, botas de dragão. Os Dragões da Escolta usavam quepes altos e quadrados como os outros cavalarianos, mas eles tinham uma banda larga de latão brilhante em volta do topo, daí eram chamados de *aca-verá*, ou cabeças brilhantes. Um soldado paraguaio carregava em seu chapéu um pente, dinheiro, cigarros, fósforos, linha e agulha, botões, tabaco de mascar e um lenço.

Os uniformes dos oficiais do exército e da marinha eram muito similares aos franceses, mas por vestimenta interior, eles vestiam uma camiseta preta com enfeites escarlates, e quando o tecido se tornou escasso, foi substituída pela camiseta dos soldados, que tiveram que ficar sem nenhuma. E finalmente eles não tinham nem esta, e sua única distinção como oficial era seu quepe e sua espada que eles sempre usavam.

Os paraguaios eram os homens mais respeitosos e obedientes jamais imaginados. Do soldado ao general, todos batiam continência, com seus quepes em seus braços, para seus oficiais superiores que nunca retornavam a saudação.

Qualquer um com uniforme militar no Paraguai era o oficial superior de qualquer civil, e todos juízes, e outros tinham que tirar seu chapéu para qualquer alferes. López era muito ciumento de qualquer afronta a seus oficiais, e durante o reino de seu pai, uma jovem não foi convidada para nenhum baile público por dois anos, por ordens suas, porque se recusou a dançar com um oficial.

Um paraguaio nunca reclamava de uma injustiça e estava perfeitamente satisfeito com qualquer coisa que seu oficial superior determinasse. Se ele fosse chicoteado, ele se consolava dizendo, "se meu pai não tivesse me chicoteado, quem o faria?". Todos chamavam seu superior de "seu pai", e seus subordinados de "seu filho". López era chamado de *taitá guasú*, ou grande pai; também de *mita moroti*, criança branca; e *carai*, ou *carai guasú*, o cavalheiro, ou o grande cavalheiro.

Um cabo era obrigado a levar seu rebenque nas mãos quando de prontidão. Ele era o executor das "varadas", e podia dar três varadas sob sua responsabilidade. Era permitido a um sargento castigar um soldado com doze varadas (i.e.: doze pancadas com o rebenque), e um oficial poderia castigar com quantos ele quisesse.

Por faltas muito graves, e também por *qualquer* falta cometida na vanguarda, um oficial comandante não podia punir o culpado, mas tinha que prendê-lo no tronco e reportar sua falta para López que passava a sentença. Se era um oficial, ele perdia sua espada e ficava na prisão até que López o sentenciasse. O "tronco" numa campanha consistia de uma corda amarrada em uma ponta numa estaca no chão e a outra ponta amarrada nos tornozelos do réu que ficava afastado da estaca e tinha a outra perna amarrada em outra estaca e retesadas fortemente.

Como no exército francês, todos os oficiais eram promovidos das fileiras inferiores. Jovens de boas famílias que se alistavam tinham que tirar seus sapatos e andar descalços, já que não era permitido a nenhum soldado paraguaio usar sapatos.

No início, todas as punições seguiam as regras espanholas, mais tarde elas ficaram muito arbitrárias. Um dos artigos das regras condenava a morte qualquer um que aprovasse qualquer coisa relativa ao inimigo.

As rações paraguaias eram um boi para 80 homens por dia, ou se a carne estivesse escassa, até 200 podiam dividir a ração normal. Entretanto, isto era raro. Eles recebiam 450 gramas de *yerba*[14] (o chá paraguaio) por mês, mais um pouco de tabaco, sal, e milho (quando tinha algum) para assar ou fazer sopa. Durante a guerra o sal ficou muito escasso, e a necessidade dele era mais sentida do que qualquer outra coisa, custando ao Paraguai milhares de vidas; milhares morreram da falta de comida vegetal, que era a dieta exclusiva da maioria até serem enviados ao exército onde eles não tinham nada além de carne vermelha ruim. Os soldados e suboficiais recebiam uma ração, os oficiais duas, oficiais de campo ou chefes quatro e generais oito.

Os brasileiros tinham nesta época uma frota de 20 canhoneiras que podiam navegar o rio, tendo em média oito canhões cada uma. Seu exército tinha cerca de 25 mil homens, e eles estavam concentrados na Banda Oriental[15]. Flores tinha declarado sua intenção de fazer uma cruzada contra López, e a população da Banda Oriental iria "se levantar como um homem só". Entretanto, ele apenas conseguiu juntar três batalhões. Ele não tinha artilharia ou vapores. Buenos Aires mal tinha um exército de verdade, e sua marinha consistia de dois navios de passageiros velhos que mal conseguiam sair do porto. Um deles era o velho ex-correio da Marinha Real Inglesa, o Camilla.

Portanto, os aliados tinham muitos preparativos a fazer antes que eles pudessem iniciar a campanha.

---

[14] N.E.: Erva-mate.
[15] N.E.: Uruguai.

CAPÍTULO VI

O COMEÇO DA CAMPANHA EM CORRIENTES – GENERAL URQUIZA

Na sexta-feira da Paixão, 14 de abril de 1865, um dia depois da captura dos dois vapores argentinos pelos paraguaios, o General Robles com 3 mil homens desembarcou de cinco vapores paraguaios na cidade de Corrientes. Ele formou seus homens na praia, e esperou lá por alguém da cidade que pudesse ouvir o que ele tinha a dizer para acalmar os ânimos dos habitantes. Finalmente alguém se atreveu a chegar até ele, e ele disse que os paraguaios vieram como irmãos para libertar os correntinos do despotismo de Buenos Aires, e que eles e sua cidade seriam respeitados. No mesmo dia cerca de 800 cavalarianos paraguaios marcharam pela cidade. Estes tinham vindo por terra, tendo cruzado o Paraná no Passo da Pátria, que era a rota pela qual a maior parte da comunicação era mantida entre o Paraguai e seu exército em Corrientes.

Robles deixou uma guarnição em Corrientes, e tendo recebido reforços, os quais chegavam diariamente por navio, ele marchou lentamente em direção ao sul, ao longo do rio. A uma pequena distância da cidade de Corrientes, a barranca do rio naquele lado tem 15 metros de altura e continua assim mais um pouco, de maneira que se a frota brasileira aparecesse de surpresa, ela teria feito pouco dano ao exército paraguaio.

Três vapores paraguaios estavam ancorados próximos a Corrientes com as caldeiras constantemente pressurizadas e alertas quanto à aproximação da frota brasileira.

A cidade de Corrientes foi respeitada, mas no interior e nas estradas qualquer coisa que foi encontrada foi tomada, fosse gado, cavalos ou outros bens. Mas, em geral, as pessoas não foram molestadas no começo desta campanha.

Um ano antes destes acontecimentos, López tinha em Corrientes um paraguaio chamado Miguel Rojas como agente do governo, formalmente era um comprador de gado para o exército paraguaio. Entretanto, Rojas tinha outras tarefas também, e tinha sondado a maioria das pessoas de Corrientes com relação às suas opiniões políticas, e quando Robles chegou lá, ele sabia muito bem com quem podia contar a favor da invasão paraguaia. Havia muitas pessoas descontentes em Corrientes, e como os correntinos e os paraguaios falavam entre si a mesma língua (guarani), eles se consideravam de certo modo como irmãos. Os correntinos e os paraguaios tinham uma admiração mútua por suas habilidades com cavalos. Os paraguaios chamavam os correntinos pelo apelido de "Curepi", ou pele de porco.

López enviou alguns homens escolhidos de Assunção para administrar Corrientes apesar de ele ter colocado lá um governo local consistindo de três correntinos – Gauna, Silvero e Cáceres. Entretanto, este triunvirato era figurativo. O grupo vindo do Paraguai era encabeçado por Don José Berges (Ministro das Relações Exteriores), e ele era assistido pelo Padre Bogado, Miguel Haedo, J. V. Urdapilleta e vários outros. López enviava suas ordens para Berges que as repassava para o triunvirato pôr em execução. A guarnição de Corrientes e os vapores estacionados lá estavam sob as ordens de Berges. Ele não abusou de seu poder, fazendo apenas o que López lhe ordenava.

A princípio foram emitidos passaportes para todos que quisessem deixar a cidade, e tudo foi feito para fazer com que o governo López parecesse civilizado e honrado.

Os arquivos do governo de Corrientes foram apreendidos e todos os papéis de valor foram enviados para Assunção – entre eles um mapa da província mostrando as diversas propriedades dele.

Grandes quantidades de papel-moeda paraguaio foram introduzidas e os correntinos eram obrigados a aceitá-lo como pagamento de suas mercadorias.

Enquanto isso, o Presidente Mitre estava fazendo preparativos para lançar a batalha, e estava levantando um exército tão rápido quanto era possível. Todos estavam enviando contribuições para a guerra. A imprensa fazia pouco caso de López e seus homens, contando com uma vitória fácil no momento que o exército fosse a campo. Referindo-se a isto, um jornal de Montevidéu lembrava que "somente uma nação de carneiros ficaria entusiasmada com o retrato da impotência e degradação de seus inimigos".

Uma Legião Paraguaia foi arregimentada e os coronéis Iturburu e Decoud foram colocados no comando dela.

As pessoas estavam tão enlouquecidas pelo ultraje cometido contra seus vapores que as notícias sobre a invasão de Corrientes tiveram pouco efeito sobre elas. Em 24 de abril, o primeiro batalhão de tropas deixou Buenos Aires em direção a Corrientes.

Lagraña, o governador de Corrientes, tinha recuado um pouco ao sul quando Robles invadiu, e fez proclamações convocando os correntinos às armas, decretando que todos os argentinos da província entre 16 e 60 anos de idade deveriam imediatamente se reportar ao exército. Ele também declarou que todas as pessoas que obedecessem ao governo autoproclamado de Corrientes seriam consideradas traidoras e condenadas à morte.

Em Rosário ocorreram grandes manifestações. Caminos, o cônsul paraguaio, foi posto na prisão. Uma multidão seguiu até o consulado paraguaio onde uma escada foi utilizada para arrancar e atirar no chão o escudo com o brasão de armas paraguaio. Então, eles pegaram o escudo, juntamente com o retrato de López, levaram ao cais onde foram pendurados e alvejados, e após isto foram atirados ao rio. Então, eles escreveram, assinaram e publicaram um "ato solene" dando conta destes acontecimentos.

Urquiza fez grandes discursos e declarações que levaram Buenos Aires a acreditar que ele iria marchar em 26 de abril à frente de 10 mil homens para libertar Corrientes. Ele decretou que todos os seus homens deveriam se juntar ao exército com seus próprios cavalos, e ele fez o governo da confederação pagar por eles – entretanto, o decreto que ordenava este pagamento deixava os homens ainda de posse de seus cavalos.

O congresso argentino se reuniu em 1º de maio, e sancionou um empréstimo de 12 milhões de dólares, que foram imediatamente negociados. Em sua mensagem ao congresso, Mitre endereçou uma moção de agradecimento a Urquiza por ele ter posto à disposição mais homens do que foi pedido a ele.

Em poucos dias Urquiza partiu para Entre Rios, despedindo-se de seus amigos em Buenos Aires por meio de um artigo num jornal, pois "a urgência dele se pôr à frente de suas tropas não permitia que ele tivesse o prazer de fazê-lo pessoalmente". O Presidente Mitre o acompanhou até o cais, e apertando as mãos disse: "Apresse-se, General". Neste momento um mensageiro de López com despachos para Urquiza chegou. Ele imediatamente entregou-os (sem abrir) à Mitre que disse ao secretário de Urquiza quem os tinha dado e que a boa-fé demonstrada pelo General Urquiza não permitia que ele os abrisse. O secretário então os abriu e os deu para Mitre, que ordenou que eles fossem publicados e que aprisionassem o mensageiro que os trouxe. Os despachos continham uma carta de Berges contando os acontecimentos em Corrientes e esperando que Urquiza não ficasse indiferente. Já há algum tempo López estava se comunicando com Urquiza por meio de um mensageiro direto (o ex-cônsul argentino).

Quando Urquiza chegou a Entre Rios de Buenos Aires, ele começou a organizar seu exército, e em menos de um mês ele tinha 10 mil homens.

Por estes ele recebeu armas e fardamento de Mitre, os quais ele distribuiu entre suas tropas e marchou para Concórdia para se encontrar com os aliados, que era onde Mitre se encontrava. Quando chegou a Bassualdo – um local na fronteira de Entre Rios e na estrada para Concórdia – ele suspendeu a marcha de seus homens e seguiu em frente para se encontrar com Mitre. Enquanto estava a caminho, um mensageiro lhe alcançou trazendo notícias que quase todo o exército tinha se desfeito. Ele retornou imediatamente, descobrindo que a notícia era verdadeira e deu uma folga de um mês ao restante do exército. Então, ele escreveu uma carta ao Presidente Mitre contando o caso, prometendo que teria 12 mil homens em armas dentro de um mês. Mitre respondeu aprovando o que ele tinha feito, e Urquiza foi se encontrar com Mitre em Concórdia no dia 24 de julho. Ele satisfez totalmente Mitre, e fez uma promessa formal, por carta, um trecho reproduzido a seguir:

"Eu imploro ao governo do meu país e também a V. Ex.ª, eu imploro ao povo da república por mais uns poucos dias de paciência que então eu possa com a divisão Entre Riana, que me foi pedida para organizar, que eu possa ocupar qualquer posto perigoso que me for indicado; estando certo de que nós não seremos os últimos a chegar ao campo, e que nós iremos contribuir igualmente com os melhores para preservar nossa honra imaculada e o brilho de nossas armas."

Então, Urquiza voltou a Entre Rios. No final de outubro ele arrebanhou uns poucos milhares de homens novamente, e com 2 mil deles, marchou para Concórdia, na qual o exército aliado já tinha chegado, onde ele se juntou aos demais. Ele, então, marchou para o quartel-general de Mitre, mas em Toledo, na estrada, a maior parte de seu exército novamente se desfez, e ele retornou com o restante, dando folga a todos novamente. Quando os aliados invadiram o Paraguai no ano seguinte, ele enviou umas poucas centenas de homens que se amotinaram a bordo dos vapores, e foram desbandados de vez. Ele também enviou uns canhões velhos que tinha previamente tomado de Buenos Aires.

Não se ouviu mais dele durante a guerra, exceto como vendedor de grandes quantidades de gado e cavalos para os aliados, conseguindo assim uma fortuna enorme. Seu nome foi usado com frequência por López durante a guerra para encorajar as tropas, dizendo que Urquiza estava a caminho para ajudá-los.

Na sua declaração de guerra, o Presidente Mitre disse que o governo argentino não iria depor suas armas enquanto não tivesse deposto o atual governo do Paraguai.

A frota brasileira tinha sido muito censurada por não ter se movido ainda, mas, finalmente em 3 de abril, ela saiu de Buenos Aires "para o Paraguai", mas levou quase um ano para alcançar o ponto mais próximo do país. Houve muita discussão sobre o que a frota deveria fazer. Os paraguaios iriam correr no momento em que vissem esta frota, que imediatamente iria explodir Humaitá. Entretanto, quando eles deixaram Buenos Aires, e quando sentiram que realmente entrariam em guerra, observou-se que os oficiais ficaram muito quietos, e para encorajá-los apostas foram feitas, quando eles estavam ouvindo, que nenhum deles nem seus navios jamais iriam retornar. Eles se moveram tão lentamente que levaram 42 dias para ir de Buenos Aires à Corrientes, uma distância de 965 km. A frota nunca podia operar a contento; ou o rio estava sempre muito cheio ou muito raso.

Enquanto isso, os vapores paraguaios tinham o controle do rio, e eles fizeram uso deles para transportar as tropas rio abaixo e para carregar o saque das cidades e vilas ocupadas.

Humaitá tinha apenas 90 canhões montados em sete baterias, e a frota brasileira presente no rio tinha mais do que isto. Com muito pouco perigo de algum de seus barcos afundar, ele poderiam ter ancorado na margem oposta às baterias e as destruído, assim como teria sido fácil para ela, com metralha, ter varrido os paraguaios para longe de seus canhões, pois estes não tinham um parapeito mais alto que o joelho dos artilheiros, exceto em uma bateria de 16 canhões.

Os argentinos agora estavam reclamando abertamente da inatividade da frota. Dia 28 de abril, oito vapores de guerra brasileiros estavam em Goya, e o comandante desse esquadrão (Gomensoro) declarou nesse dia que os portos paraguaios estavam sob bloqueio, e teve uma conversa com um delegado do ex-governador (Lagraña) de Corrientes com o objetivo de fazer operações combinadas contra os paraguaios. Gomensoro disse que ele acreditava que seus canhões iriam destruir os vapores paraguaios, pois eles apenas foram artilhados para a guerra, enquanto os seus foram construídos para isso.

General Cáceres era o comandante das forças correntinas, e agora tinha 6 mil homens. Dia 2 de maio, o General Paunero desembarcou em Bela Vista com suas forças, e as escaramuças com a vanguarda paraguaia começaram com a vitória sendo reclamada por ambos os lados. Entretanto, não houve combates importantes.

Dia 3 de maio, o triunvirato enviou uma delegação ao General Cáceres, pedindo a ele para ordenar que suas tropas depusessem as armas e que aceitasse a oferta de livre perdão para evitar derramamento de sangue. Nenhuma resposta foi dada a esta mensagem insolente.

Havia agora 8 mil homens sob o comando de Cáceres e Paunero, e até o final de maio eles tinham 16 mil.

O General Robles que agora estava acampado com 25 mil homens em Riachuelo numa barranca alta do rio 14 km abaixo de Corrientes, marchou para o sul dia 11 de maio, e passando sem parar pelas vilas intermediárias, alcançou Bela Vista dia 20. O Tenente-Coronel Aguiar comandava a vanguarda e estava tendo conflitos contínuos com o inimigo. Quando um de seus companheiros era ferido, os correntinos a cavalo paravam e o pegavam entre dois deles, levando-o embora à galope. Aguiar marchou até Goya que foi ocupada por sua vanguarda dia 3 de junho.

Robles tinha deixado uma guarnição de 1.500 homens e dois canhões pequenos na cidade de Corrientes sob o comando do Major Martinez. Dia 25 de maio, um esquadrão de oito vapores de guerra brasileiros e dois argentinos chegaram à cidade, e os brasileiros tomaram posições para atacar as ruas da cidade (que tem uma planta regular em quadrados), enquanto os argentinos desembarcaram as tropas.

General Paunero que comandava essa expedição em pessoa tinha embarcado 4 mil homens no esquadrão com o objetivo de tomar Corrientes, mas apenas desembarcou 2 mil com dois canhões de 6 libras sob o comando do Coronéis Rivas, Charlone e Rosetti. Algumas destas tropas eram brasileiras. Os últimos dois comandantes eram italianos, e eles com suas tropas eram considerados dos melhores soldados do exército argentino. Enquanto isso, a frota bombardeava os paraguaios. Eles agora estavam em combate corpo a corpo, e grande coragem foi demonstrada por ambos os lados. O Major Martinez não poderia ter prevenido o desembarque dos aliados, pois eles estavam protegidos pelos canhões do esquadrão, mas quando a luta começou os paraguaios mostraram grande coragem, e depois do combate seus inimigos deram-lhes o crédito devido.

O desembarque teve lugar nos limites da cidade, ao norte dela, e os paraguaios recuaram mais ou menos mil metros para uma ponte de pedra que dava entrada para a cidade. Eles defenderam esta ponte por um longo tempo, estando expostos durante este tempo tanto ao fogo da frota como da infantaria. Aqui os brasileiros mostraram a sua tática característica que consistia em atirar com todas as armas que eles possuíam não importando se eles matassem amigos, inimigos ou ambos – o que em geral era o que acontecia – ou se eles pudessem ver ou não no que eles estavam atirando.

A ponte foi crivada com metralha da frota, e tendo ambos os lados deixado vários homens caídos no local, os paraguaios recuaram para cerca de 2 km da cidade. Berges e o triunvirato já tinham fugido, e os vitoriosos tendo embarcado seus feridos, levaram a bordo dos navios todas as pessoas que desejavam deixar a cidade. Na manhã seguinte eles embarcaram e desceram o rio novamente para se juntar ao exército principal. O triunvirato e Berges voltaram imediatamente ao governo.

A perda dos paraguaios entre mortos e feridos foi de cerca de 400, e a dos aliados de 350. Charlone foi gravemente ferido na cabeça por uma espadada desferida por um oficial paraguaio. Os mortos foram enterrados debaixo da ponte onde o combate teve lugar.

Estando o rio aberto ao inimigo, o General Robles errou ao deixar tão pequena guarnição em Corrientes (que não tinha fortificação de espécie alguma), com ordens para lutar ao invés de recuar diante de uma força superior, já que ele próprio estava a quilômetros de distância com o exército principal, e nenhum reforço poderia chegar a tempo. Entretanto, isto foi feito por ordens de López.

Os aliados disseram que eles ouviram entre os paraguaios o grito de "Quem morrer aqui vai voltar à vida em Assunção", e eles dizem que esta doutrina foi pregada pelos padres no Paraguai. Isto não foi assim, pois os paraguaios nunca teriam acreditado apesar de que os padres certamente não hesitariam em pregar isto.

No Paraguai, contou-se que os argentinos tinham cometidos roubos e estupros na cidade. Entretanto, isto não parece ser verdade. O governo argentino concedeu uma medalha a todos os envolvidos no ataque.

O esquadrão brasileiro de nove vapores de guerra agora estava ancorado na margem oposta a Corrientes, em linha de batalha, para levar a efeito o bloqueio que eles tinham declarado.

Os preparativos continuavam no Paraguai. O próprio López estava se preparando para ir ao campo de batalha, e rumores circulavam de que ele iria marchar para Montevidéu e Buenos Aires. General Diaz (então um Tenente da polícia) foi promovido a capitão e comissionado a treinar e comandar o 40º Batalhão que era inteiramente composto de pessoas de Assunção. Este batalhão tinha mil e 50 homens, e fazia suas manobras de maneira admirável. Este 40º Batalhão entrou mais em combate durante a guerra do que qualquer outro; foi por cinco vezes totalmente aniquilado, e pelo mesmo tanto de vezes reorganizado tanto quanto possível com gente de Assunção. O General (então Tenente-Coronel) Bruguez tinha posto a artilharia móvel em muito boa forma, e López passou em revista todas as tropas em Assunção um dia em maio – por volta de 15 mil homens. Eles estavam muito vistosos em suas camisetas escarlates, fizeram suas evoluções com grande precisão. No mesmo dia, um torpedo foi testado na sua presença por um ianque, Mr. Krüger, que explodiu uma jangada de palmeiras, estando ele próprio por volta de seis metros do ponto da explosão.

Foi dito no Paraguai que a Bolívia iria se aliar ao Paraguai e enviar um exército para assisti-lo.

Em 8 de abril de 1865, López, por meio de um longo decreto, instituiu a "Ordem Nacional do Mérito", consistindo de cinco diferentes graus – grande cruz, grande oficial, comandante, oficial, e cavaleiro. A condecoração era uma estrela de cinco pontas, com flechas convergindo entre as pontas, e um medalhão no centro tendo escrito no verso as palavras *Honoris Causa*, e no reverso *Præmium Meriti*. Era para ser segura no peito esquerdo por uma fita púrpura com uma faixa tricolor bem fina nas bordas.

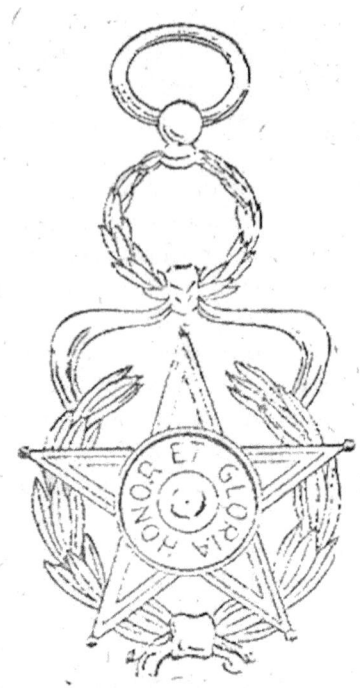

Figura 2 - Ordem Nacional do Mérito do Paraguai[16]

A canhoneira H.B.M. Doterel estava em Corrientes no momento do combate de 25 de maio, e no dia seguinte continuou sua viagem à Assunção quando ele encontrou o Pirabebé, um iate a vapor, um da flotilha paraguaia, que carregava um canhão. O Pirabebé, pensando que ela era brasileira, disparou contra a Doterel, mas não a atingiu. O comandante do iate se desculpou depois, dizendo não ter visto a bandeira. A Doterel chegou à Assunção no dia 1º de junho, tendo a bordo um secretário da delegação inglesa. A missão dela em Assunção não era de conhecimento dos ingleses que lá estavam. Entretanto, parecia que ela estava lá para retirar todos os súditos britânicos que assim o desejassem.

---

[16] N.E.: Note que esta figura da medalha da Ordem Nacional do Mérito é um pouco diferente da descrição de Thompsom. Ele deve ter descrito uma das categorias da Ordem. Ref.: "Condecoraciones em la Guerra del Paraguay Contra la Triple Alianza", Cristobal A. Frutos N., 1966.

CAPÍTULO VII

A BATALHA DO RIACHUELO – LÓPEZ DEIXA ASSUNÇÃO PARA O COMANDO DA GUERRA – APRISIONAMENTO DO GENERAL ROBLES E CONTINUAÇÃO DA CAMPANHA DE CORRIENTES

Em 2 de junho de 1865, López publicou a seguinte proclamação antes de deixar Assunção para se juntar ao exército:

"O Marechal, Presidente da República do Paraguai, e General-Chefe de seus Exércitos:

À Nação

Cidadãos! O curso da guerra na qual nossa pátria está engajada contra a tríplice aliança do Brasil, da Confederação Argentina e da Banda Oriental, não mais me permite continuar o autossacrifício de me ausentar do comando da guerra e dos meus companheiros de armas que estão em campanha, assim como a ordem pública e o entusiasmo unânime da nação me dão permissão para ir aonde o dever de soldado me chamar.

Eu sinto a necessidade de participar pessoalmente do sacrifício dos bravos e leais defensores da nossa pátria, e eu deixo a administração pública devidamente atendida para que eu possa seguir para a guerra.

Separando-me momentaneamente do seio da nação, eu levo comigo a doce satisfação de que a administração geral do estado ainda será realizada com toda lealdade, devoção e patriotismo que os funcionários públicos sempre mostraram no cumprimento do seu dever.

Eu também tenho a convicção que todos os cidadãos irão contribuir sem descanso, nas suas respectivas esferas, para a conclusão da luta na qual estamos engajados; e para este fim não é necessário que nós todos peguemos em armas. Nem todos devem se unir às fileiras, mas apenas todos devem cooperar para o bem da causa comum.

Eu tenho esta confiança por causa do pronunciamento geral com o qual toda a nação se levanta para reivindicar vingança à sua honra ultrajada, a ameaça à garantia de sua existência, e a estabilidade de seus direitos feridos.

Todo cidadão no seu coração acredita na santidade da causa que nos forçou a deixar nossa vida trabalhadora e pacífica, e o Deus dos exércitos irá velar por nosso destino!

FRANCISCO S. LÓPEZ

Assunção, 2 de junho de 1865."

López subiu a bordo do Taquari dia 8 de junho ao pôr do sol, estando quatro outros vapores carregados de tropas prontos ao mesmo tempo. Todas as pessoas de Assunção é claro que estavam à beira do rio esperando a tarde inteira para vê-lo embarcar. Quando ele entrava no barco, o H.B.M.S. Doterel atracava nas docas, e os vapores paraguaios apresentavam seus homens nos conveses. Entretanto, não houve comemorações. À meia-noite ele saiu, e chegou a Humaitá à tarde do outro dia.

Logo após sua chegada em Humaitá, López começou a preparar seus vapores para o combate. Os seguintes vapores foram selecionados para a ação, estando o restante no Mato Grosso ou inútil para este propósito:

Navio	Canhões	Propulsão	Desl. (ton.)	Capitão
Taquari (nave capitânia)	6	Roda	421	Cabral
Paraguarí	4	Roda	627	
Igurei	5	Roda	548	Alonzo
Iporá	4	Roda	205	Ortiz
Marquês de Olinda	4	Roda	300	Robles
Jejuí	2	Roda	120	
Salto Oriental	3	Hélice	250	Alcaraz
Pirabebé	1	Hélice	120	Pereira
Iberá	4	Hélice	300	Gill

O último da lista é colocado em separado, pois sua hélice se soltou enquanto ele estava a caminho e foi obrigado a parar em Três Bocas. Havia também seis canhoneiras de fundo chato, cada uma carregando um canhão de 8 polegadas. Estas canhoneiras não tinham convés, e tinham um tamanho suficiente apenas para carregar o canhão e sua tripulação. Elas ficavam a 30 cm da água, tinham proa dupla, e eram construídas com 2 camadas diagonais de tábuas de 2 polegadas. Elas tinham que ser rebocadas e eram chamadas de "chatas".

Todo o dia 10 de junho foi ocupado no carregamento de munição para os vapores, e nos preparativos para a operação a ser levada a cabo.

Figura 3 - Representação de chata paraguaia no quadro de Pedro Américo, A Batalha do Riachuelo

Quinhentos homens escolhidos do 6º Batalhão embarcaram nos vapores, e antes deles embarcarem, López foi a cavalo discursar para eles. Todos estavam muito entusiasmados, e prometeram trazer de volta a frota brasileira. López lhes disse para trazerem prisioneiros, ao que eles responderam: "Para que nós queremos prisioneiros? Nós vamos matar a todos!" "Não", disse López, "tragam alguns prisioneiros". López estava muito alegre e os homens encantados.

Capitão Mesa era o comandante da expedição, e Capitão Cabral era seu segundo. Os engenheiros dos vapores eram todos ingleses, exceto um ou dois dos segundos engenheiros que eram paraguaios. Cada vapor tinha homens suficientes para cobrir ambos os lados dos navios em toda sua extensão. Cada vaso também tinha um cirurgião paraguaio a bordo.

Estes vapores eram todos (exceto o Taquari) vasos mercantes, e tinham suas caldeiras expostas ao fogo inimigo.

Por um descuido, nenhum deles tinha ganchos de abordagem e, assim, provavelmente eles falhariam em capturar o esquadrão brasileiro.

As ordens que os comandantes receberam eram para se aproximar dos brasileiros ao raiar do dia, passar por eles e, então, virar rapidamente, e cada vapor paraguaio iria encostar ao longo de um brasileiro, e tendo disparado seus canhões, assim como das canhoneiras que alguns deles rebocavam, eles iriam abordar e capturar os vapores brasileiros.

Os vapores partiram naquela noite, deixando o Iberá no caminho. Gill, seu comandante (depois um dos comandantes de Humaitá) estava tão envergonhado de não poder ir que chorou de verdade. Ao invés de estar ao lado dos brasileiros ao raiar do dia, eram oito e meia quando os vapores paraguaios os avistaram.

O Rio Paraná em Corrientes tem cerca de 4 km de largura, e em Riachuelo 14,5 km; abaixo de Corrientes ele é dividido em ramos por uma ilha – o ramo mais próximo da margem correntina sendo o canal navegável com cerca de 2,5 km. Neste local o canal é estreito, mas acima dele tem muito espaço para os vapores manobrarem.

Em Riachuelo, na praia, Bruguez tinha colocado em torno de 22 canhões de campanha (sem nenhum parapeito), de 4 a 18 libras, os quais ele tinha trazido através do Rio Paraná, chegando bem a tempo.

O esquadrão brasileiro estava ancorado em linha de batalha um pouco abaixo na margem oposta a Corrientes, no lado do Chaco do rio, e em torno de 2,5 km da costa correntina. Ele consistia dos seguintes vapores:

Navio	Propulsão	Canhões
Amazonas (nave capitânia)	Roda	6
Jequitinhonha	Hélice	8
Belmonte	Hélice	8
Parnaíba	Hélice	6
Ipiranga	Hélice	7
Mearim	Hélice	8
Iguatemi	Hélice	5
Araguari	Hélice	3
Beberibe	Hélice	8
	Total	59

Todos estes eram excelentes vapores de guerra e tinham infantaria a bordo além de suas tripulações.

Os vasos paraguaios passaram pelo esquadrão brasileiro a uma distância de cerca de 1,5 km (dando uma grande vantagem à artilharia superior dos brasileiros), e seguiu para Riachuelo onde eles fizeram a volta. Esta manobra tola deu aos brasileiros tempo para se preparar, levantar âncora e se pôr a caminho, perdendo assim os paraguaios a vantagem de se alinhar ao longo deles antes que eles pudessem se mover, o que levaria a um combate corpo a corpo com grande vantagem para os paraguaios.

Na passagem pelo esquadrão brasileiro, ambos os lados atiraram tão rápido quanto puderam, um dos vapores paraguaios teve sua caldeira furada e ficou consequentemente *hors de combat*. Este foi o Jejuí, e ele ancorou em Riachuelo, enquanto os outros sete seguiram para encontrar os brasileiros que já estavam navegando na direção deles e os atacaram no meio da sua linha.

O Jequitinhonha foi muito rio abaixo e sendo atingido pelos pequenos canhões de Bruguez bateu num banco de areia oposto, onde ficou encalhado atirando o dia todo até a tarde quando foi abandonado depois de dois vapores terem tentado rebocá-lo.[17]

---

[17] N.E.: Toda esta ação está relatada no livro do Barão de Teffé, "A Batalha do Riachuelo", RCMP, 2012, comandante da Araguari durante a ação. Uma descrição bem mais precisa da batalha, pois Thompson não estava presente à mesma e teve que se valer de testemunhos de terceiros.

O Taquari, Marquês de Olinda e Salto atacaram o Parnaíba ao mesmo tempo, mas somente o Taquari conseguiu encostar-se ao seu costado, e somente os homens que estavam na caixa da roda puderam abordar o Parnaíba, pois o resto do vaso estava, é claro, distante dele. Dois homens pularam a bordo, mas tiveram que pular de volta, pois os vasos não estavam amarrados e não ficaram juntos. O Salto, um vaso à hélice conseguiu encostar, e quando os vapores passavam um pelo outro, 30 paraguaios pularam no Parnaíba. Estes cortaram à esquerda e à direita, e os brasileiros, muitos em pânico, pularam na água, e a maioria destes afundou. Os paraguaios eram mestres do Parnaíba da popa ao mastro principal. Eles baixaram a bandeira brasileira e manobraram o navio. No mesmo momento, o Amazonas e outro navio vieram, e atirando metralha no Parnaíba, mataram três quartos dos paraguaios a bordo. A tripulação brasileira vendo quão poucos restaram irromperam sobre eles, matando três ou quatro e o resto pulou na água e nadou para terra. Duas companhias do 9º Batalhão brasileiro estavam a bordo e seu capitão (Ferreira) foi morto.

Figura 4 - Munição de artilharia de metralha

O relatório brasileiro oficial diz que houve 28 feridos e 20 desaparecidos da tripulação do Parnaíba, os últimos supostamente caíram pela murada. Nesta batalha, quando um vapor paraguaio encostava-se a um brasileiro, muitos da tripulação desse pulavam na água – alguns se afogavam e outros nadavam para terra. Esses foram todos mortos quando chegaram a terra.

O Amazonas a seguir abalroou o Paraguarí, pegando-o no meio e fazendo com ele batesse num banco de areia, de onde ele ficou atirando com seus canhões. O capitão do Parnaíba, no seu relatório oficial, também disse tê-lo abalroado.

O canhoneio continuou pesado todo o tempo, assim como a mosquetaria. O Belmonte foi perfurado várias vezes abaixo da linha d'água, e estava fazendo água, de maneira que ele teve que encalhar propositalmente para não afundar. Quando ele encalhou, ele já estava cheio d'água até o convés e toda sua munição e provisões se perderam. O Jejuí foi atingido onde ele estava ancorado e afundou. O Marquês de Olinda teve sua caldeira perfurada, e foi levado pela correnteza, tendo muitos de sua tripulação escaldados até a morte, e quase todos eles mortos ou feridos. O Capitão Mesa foi ferido mortalmente por uma bala de rifle vinda do topo de um dos vapores brasileiros, e o comando passou para o Capitão Cabral.

O Taquari escapou por pouco, tendo um tiro de 68 libras arrancado a cobertura de suas caldeiras, sem tê-la danificado entretanto. O Igurei levou um tiro de 68 libras em uma de suas caldeiras, mas conseguiu se safar com a outra, mal podendo se movimentar. O Salto também teve sua caldeira feita em pedaços, e quase toda a tripulação foi morta ou ferida. Ele também foi levado pela correnteza e encalhou perto do Marquês.

Os quatro vapores paraguaios restantes recuaram, e os brasileiros não tentaram pará-los. O Igurei apenas podia se mover muito vagarosamente, e o Taquari ficou atrás dele para protegê-lo. Eles foram perseguidos por uns poucos quilômetros pelo Amazonas, a uma distância longa, o Taquari parando para deixar o Igurei seguir, e o Amazonas parando também. Duas das chatas foram afundadas e as outras quatro se refugiaram no Riachuelo.[18]

Nesta hora, havia apenas 12 homens no Paraguarí – entre eles o Sr. Gibson, o engenheiro, e um vapor brasileiro chegou ao costado ordenando-o como único oficial remanescente a bordo para baixar a bandeira ou eles iriam atirar nele. Ele assim o fez, e eles disseram que logo iriam enviar um bote até eles. Entretanto, antes deles enviarem o restante da tripulação ele nadou para terra no Chaco, para evitar serem feitos prisioneiros. Parte da tripulação dos outros vapores destruídos também foi para o Chaco. Os brasileiros enviaram um bote armado para capturar alguns destes, mas os paraguaios mataram sua tripulação e capturaram o bote.

Os vapores brasileiros ficaram muito danificados. O Parnaíba teve 13 furos na linha d'água ou próximo dela.

No dia 13 o esquadrão brasileiro foi rio abaixo, passando pelas baterias de campo em Riachuelo, pelas quais tinha muito respeito. O Jequitinhonha ainda estava em frente a elas, e ele não tinha sido revisitado. Tudo foi deixado a bordo, exceto um dos canhões Whitworth, o qual tinha sido

---

[18] N.E.: Esta parte da narrativa é particularmente fantasiosa. De fato os quatro navios paraguaios foram perseguidos pela Araguari e o Beberibe que somente pararam a perseguição por estar escurecendo e a navegação no Rio Paraná ser muito perigosa por causa dos bancos de areia.

lançado à água no abandono do barco. O esquadrão brasileiro ancorou um pouco acima de Bela Vista.

No dia seguinte, o H.B.M.S. Doterel desceu o rio, e levou a bordo 16 homens pertencentes ao Marquês de Olinda que foram encontrados sozinhos. Seu comandante (Robles) tinha sido levado a bordo do Amazonas, e teve seu braço amputado, mas ele arrancou as bandagens dizendo que preferia morrer a ser levado prisioneiro. O comandante do Salto Oriental (Alcaraz) também foi capturado, mas estando muito ferido logo morreu. O Salto e o Marquês de Olinda desapareceram sob as águas em poucos dias.

Os brasileiros puseram fogo no Paraguarí, mas como ele tinha um casco de ferro, somente o interior foi queimado, e depois de poucos dias ele foi rebocado para Assunção. Suas placas e maquinário provaram ser muito valiosos para o Paraguai, sendo cortados e usados como ferro, o qual nos últimos dias da guerra era muito escasso no país.

Quando os brasileiros deixaram o rio livre, os paraguaios que estavam no Chaco atravessaram para a outra margem, a maioria deles tendo ficado três dias sem comida.

Nesta batalha os brasileiros perderam em torno de 300 (mortos, feridos e desaparecidos), e os paraguaios em torno de 200[19]. Duas das principais desvantagens que os paraguaios tiveram nesta batalha era que os vasos brasileiros eram muito mais altos que seus próprios, de maneira que eles mal podiam alcançá-los para a abordagem, e também estavam com as redes de abordagem levantadas. Os vasos brasileiros, sendo a maioria à hélice, fugiam facilmente dos paraguaios que não tinham ganchos de abordagem.

No dia da batalha, Berges enviou vários mensageiros de Corrientes para dar notícias dela, mas ele realmente não sabia de nada do que estava acontecendo. Um dos mensageiros trouxe notícias de que dois dos navios brasileiros tinham sido capturados.

O canhoneio foi ouvido distintamente em Humaitá. Na manhã seguinte, antes do raiar do dia, as novas foram trazidas pelos guardas do rio que alguns vapores estavam se aproximando, mas que eles não sabiam se eram paraguaios ou brasileiros. O próprio López não sabia, e todas as baterias ficaram de prontidão. Ao nascer do sol, um vapor apareceu rebocando outro, que à primeira vista parecia ser um brasileiro, mas depois se viu que era o Iberá, e logo depois os vapores restantes chegaram.

O Iporá parecia ser o que tinha sofrido mais, tendo seu mastro dianteiro abatido próximo ao convés, e todas sua murada da proa arrancada, além de ter a cabine de comando crivada de balas. Entretanto, na realidade ele foi o

---

[19] N.E.: Os registros oficiais brasileiros dão um total de 242 baixas entre mortos, feridos e desaparecidos, valor próximo da estimativa de Thompson, mas é difícil crer que os paraguaios com 4 vapores afundados, e os 4 restantes totalmente avariados tenham tido apenas 200 baixas.

que menos estava avariado. Todos os vapores tinham suas chaminés crivadas de bala, e vários buracos no casco, mas o único dano realmente sério sofrido por eles foi o buraco na caldeira do Igurei que, entretanto, foi reparado em três ou quatro dias. A bala de 68 libras tinha ficado cravada na caldeira e estava entre os tubos da mesma.

Todos os canhões do esquadrão paraguaio foram desmontados, a maioria deles pelo tiroteio incessante, o restante por ter sido atingido. Os vapores que retornaram não tiveram muitas perdas pessoais, sendo 28 homens o maior número de baixas, entre eles mortos e feridos. Os brasileiros tinham alguns canhões Whitworth de 150 e 120 libras, mas nenhum dos vapores que retornou foi atingido por estas armas, e nós só soubemos que eles tinham pelo fato de algumas das balas que tinham caído a 8 ou 10 km terra adentro foram enviadas para Humaitá por Berges.

Os paraguaios mostraram grande bravura nesta batalha, lutando contra navios e armas incomensuravelmente superiores. Os próprios brasileiros confessaram que foi "bater e ir embora". Eles provavelmente teriam tomado o esquadrão se eles tivessem imediatamente encostado ao invés de passar por ele.

Os brasileiros celebraram esta batalha como uma grande vitória, e o Imperador concedeu uma cruz a Barroso, o comandante, e fez dele Barão das Amazonas. Em qualquer outro país ele teria sido julgado pela corte marcial, não somente por não ter tentado parar os vapores paraguaios, mas também pelos rumores de covardia a bordo de seu próprio vaso, onde se diz que ele perdeu completamente a cabeça, e o piloto correntino ter sido por um tempo o real comandante da frota.

Tamandaré, que por meses estava "indo", não chegou a tempo à frota, mas mesmo assim foi cumprimentado pela "vitória". Ele estava flertando em Buenos Aires.

Em uma ocasião, quando um vapor paraguaio ficou ao lado de um brasileiro, um paraguaio pulou a bordo do último, e partiu ao meio a cabeça de um oficial até o pescoço com seu sabre, quando este se encontrava sozinho, pulou pelo lado oposto e escapou.

O Capitão Mesa desembarcou em Humaitá e foi bem tratado, mas López não foi vê-lo, e se ele não tivesse morrido de seus ferimentos, provavelmente teria sido fuzilado.

Um marinheiro foi fuzilado por covardia na noite que os vapores retornaram a Humaitá, tendo se escondido no interior do navio durante a ação. López deu a entender a alguns estrangeiros que ele estava irritado com o que foi reportado a ele, mas que, sendo assim, não havia nada o que fazer.

Dois ou três dias depois da batalha, os tripulantes que tinham se refugiado no Chaco chegaram a Humaitá, tendo feito todo o caminho a pé (64 km), exceto pela passagem do Rio Paraná. Entre eles estavam os Sres. Gibson, Bagster, Spivey e outro – engenheiros ingleses, os últimos dois muito queimados pelo vapor das caldeiras. Esses morreram em poucos dias, e López fez um cemitério inglês em Humaitá com uma parede decente à volta dele e um portão ornamental.

O Sr. Gibson foi colocado na prisão por vários dias. O Sr. Watts, engenheiro-chefe do Taquari, foi feito Cavaleiro da Ordem do Mérito. Três anos depois, ele foi uma das vítimas dos inexplicáveis ataques de fúria de López.

As notícias desta batalha não foram recebidas em Buenos Aires por pelo menos 10 dias, apesar dela estar a apenas 4 dias de viagem, e salvas de tiro e fogos de artifício foram disparados pela grande vitória.

López decretou uma medalha para o 2º Regimento de Artilharia a Cavalo, que esteve em Riachuelo, com as inscrições: "O Marechal Presidente ao 2º Regimento de Artilharia a Cavalo" e "Riachuelo, 11 e 13 de junho de 1865". Estas medalhas foram projetadas e feitas no país.

Vapores foram enviados para tentar recuperar os vasos encalhados, mas apenas o Paraguarí pôde ser levado de volta. Do Jequitinhonha foram tomados dois canhões de 68 libras e 4 lindos canhões de ferro de 32 libras, bem como 2 morteiros de bronze de 5 polegadas. Uma grande engrenagem reserva de bronze também foi capturada e levada para as forjas. Vários livros, espadas, documentos, roupas, relógios e instrumentos foram trazidos do Jequitinhonha, e seu mastro principal foi levado para Humaitá, e transformado na coluna central de um salão de baile.

Em menos de 2 meses, Bruguez tendo recebido reforços (e com eles 2 canhões de 32 libras), fez uma súbita marcha forçada, e ultrapassou a frota brasileira até Bela Vista, onde ele estabeleceu suas baterias numa barranca do rio de 15 metros de altura. Quando os brasileiros, que tinham sido reforçados por mais 2 vapores, souberam que eles estavam por lá, passaram pelo corredor polonês mantendo toda sua infantaria no convés e nos topos das cabines para atirar nos paraguaios, mas estando esses no alto da barranca não sofreram nenhum dano. Entretanto, os brasileiros sofreram perdas terríveis, pois os paraguaios tinham 3 batalhões de infantaria sob o comando do Major (depois general) Aquino, e metralharam os conveses com sua artilharia. Eles ancoraram uns 10 km rio abaixo, e na mesma noite Bruguez, fazendo outra marcha rápida, na outra manhã postou suas baterias abaixo deles em Cuevas. Os brasileiros reconheceram o local, e novamente encontraram as baterias abaixo deles. Novamente eles passaram pelo corredor polonês, mas desta vez nenhuma única alma estava no convés. Todos se abrigaram dentro do navio, exceto a tripulação do vapor de Buenos Aires Guardia Nacional (ex-R.M.S. Camilla), que se comportou de forma corajosa, retornando o fogo todo o tempo. Esta última marcha das baterias se deu no dia 12 de agosto.

A frota brasileira não foi vista ou ouvido por 8 meses, quando ela foi ao Paraná para passar o exército aliado para o Paraguai, e supostamente ficou incessantemente tentando se manter à frente das terríveis baterias voadoras que estavam sempre aos seus calcanhares.

O General Robles estava em Goya com seu exército, aonde ele chegou no dia 3 de junho, e ele começou a recuar por meio de marchas forçadas no dia da Batalha do Riachuelo, provavelmente não sabendo sobre o que se tratava o canhoneio, pois López no começo da guerra, nunca deixou seu braço direito saber o que o esquerdo estava fazendo, apesar de nos últimos tempos do conflito e ter costumado avisar o exército inteiro quando ele iria fazer um ataque em algum lugar para evitar confusão.

Robles acampou perto de Empedrado sem fazer nada até 23 de julho quando o General Barrios, Ministro da Guerra, chegou ao acampamento, que ficava cerca de 2 km do rio. Robles saiu de sua tenda para se encontrar e cumprimentar Barrios que, entretanto, o empurrou e lhe entregou uma carta de López dizendo-lhe para lê-la. Depois de ler a carta, Roble pegou sua espada e a apresentou para Barrios que o enviou sob guarda a bordo do Igurei, onde ele ficou confinado numa cabine com uma sentinela à porta, e foi levado para Humaitá juntos com seus documentos, os quais Barrios tinha selado e enviado para López. Em Humaitá ele foi aprisionado numa sala e não foi permitido a ninguém se comunicar com ele.

Um pouco tempo depois disso, Resquin foi chamado de volta de Mato Grosso e promovido a brigadeiro-general, e foi despachado imediatamente para Corrientes como segundo de Robles. Ele também não teve dúvidas em enviar uma comissão para ver o que Robles estava fazendo, e o Coronel Alen, Chefe do Estado-Maior de Robles foi ordenado por López a espionar suas ações.

Circulou um rumor no exército paraguaio que Robles tinha concordado em vender o exército ao inimigo, e que isto seria feito da seguinte maneira: no dia 24 de julho, aniversário de López, é claro que bailes seriam promovidos em todo lugar, e Robles enviaria naquela noite todos seus homens sem suas armas. O inimigo então se aproximaria calmamente e tomaria todo o exército prisioneiro.

Robles ficou alguns meses na sala em Humaitá, e foi quase esquecido. Barrios ficou pouco tempo com o exército, e então, deixou Resquin no comando. Ele começou a avançar novamente, e marchou até Bela Vista, perto de onde o exército ficou por cerca de um mês, executando várias marchas e contramarchas sem nenhum objetivo aparente. Ele não foi molestado por nenhum inimigo, tendo o General Paunero marchado para o leste no final de julho, e o General Cáceres se contentando com umas poucas escaramuças, as quais sempre houveram de parte a parte.

Na primeira marcha para o sul, as cidades haviam sido respeitadas de certo modo, mas agora elas foram completamente saqueadas. O triunvirato decretou que toda lã e algodão fossem contrabando de guerra, e assim forneceu o motivo para que os vapores paraguaios levassem para Humaitá tudo que fosse encontrado. Imensas quantidades de vinhos, bebidas e cerveja foram levadas para os armazéns do governo em Humaitá. Parte desse saque provavelmente ainda não foi consumido. Muitos dos artigos roubados foram enviados a López, e um piano novo, achado na casa do Sr. Delfino, foi enviado como presente para a Sra. Lynch. As pessoas também foram muito maltratadas, e muitas foram assassinadas sem nenhuma razão.

O povo de Goya, ouvindo o que se passava, e esperando que os paraguaios chegassem a qualquer momento, abandonaram a cidade, e foram viver nas ilhas do rio, abaixo da frota brasileira, que estava em Goya, e que permitiu que os paraguaios dominassem o rio acima daquele local, e que carregassem os espólios em seus vapores. Com certeza eles teriam fugido novamente se os paraguaios tivessem ido mais ao sul.

López tinha posto a cidade de Corrientes em pânico quando enviou para Humaitá no meio de julho, cinco ou seis senhoras de famílias de alguns distintos oficiais argentinos sob o pretexto de que elas estavam se comunicando com o inimigo. Estas pobres senhoras foram enviadas para algum lugar no interior do Paraguai, e desde então não se ouviu mais falar delas. Algumas delas foram forçadas a deixar suas crianças em Corrientes.

Dia 24 de julho foi promovido um baile na cidade de Corrientes, ao qual todas as senhoras foram obrigadas a ir, e elas fizeram um bom show de lindos rostos e vestidos bonitos.

CAPÍTULO VIII

A CAMPANHA NO RIO URUGUAI – OS ALIADOS VÃO A CAMPO – A EVACUAÇÃO DE CORRIENTES PELO EXÉRCITO PARAGUAIO.

Ao mesmo tempo em que o General Robles invadia Corrientes, uma coluna de 12 mil homens e seis canhões marchava através das "Missões de Corrientes" para o Uruguai, com o objetivo de invadir o Rio Grande. Esta coluna – que atravessou o Paraná em Encarnacion, também chamada de Itapúa – era comandada pelo Tenente-Coronel Antonio Lacu Estigarribia. Ele levou canoas com ele em carroças para atravessar o Rio Uruguai.

Os exércitos de Robles e Estigarribia estavam separados por um imenso e intransponível lamaçal chamado Iberá – literalmente, "lago brilhante". Ele se espalha por metade da província de Corrientes, e vai dos bancos do Paraná até próximo ao sul da província. Os dois exércitos não podiam se comunicar. Eles estavam separados por 320 km em linha reta. Estigarribia estava a uma distância igual de Encarnacion, o ponto mais próximo dele do Paraguai e, portanto, ele estava totalmente isolado, e sem nenhuma base de operação. Inicialmente, ele continuou a se comunicar com o Paraguai por meio de mensageiros a cavalo que por causa da negligência do inimigo, podiam continuar a correspondência.

O isolamento de Estigarribia foi um erro fatal e imperdoável de López, e ele pagou por ele com a perda total de todos os homens daquele exército. Foi algo muito ousado ter colocado o Rio Paraná entre o exército e o Paraguai, sem ter nenhuma fortificação ou navios de guerra para proteger seu retorno. Entretanto, os aliados não aproveitaram esta oportunidade que lhes foi dada.

Quando Estigarribia alcançou a fronteira da província do Rio Grande, os brasileiros tinham em diferentes partes do estado 30 mil homens sob o comando do General Canavarro e o Barão de Jacuí. Entretanto, estes não se aproximaram de Estigarribia, e permitiram que ele saqueasse suas cidades, maltratassem suas mulheres, e destruíssem tudo que vinha pela frente dele, não fazendo nada além de enviar uns poucos homens batedores para observá-lo. Se eles deixassem de lado a honra, as vidas e as propriedades de seus compatriotas, e olhando apenas para o ponto de vista militar, eles agiram certo, pois eles teriam muito mais problemas atacando-o do que eles tiveram depois cercando-o e deixando-o sem suprimentos, apesar deles terem forças muito superiores. É estranho dizer que os aliados não sabiam de nada da invasão de Estigarribia até que leram reportagens dela em cópias do Semanario (jornal paraguaio).

Os aliados agora começavam a reunir suas forças. Concordia no Uruguai foi o local da reunião, e no começo de junho milhares de brasileiros chegaram e acamparam lá. O General Mitre, Comandante-Chefe das forças aliadas, deixou o governo da Confederação Argentina nas mãos de Don Marcos Paz, Vice-Presidente, e foi para Concordia no dia 17 de junho. Poucos dias depois, o General Flores chegou lá com 6 mil homens, metade deles brasileiros. As tropas argentinas também estavam se organizando gradualmente. O General Osório, comandante dos brasileiros, já estava lá, e as tropas brasileiras chegavam continuamente.

Dia 18 de julho, General Flores, que foi nomeado "General-Chefe da Vanguarda", marchou para a margem direita do Uruguai para engajar os paraguaios que tinham avançado para o sul.

O Coronel Estigarribia e seu exército avançaram com pouca oposição até São Borja, estando à frente 2,5 mil homens sob o comando do Major Duarte. Ali ele cruzou o Uruguai, deixando Duarte na margem direita, e capturou São Borja (10 de junho), onde alguma amostra de resistência foi feita pelo Coronel Paiva com 2 mil homens. O General Canavarro com 4 mil homens se manteve a uma distância prudente, e durante a tomada de São Borja, recuou para Uruguaiana, a qual começou a fortificar.

Posteriormente, o General Canavarro foi julgado pela corte marcial por ter permitido que Estigarribia atravessasse o rio quase sem resistência, pois com os poucos recursos desse, foi dito que 500 homens seriam suficientes para prevenir a passagem do rio.

Estigarribia e Duarte se mantiveram em comunicação através de canoas, que eles tinham capturado em número considerável no Uruguai, além daquelas que eles tinham trazido do Paraguai. Eles marcharam rio abaixo, a vista um dos outros, demorando muito no caminho, e recebendo um reforço de 400 homens do Paraguai. Dia 6 de agosto, Estigarribia entrou em Uruguaiana, a qual o General Canavarro (que tinha agora 8 mil homens, incluindo os do Coronel Paiva) tinha fortificado, mas que ele achou prudente evacuar deixando 2 canhões de campo e armazéns de provisão para Estigarribia que ocupou a cidade com 8 mil homens. Duarte acampou na margem oposta com 2,5 mil homens num local chamado Jataí[20]. Estes 10,5 mil homens eram tudo que restava da força inicial de 12,4 mil, o restante tendo voltado doente ou morrido no caminho, alguns poucos tendo morrido nas escaramuças.

Os batedores de Duarte trouxeram notícias da aproximação de Flores com uma grande força, e ele enviou mensageiros a Estigarribia pedindo reforços. A resposta foi que se ele estava com medo outro iria tomar o comando no seu lugar. Duarte também escreveu ao General Robles, contando a ele sua condição. Ele também menciona nesta carta que ele tinha ordens de López de matar todos os prisioneiros que ele fizesse. A carta foi capturada no caminho pelo General Paunero, que estava marchando para se incorporar às forças do General Flores.

Em 17 de agosto de 1865, o General Flores chegou a Jataí, tendo uma força de 13 mil homens e toda a artilharia oriental que consistia de 4 canhões de 6 libras de alma lisa e 4 de 9 libras de alma raiada. De imediato ele exigiu que Duarte se rendesse, o que Duarte se recusou a fazer dizendo que ele não tinha ordens do Governo Supremo para fazer isto. Duarte postou sua linha atrás de algumas casas, estando sua retaguarda segura pelo Rio Uruguai, e esperou o assalto. Este começou logo em seguida com várias colunas de ataque que foram recebidos por um terrível tiroteio da infantaria de Duarte, que então atacou com sua cavalaria que matou muitos deles. Entretanto, a superioridade dos números logo falou mais alto, e a linha de Duarte se desfez, e ficou em completa desordem. Entretanto, os paraguaios mantiveram um fogo contínuo de pequenos grupos e indivíduos até que eles foram completamente dizimados, pois eles não aceitavam a rendição. Nenhum homem escapou. Entre 200 e 300 prisioneiros foram feitos, incluindo o Major Duarte.

Oficiais do exército aliado escreveram do campo de batalha que a carnificina tinha sido assustadora, pois nenhum poder humano pôde fazer com que os paraguaios se rendessem, e indivíduos isolados continuavam lutando mesmo com a certeza da morte diante deles. As perdas dos aliados foram pesadas, chegando a 2,5 mil mortos e feridos.

Os poucos paraguaios que foram feitos prisioneiros foram alistados nos exércitos aliados, e foram dadas roupas para eles, pois as vestimentas de má qualidade que eles tinham trazido do Paraguai estavam completamente rasgadas e os homens quase nus. O Major Duarte foi enviado para Buenos Aires, e todo conforto foi dado a ele pelo governo. Esta conduta foi muito criticada por alguns jornais, e também o fornecimento de roupas aos prisioneiros. Eles estavam espantados pela moderação demonstrada pelos aliados em deixar os prisioneiros vivos, pois tal evento era quase desconhecido nos anais de guerra sul-americano – sendo costumeiro cortar

---

[20] *Jataí* (N.E.: *Yatai*, no original), o nome de uma palmeira com frutos comestíveis.

as gargantas dos prisioneiros depois da batalha.

À margem direita do Uruguai agora estava completamente livre dos invasores, e os aliados viraram sua atenção para Estigarribia em Uruguaiana. Ele tinha testemunhado a total derrota de Duarte, e todos achavam que ele iria se render logo. Entretanto, ele não perdeu tempo em melhorar as fortificações que o General Canavarro tinha começado, e ergueu uma mureta em torno do local.

Dia 25 de agosto, o General Mitre marchou de Concordia com o restante do exército aliado, e cruzou para Uruguaiana. O Almirante Tamandaré tinha quatro canhoneiras a vapor lá, as quais ele tinha conseguido passar pelas corredeiras do rio quando ele estava cheio.

Estigarribia tinha começado a recuar, o que provavelmente o salvaria, mas provavelmente pensando no que López faria a ele se ele agisse sem ordens para isto, ele retornou a Uruguaiana e permaneceu ali.

Os generais aliados mandaram uma notificação a Estigarribia exigindo sua rendição, propondo que toda a guarnição ficasse livre e mesmo retornasse ao Paraguai, e que eles iriam se retirar com todas as honras da guerra. Estigarribia recusou esta oferta numa longa carta. A carta dos aliados foi enviada por um tenente paraguaio que tinha sido capturado na Batalha do Jataí. O mesmo oficial foi enviado de volta com a resposta.

Os aliados escreveram novamente no começo de setembro dizendo a ele que eles tinham forças suficientes para esmagá-lo e que reforços chegavam continuamente, e que era o dever de um militar resistir somente enquanto houvesse alguma chance de sucesso, e que López o tinha abandonado e que não era mais necessário lutar por ele.

A resposta de Estigarribia é bastante longa, mas vale a pena ler. Ela foi a seguinte:

"*Viva a República do Paraguai!*

Acampamento de Uruguaiana, 5 de setembro de 1865.

O Comandante-Chefe da Divisão de Operação no Rio Uruguai aos Representantes da Vanguarda do Exército Aliado.

O abaixo-assinado, Comandante-Chefe da divisão paraguaia em operações no Rio Uruguai, tem a honra de responder a notificação que V. Ex.^{as} endereçaram a ele no dia 2 deste mês propondo a base de um acordo.

Antes de entrar na parte principal da nota de V. Ex.^{as}, me permitam refutar, com a decência e dignidade de um soldado honrado, todas as proposições na dita nota que são caluniosas ao Governo Supremo do abaixo-assinado. Com a permissão de V. Ex.^{as}, tais proposições colocam esta notificação no mesmo nível dos jornais de Buenos Aires, que por alguns anos não tem feito nada e não tem outro objetivo a não ser criticar e ridicularizar o Governo do Paraguai, e ao mesmo tempo proferir rudes calúnias contra o povo que respondeu a eles por meio de um trabalho honesto para aumentar sua felicidade doméstica – sendo sua maior alegria manter a paz interna que é a base fundamental do progresso de uma nação.

Se V. Ex.ᵃˢ mostram tanto zelo em dar à nação paraguaia sua liberdade, de acordo com vossas próprias expressões, por que não começam dando a liberdade aos infelizes negros do Brasil, que formam a maior parte de sua população, e que gemem sob a mais dura e terrível escravidão para enriquecer e manter o ócio de umas poucas centenas de nobres do Império? Desde quando uma nação que elege seus representantes por livre e espontânea vontade é chamada de uma nação de escravos? Sem dúvida, desde que o Brasil tomou em suas mãos os assuntos do Rio da Prata com o desejo decidido de subjugar e escravizar as repúblicas irmãs do Paraguai, e talvez até mesmo o Paraguai, ele não contava com um governo patriótico e prevenido.

Permitam-me V. Ex.ᵃˢ essas digressões, pois vós as provocastes insultando o governo de minha pátria em vossa notificação.

Eu não sou da mesma opinião de V. Ex.ᵃˢ que um militar honrado, e um verdadeiro patriota deveria se limitar a lutar apenas se ele tem a probabilidade de vencer.

Se V. Ex.ᵃˢ abrirem qualquer livro de história, aprenderão dos registros dos grandes livros da humanidade, que os grandes capitães, a quem o mundo ainda lembra com orgulho, não contavam nem o número de seus inimigos, nem os meios de que dispunham, mas venciam ou morriam em nome de seu país. Recordem-se de Leônidas quando ele estava defendendo o Passo das Termópilas com 300 espartanos não ouviu as propostas do Rei da Pérsia, e quando um soldado disse a ele que seus inimigos eram tão numerosos que suas flechas iriam escurecer o sol, ele respondeu, "Tanto melhor, assim nós iremos combater à sombra". Como o capitão espartano, eu não posso dar ouvidos a propostas feitas pelo inimigo, pois eu fui enviado com meus companheiros para lutar em defesa dos direitos do Paraguai, e como soldado, eu devo responder V. Ex.ᵃˢ, quando vocês enumeram os números de suas forças e a quantidade de artilharia à sua disposição "Tanto melhor, a fumaça dos canhões deverá ser nossa sombra".

Se a sorte decretar que esta cidade de Uruguaiana seja nossa tumba, nossos compatriotas irão preservar a lembrança daqueles paraguaios que morreram lutando pela causa de seu país, e que enquanto viveram, não renderam ao inimigo o símbolo sagrado da liberdade de sua nação.

Deus preserve V. Ex.ᵃˢ por muitos anos!

ANTONIO ESTIGARRIBIA."

As cartas de Estigarribia foram produzidas por um padre que o acompanhava como capelão e secretário. Mais tarde na guerra, os padres prestaram deveres como secretários em todas as divisões do exército.

O Imperador do Brasil e seu genro, o Conde d'Eu, chegaram ao fronte de Uruguaiana dia 5 de setembro para revistar as tropas. O Sr. Thornton[21], recentemente apontado embaixador de Sua Majestade no Brasil, chegou pouco depois para apresentar suas credenciais ao Imperador.

Acordos foram feitos entre os aliados para atacar o local. Eles tinham 30 mil homens e 42 canhões raiados, além daqueles nas canhoneiras. Era crença geral entre os generais aliados que com a artilharia que eles tinham, eles poderiam derrubar a cidade inteira em cima de Estigarribia e matar todos os paraguaios na cidade bombardeando-a durante dois dias, colocando seus canhões fora do alcance dos de Estigarribia. Foi determinado que quando todos seus canhões estivessem em posição, eles iriam dar 200 ou 300 tiros, para depois então parar e mandar uma mensagem para que ele se rendesse, o que certamente ele iria fazer.

Enquanto isto, os mantimentos de Estigarribia ficaram muito baixos. Seu exército tinha consumido todo o gado, e agora estava comendo os cavalos. Eles enviaram todas as mulheres para fora da cidade para terem menos bocas para alimentar, e a situação ficava pior a cada dia. Em 13 de setembro, ele escreveu para Mitre dizendo que as condições propostas até o momento pelos aliados eram tais que ele não podia aceitar, e pediu para abrir novas negociações. Entretanto, Mitre ignorou a carta e estava determinado a aprontar tudo para um assalto, e então pedir que ele se rendesse.

Dia 17, Estigarribia começou a fazer jangadas com a ideia de atravessar o rio nelas e nas canoas que lhe restavam e, assim escapar, mas não havia mais tempo para isto. Se fosse posta adiante, provavelmente a operação teria falhado, pois o inimigo tinha homens do outro lado do rio, além dos barcos nele.

Dia 18 de setembro, todo o exército aliado se posicionou para um ataque, e às 12 horas foi enviada uma intimação à Estigarribia se render dentro de 4 horas. Estigarribia respondeu fazendo as seguintes propostas: 1) as praças e suboficiais deveriam se render como prisioneiros; 2) a todos os oficiais seria permitido reter suas espadas, e ir para onde eles quisessem, mesmo para o Paraguai; e 3) que os Orientais fossem prisioneiros do Brasil. Esta última cláusula teve a intenção de salvar as vidas dos poucos Orientais que se juntaram a Estigarribia, e que esperavam que Flores fosse degolá-los de acordo com a prática afável de seu país.

Os comandantes aliados reunidos na tenda do Imperador, e tendo acordado entre si, responderam que concordavam com o primeiro e o terceiro termo, mas que os oficiais deveriam entregar suas espadas; entretanto, eles poderiam residir onde quisessem com exceção do Paraguai. Tudo estava terminado às 4 horas, e Estigarribia entregou sua espada ao Ministro da Guerra brasileiro que estava acompanhado do Imperador.

---

[21] O Sr. Thornton agora é o embaixador britânico em Washington, EUA.

Os paraguaios foram alistados nos exércitos aliados, exceto umas poucas centenas que foram enviados aos diferentes países dos aliados para serem exibidos. Todos seus mosquetes, bem como aqueles capturados em Jataí, eram de pederneira. Os homens estavam terrivelmente magros, tendo se alimentado por um tempo apenas com uma ração de açúcar que tinha sido encontrado no local. Apenas 6 mil deles estavam vivos.

Estigarribia não tinha recebido nenhuma comunicação de López desde 11 de junho.

O Imperador do Brasil deu a todas as tropas que estiveram presentes em Uruguaiana uma medalha por sua bravura.

O General Castro com 2 mil homens e o Coronel Reguera com 700 tinham sido enviados antes da Batalha de Jataí para a retaguarda dos paraguaios com ordens de marchar para Encarnacion, ao longo do mesmo caminho pelo qual os paraguaios tinham vindo, com o fim de cortar suas comunicações e fazer reconhecimentos, no caso de que algum reforço fosse enviado para resgatar Estigarribia. Entretanto, nada disto foi tentado, e a parte leste de Corrientes, bem como o Rio Grande estavam livres dos invasores. Dia 27 de setembro, o Coronel Reguera se encontrou com 100 paraguaios que trocaram uns tiros, lutaram e se esconderam na floresta. Finalmente ele desmontou sua cavalaria, e fez com que eles fossem à pé na mata atrás dos paraguaios e matou uns 30 deles. No seu relatório, ele diz que fazia com que eles se rendessem. Todos preferiram morrer.

No exército paraguaio, a Batalha de Jataí foi considerada de pequena ou nenhuma importância, exceto para mostrar aos aliados que espécie de gente eles iriam guerrear, e que eles preferiam lutar até a morte a se render. Mas as notícias da rendição de Estigarribia caíram como uma bomba sobre López, apesar dele saber que sua divisão estava condenada a morrer até o último homem ou se render, estando separada e cercada como estava pela totalidade dos exércitos aliados. Ao receber a notícia, López ficou com raiva de Estigarribia. Ele chamou todos os oficiais da guarnição de Humaitá e disse a eles que Estigarribia tinha vendido a guarnição por 3 mil dobrões (10 mil libras), e o amaldiçoou por esta traição. Este foi o único revés em toda guerra que afetou de fato a López, apesar dele não demonstrar isto em público. Por 3 dias ele ficou tão raivoso que até mesmo seu filho a quem ele mimava estava com medo de chegar perto dele.

Houve uma demonstração promovida por um clube em Assunção para denunciar Estigarribia, e o Semanario fez muitos elogios a grande estratégia de López, chamando de Cincinato[22] da América.

López ordenou a imediata evacuação de Corrientes por todas as forças paraguaias. Berges, por ordem de López, escreveu ao triunvirato dizendo que o governo paraguaio não tinha encontrado o suporte que esperava em

---

[22] N.E.: Senador romano reconhecido por sua liderança e resolução de conflitos.

Corrientes, não tendo as forças do triunvirato nem mesmo ter podido manter as comunicações abertas com seus exércitos e que, portanto, ele tinha resolvido retirar todas suas forças para o Paraguai, onde as comunicações estariam livres dos acidentes a que elas tinham sido expostas em Corrientes, e que oferecia a hospitalidade do Paraguai a todos que quisessem aceitá-la, incluindo o triunvirato.

Ele também escreveu uma circular para os agentes diplomáticos estrangeiros, dizendo que o Paraguai tinha levado a guerra a Corrientes da maneira mais civilizada, evitando tanto quanto possível os malefícios da guerra, e dizendo que se quaisquer de seus súditos tivessem sofrido danos, o governo paraguaio iria acertar as contas no final da guerra.

Os paraguaios embarcaram sua artilharia, que estava em Cuevas, nos vapores – estando a frota brasileira bem perto em Goya –, e o General Resquin distribuiu seu exército numa linha tão longa quanto possível, do rio em direção ao leste, e marchou para o norte, levando diante dele todo o gado e os cavalos até o Passo da Pátria, onde dois pequenos vapores e algumas jangadas estavam esperando para os transportarem ao Paraguai. A passagem começou dia 31 de outubro. Outros vapores foram utilizados para transportar as tropas de Corrientes para Humaitá.

Depois que os paraguaios tinham evacuado Cuevas, e as tropas aliadas tinham se apossado dela, a frota brasileira se aventurou a ir até lá, o mesmo acontecendo em Bela Vista e em Corrientes. Esta última cidade não foi saqueada, nem seus habitantes, em geral, foram maltratados, mas é claro que o povo estava muito alegre por terem se livrado de López. Muitos correntinos que estavam comprometidos com os paraguaios os acompanharam até o Paraguai, levando suas famílias consigo.

No dia que os paraguaios começaram a atravessar o Paraná para Itapiru, cinco vapores de guerra brasileiros chegaram a uma distância de tiro de canhão dos pequenos vapores paraguaios. As pessoas que viram isto logicamente deram o exército por perdido, pensando que os brasileiros nunca iriam permitir que eles atravessassem o rio, e que eles logo seriam alcançados e destruídos pelo exército aliado. Os brasileiros, entretanto, se contentaram em ver o que estava acontecendo, e foram embora sem dar um tiro sequer! Eles deram a desculpa de que não havia profundidade suficiente para seus navios, o que, entretanto, era falso, pois depois, quando o rio estava muito mais baixo, os mesmos navios iam e vinham continuamente. Eles também disseram que não sabiam que os paraguaios poderiam ter colocado baterias escondidas, e que eles não iriam arriscar seus navios.

Em 3 de novembro, os paraguaios tinham passado até o seu último homem e canhão pelo rio, e em torno de 100 mil cabeças de gado. Eles também mataram milhares que não puderam levar. Entretanto, o gado trazido de Corrientes foi de pouco uso para os paraguaios, pois quase todo ele morreu, seja de fadiga, fome (havia muito pouca pastagem perto do

Passo da Pátria) ou por comer uma erva venenosa chamada de "mio-mio", que é abundante no sul do Paraguai, e que somente os animais criados no distrito tinham o instinto de evitá-la. O número de animais mortos no terreno em volta de Itapiru e uns poucos quilômetros além foi incrível durante alguns meses.

GEORGE THOMPSON

CAPÍTULO IX

LÓPEZ SE PREPARA PARA RECEBER OS ALIADOS NO PARAGUAI – RECRIMINAÇÕES ENTRE LÓPEZ E MITRE – OS ALIADOS CHEGAM AO LADO DE CORRIENTES DO PASSO DA PÁTRIA – INCURSÕES DOS PARAGUAIOS EM CORRIENTES

Quando López deixou Assunção em junho se dirigindo para Humaitá, ele deu a entender que iria assumir o comando do exército de Corrientes em pessoa, e todo dia se esperava que ele partisse de Humaitá com este propósito. Rumores e preparativos para esta ação eram contínuos. Ele tinha duas carruagens montadas para levá-lo a campanha; uma para servir como um escritório de ordens, e a outra como um dormitório. Dizia-se que ele iria marchar para Montevidéu e Buenos Aires, e sem dúvida era esta sua intenção. Se ele tivesse feito isto com seu exército no começo do ano, com certeza ele levaria tudo por diante dele, e poderia ter ditado seus próprios termos a estes países. Naquela época eles não tinham um exército de fato, e os paraguaios, acreditando em seu grande talento para guerra, como eles realmente acreditavam, teriam feito qualquer coisa se ele tivesse comandado em pessoa.

Ele provavelmente tinha esta ideia, como foi falado, de ser coroado Imperador do Rio da Prata. Se ele tivesse marchado até Entre Rios, Urquiza provavelmente teria se juntado a ele. Entretanto, do jeito que os fatos se sucederam, ele parecia insignificante diante dos aliados que desde que tinham entrado em campanha tinham sempre sido bem-sucedidos. López perdeu todo seu prestígio como general tendo enviado a coluna de Estigarribia sem nenhum suporte ao coração do país inimigo. É muito provável que ele esperasse que Urquiza ajudasse Estigarribia, mas não houve nenhum acordo neste sentido, apesar de Urquiza sem dúvida ter levado López a esperar ajuda dele, e agentes ficavam constantemente indo e vindo entre eles. O exército paraguaio era continuamente encorajado pelos boatos de que Urquiza estava indo se juntar a ele. A Bolívia também disse estar fechando uma aliança com o Paraguai, e dizia-se que 12 mil bolivianos estavam marchando para o Mato Grosso. A imprensa chilena era um dos únicos estrangeiros a dar suporte a López nesta época.

Ele enviou um grupo de reconhecimento, e abriu uma trilha partindo próximo de Corumbá até Santo Corazon na Bolívia, por uma parte totalmente deserta do país. Essa era a única estrada para a Bolívia, e durante toda a guerra os aliados pensavam que López recebia provisões e munições por esta rota. Entretanto, isso não era verdade, pois tudo teria que ser levado em mulas, incluindo as provisões para a jornada que levava um longo tempo; e não havendo pontes ou barcos para atravessar os rios no caminho, não seria possível carregar nada que não pudesse ser passado por uma "pelota". Essa era uma espécie de prato formado atando-se os cantos com um couro cru, endurecido de secar no sol, e capaz de flutuar na água. Pessoas que não queriam se molhar na travessia de rios, sentavam-se com cuidado no meio e a "pelota" era empurrada e rebocada até o outro lado. Essa trilha foi utilizada apenas três ou quatro vezes, e tudo que foi trazido por meio dela foi um pouco de açúcar e café que juntando tudo caberia numa poltrona.

Figura 5 - Pelota[23]

---

[23] N.E.: Foto cortesia de Ludmila Saharovsky (http://ludmilasaharovsky.com/).

O Paraguai durante toda a guerra nunca recebeu suprimentos de espécie alguma vindos de fora, exceto aqueles capturados em Mato Grosso e Corrientes.

Vários vasos italianos foram detidos durante três meses em Humaitá por López, sob o pretexto de que eles iriam levar notícias para fora do país. Um pequeno vapor inglês, o Flying Fish, também ficou detido. O Dr. Barton, um inglês que tinha prestado serviços notáveis durante muitos anos ao governo paraguaio como principal oficial médico, estava indo para a Inglaterra neste vapor e ficou detido uma noite a bordo sem nada para comer em Humaitá. O vapor foi enviado de volta para Assunção e comprado pelo governo. Entretanto, o Dr. Barton por sorte partiu num barco a vela.

Agora havia no Paraguai muitos refugiados de Montevidéu e da Confederação. Entre eles, o Dr. Carreras (ex-ministro da guerra de Montevidéu), o Coronel Laguna, o Coronel Telmo López[24] – o triunvirato correntino. A maioria destes refugiados era de homens que tinham ido oferecer a López seus serviços militares, os quais ele aceitou, mas não deu a eles nenhum cargo. Depois, todos eles foram fuzilados ou torturados até a morte.

López trouxe seus irmãos, Venâncio e Benigno até Humaitá para ficar de olho neles. Ambos estavam muito mal de saúde.

No final de outubro eu comecei um levantamento topográfico do terreno entre o Paraná e Humaitá, o provável futuro campo de operações. Este foi o primeiro levantamento jamais feito desse terreno.

O exército que retornou de Corrientes parecia muito cansado, mas todos os homens estavam muito contentes de estarem de volta ao Paraguai. Apenas 14 mil homens voltaram em forma, e mais ou menos 5 mil doentes. Esses últimos chegaram em diferentes momentos da campanha. Em torno de 8,5 mil homens pereceram em Corrientes, elevando as perdas a 21 mil homens, incluindo a coluna de Estigarribia. No Paraguai, por volta de 30 mil homens já tinham morrido desde o começo do recrutamento, levando o total de mortos a algo em torno de 40 mil, mais 10 mil que se renderam, isto apenas no começo da guerra. Os que se renderam eram na sua maioria novos recrutas, e os que melhor resistiram foram os soldados mais velhos. Desde o começo do recrutamento, a diarreia e a disenteria fizeram um grande estrago nas fileiras. Estas doenças se deviam principalmente à mudança da dieta dos soldados, e continuaram existindo ao longo de toda a guerra e em geral eram fatais. Houve também epidemias de sarampo e varíola, tanto no Paraguai quanto em Corrientes, que dizimaram milhares deixando outros tantos em condição muito debilitada. Por dois ou três meses depois que López chegou a Humaitá, os hospitais estiveram em

---

[24] O nome López é mais comum na América do Sul do que Brown na Inglaterra.

muito boa condição, apesar de mal haver remédios, havia muito vinho e açúcar que tinham sido trazidos das cidades de Corrientes.

López agora falava de ir a Santa Teresa para montar seu acampamento principal lá, pois não se sabia qual a rota que os aliados iriam escolher para invadir o Paraguai. Em Santa Teresa ele estaria a meio caminho entre o Passo da Pátria e Encarnacion, os únicos dois lugares no Paraná que poderiam ser convenientemente atravessados por um exército. Entretanto, os aliados imediatamente após a tomada de Uruguaiana, começaram a recruzar o Rio Uruguai, e a marchar em diversas divisões em direção ao Passo da Pátria, com o objetivo de interceptar o General Resquin que, todavia, foi rápido demais para eles.

Os paraguaios esconderam 6 peças de campos nas matas da margem do Paraguai, cerca de 2 km acima do seu encontro com o Paraná. Seis peças foram deixadas em Itapiru, enquanto as outras que tinham sido trazidas de Corrientes (cerca de 60 peças) foram levadas ao Passo da Pátria, e lá colocadas na reserva.

Uma pequena bateria de um canhão de 8 polegadas, 2 de 32 libras, e 14 peças de campo, foi estabelecida em Curupaiti, com fornalhas para balas quentes. Entretanto, estas nunca foram usadas, pois os navios de madeira não chegaram ao alcance das baterias. Uma paliçada de estacas foi colocada no rio ali, mas as estacas estavam tão separadas que foram inúteis para parar a navegação.

Dia 23 de novembro, López enviou a seguinte carta ao Presidente Mitre:

"Quartel-general em Humaitá, 20 de novembro de 1865.

À S. Ex.ª, o Presidente da República Argentina, Brigadeiro-General Dom Bartolomeu Mitre, Comandante do Exército Aliado.

Eu tenho a honra de dirigir a você a presente comunicação como Comandante dos exércitos aliados em guerra com esta república.

Algumas das grandes questões que afetam nações e governos são resolvidas por meio das armas e, assim, a guerra eclodiu entre esta república e os estados de cujos exércitos V. Ex.ª é o Comandante-Chefe.

Nestes casos para diminuir os malefícios da guerra, e omitir atos de crueldade e barbárie, os quais além de desonrar a humanidade, deixam uma mancha indelével nos comandantes que ordenam, autorizam, protegem ou os toleram, é costumeiro entre as nações civilizadas ter leis para isto e eu esperava que elas fossem obedecidas por V. Ex.ª e seus aliados.

Acreditando nisto, e conhecendo todos estes deveres, um de meus primeiros cuidados foi ordenar que todos os prisioneiros de qualquer classe fossem tratados e mantidos de acordo com seus postos, e de fato ele tem tido todo o conforto que suas posições e conduta permitem.

O governo da república tem dado total proteção, não somente a argentinos, brasileiros e cidadãos orientais que estavam em seu território, a quem os eventos da guerra colocaram sob o poder de suas armas, mas até mesmo estendeu esta proteção aos prisioneiros de guerra.

A rígida disciplina dos exércitos paraguaios no território argentino e nas cidades brasileiras é uma prova disso, e mesmo as famílias e os negócios de indivíduos que pegaram em armas contra a república têm sido respeitadas e protegidas.

Entretanto, V. Ex.ª começou a guerra com excessos e atrocidades como o aprisionamento do agente da república em Buenos Aires, Felix Eguzquiza; a ordem de prisão e a consequente perseguição de José Rufo Caminos, cônsul geral da república na Confederação Argentina, e de seu filho José Felis, que tiveram que se refugiar sob a bandeira amiga de Sua Majestade Britânica; o sequestro e confisco dos fundos públicos e privados desses cidadãos que estavam em seu poder ou depositados em bancos; o aprisionamento de Cipriano Ayala, um simples mensageiro; a remoção violenta do brasão de armas do consulado da república, arrastado pelas ruas; a execução pública do retrato do presidente da república, que logo após foi jogado, juntamente com o brasão de armas, no Rio Paraná perante o público no porto de Rosário; o atroz assassinato cometido pelo General Cáceres do cidadão Marcelino Ayala na cidade de Saladas, que após ter caído ferido em suas mãos se recusou a tomar armas contra seus companheiros; e o tratamento bárbaro pelo o qual o mesmo general pôs um fim aos dias do também ferido alferes Faustino Ferreira, em Bela Vista; a bárbara crueldade com que os feridos da batalha de Jataí foram mortos; e o envio do desertor paraguaio, Juan Gonzalez, na missão especial para me assassinar. Tudo isto não foi suficiente para mudar a minha firme resolução em não seguir V. Ex.ª em tais atos bárbaros e atrozes; nem eu jamais acreditei que novos crimes pudessem ser falsificados para enriquecer as infâmias e atrocidades que por tanto tempo tem sido um flagelo público e uma desonra para as perpétuas guerras locais do Rio da Prata.

Eu esperava que nesta primeira guerra internacional, V. Ex.ª iria ensinar seus subordinados que um prisioneiro de guerra ainda é um cidadão de seu país, e um cristão; que quando ele se rendesse, ele não mais fosse um inimigo; e que os prisioneiros pelo menos seriam respeitados em sua condição miserável, como são os prisioneiros do exército aliado nesta república. Mas, tendo recebido informação de atos ainda mais ilegais, atrozes e imorais que são cometidos contra os paraguaios que tiveram a infelicidade de caírem prisioneiros do exército aliado.

V. Ex.ª tem obrigado aos prisioneiros capturados em diferentes combates, especialmente aqueles capturados em Jataí e aqueles que se renderam em Uruguaiana, a pegar armas contra seu país, aumentando assim a força efetiva de vosso exército em milhares de homens, tornando-os traidores para que eles percam seus direitos como cidadãos, e lhes retirar a mais remota esperança de um dia retornar a seu país e suas famílias, seja por troca de prisioneiros ou por qualquer outro ato; e aqueles que se recusam a assistir na destruição de seu país foram cruelmente imolados.

Aqueles que não compartilharam deste horrível destino têm sido usados para fins não menos desumanos e repugnantes – a maior parte deles tendo sido levados à escravidão no Brasil; e aqueles que pela cor de sua pele eram menos apropriados para vender, foram enviados à Banda Oriental e às províncias argentinas como presentes, sendo sujeitos à exposição pública e à servidão.

Este desprezo, não apenas das leis de guerra, mas da humanidade; essa coerção bárbara e infame, que dá a alternativa aos prisioneiros paraguaios de serem mortos, se tornarem traidores ou escravos, é o primeiro exemplo que eu conheço na história da guerra, e é sobre V. Ex.ª, sobre o Imperador do Brasil, e sobre o atual governador da República Oriental, seus aliados, que a mancha de criar e executar tal maldade irá cair.

O governo paraguaio não provocou estas atrocidades por nenhum de seus atos, seja antes ou desde o começo da guerra. Os cidadãos argentinos, brasileiros e orientais tiveram a total liberdade de se retirar com suas propriedades da república e do território argentino que estava ocupado por suas forças, ou para permanecer como bem quisessem.

Assim, meu governo respeitou os acordos internacionais feitos para o caso de guerras, sem levar em consideração se esses tratados estavam expirados, apenas observando seus princípios como sendo de interesse permanente, humano e de acordo com a honra nacional. Ele nunca esqueceu sua própria dignidade, nem a consideração que deve a todos os governos e seus dirigentes, e nunca tolerou insultos aos emblemas de seu país ou de seus aliados, ou a execução da efígie e V. Ex.ª ou de seus aliados; e muito menos eu poderia imitar V. Ex.ª, empregando para a guerra qualquer desertor argentino, oriental ou brasileiro para assassiná-lo em seu acampamento. A opinião pública e a história julgarão esses atos duramente.

Portanto, os aliados não estão fazendo a guerra conforme as leis e costumes das nações civilizadas, mas estão fazendo uma guerra de extermínio e horror, autorizando e usando os meios atrozes que eu denunciei, os quais a opinião pública sempre irá taxar de infames.

V. Ex.ª e seus aliados fazendo a guerra do jeito que mostrei, me vejo obrigado na defesa de meus direitos, e na virtude de minha obrigação como Comandante Supremo dos exércitos da república, fazer tudo que estiver ao meu alcance para que V. Ex.ª cesse esses atos, os quais minha dignidade não permitem que eles continuem; e para isto, eu convido V. Ex.ª em nome da humanidade e da honra dos aliados a pôr essas barbaridades de lado, e a proporcionar aos prisioneiros de guerra paraguaios seus direitos apropriados, quer eles estejam alistados nos exércitos aliados, na escravidão no Brasil ou reduzidos a servidão na República Argentina ou Oriental; e não continue com os atos de atrocidade – avisando a V. Ex.ª que se não obtiver resposta a esta carta, e se os prisioneiros ainda ficarem em armas contra a república, estejam espalhados pelos exércitos aliados ou formados numa unidade à parte, ou se a bandeira paraguaia aparecer nas fileiras de V. Ex.ª, ou alguma nova atrocidade seja cometida aos prisioneiros, eu não irei mais me restringir a nenhuma lei, e apesar de me repugnar, irei fazer com que os cidadãos argentinos, brasileiros e orientais, sejam prisioneiros de guerra ou não, existentes no território da república ou em qualquer território que seu exército possa ocupar, responder com suas pessoas, propriedades e vidas as mais vigorosas represálias.

Eu esperarei pela resposta de V. Ex.ª dentro do estrito prazo de 30 dias que deverá ser entregue no Passo da Pátria.

Deus preserve V. Ex.ª por muitos anos!

FRANCISCO SOLANO LÓPEZ."

A seguinte reposta foi dada pelo Presidente Mitre depois de alguns dias:

"Quartel-General próximo de Bela Vista, 25 de novembro de 1865.

À S. Ex.ª, o Presidente da República do Paraguai, Marechal Francisco Solano López.

Recebi sua nota a qual V. Ex.ª endereçou a mim como General-Chefe do exército aliado, de seu quartel-general em Humaitá, data do dia 20 do mês corrente, na qual, depois de se referir a supostos atos contrários às leis da guerra perpetrados pelos exércitos aliados contra os paraguaios capturados em Jataí e na rendição de Uruguaiana, bem como a outros eventos que V. Ex.ª nomeia, e me convida a respeitar essas leis, afirmando vossa intenção de fazer represálias caso isso não ocorra.

Tendo lido a dita nota de V. Ex.ª, eu fico obrigado a responder que as acusações que V. Ex.ª faz nela, de falta de humanidade e respeito por parte dos exércitos aliados contra os paraguaios que se renderam as forças de suas armas, são algumas totalmente falsas e outras mal interpretadas. Talvez isso seja devido à informação falsa e fervorosa passada a V. Ex.ª, e é uma pena que um momento de reflexão não aconteceu para lhe mostrar a falsidade de tais relatórios.

O governo de meu país, assim como o do Império do Brasil e o da República Oriental, sendo levado ao dever imperioso de se levantar para defender sua honra, sua dignidade, e a integridade de seus territórios, intencionalmente atacadas por V. Ex.ª numa maneira não usual entre as nações civilizadas; suas fortificações e vapores de guerra sendo assaltados em época de paz, sem nenhuma declaração prévia de guerra, o que dá a essas agressões um caráter de pirataria; e estando obrigado ao resgate, a salvar da morte e das mais bárbaras depredações, as vidas e propriedades de suas respectivas nações, tanto nas províncias imperiais do Mato Grosso e Rio Grande, assim como nesta província argentina de Corrientes, nossos governos têm se empenhado em obedecer estritamente as leis internacionais da guerra. E isso foi feito, não apenas devido à obrigação e ao senso de honra, mas também porque tendo testemunhado com indignação e repugnância a violência e os crimes de toda espécie cometidos pelas forças de V. Ex.ª nas cidades e outras partes do território brasileiro e argentino, que foram desafortunadamente ocupados por elas, apesar de ter sido por pouco tempo[25]. Nossos governos nunca cometeriam, nem poderiam fazer os crimes que reprovam, nem irão mostrar ao mundo civilizado e cristão qualquer outro exemplo aos quais estão acostumados a dar para seus exércitos que tem a nobre missão de vingar a honra nacional, e não de saquear cidades indefesas e as propriedades privadas, como as forças de V. Ex.ª fizeram o tempo todo que estiveram nos territórios brasileiros e argentinos, em ambas as margens do Uruguai, tão longe quanto Uruguaiana e Paso de Los Libres, deixando essas cidades e suas vizinhanças completamente devastadas; uma grande parte do saque sendo enviado ao Paraguai e colocada à disposição de V. Ex.ª, por meio de suas ordens como parece ser pelo livro contendo cópias das comunicações endereçadas a V. Ex.ª pelo Coronel Estigarribia, comandante destas forças paraguaios, livro este que agora está nas mãos do governo brasileiro; enquanto que o exército que V. Ex.ª enviou para esta província de Corrientes, e que chegou até o Passo de Santa Lúcia, cometeu atos ainda mais atrozes, tomando à força todo o gado de milhares de fazendas, ateando fogo às casas, e deixando milhares de famílias desabrigadas no meio de uma província devastada; e continuando com sua desumanidade, ou melhor, a de V. Ex.ª cuja ordem foi invocada para este efeito, chegaram ao ponto de arrancar de suas casas e levar prisioneiras para o Paraguai esposas e crianças indefesas dos valentes e patrióticos oficiais do exército argentino que tinham permanecido nos locais ocupados pelas forças de V. Ex.ª, esperando que observasse as regras que agora invoca a favor dos prisioneiros paraguaios – se sentindo à vontade para duvidar da obediência às regras que as têm ignorado, como V. Ex.ª o tem feito, mesmo contra mulheres e crianças. Todos esses atos que são de conhecimento público, serão desonrosos àquele que os ordenou, autorizou ou consentiu; e V. Ex.ª irá, consequentemente, ter de responder, não somente aos aliados que agora estão fazendo guerra contra si, mas também ao mundo inteiro que tem sido unânime num grito de repúdio contra eles.

Tendo os combates terminados favoravelmente aos aliados, os feridos e prisioneiros foram os primeiros a serem recebidos e tratados nos hospitais do exército, sendo colocados na mesma condição daqueles que pertenciam aos exércitos aliados; e eles foram até mesmo mais bem tratados, dada à compaixão e a simpatia que naturalmente inspiraram, tanto por sua nudez e

---

[25] Acreditava-se no Rio da Prata que os brasileiros tinham reconquistado o Mato Grosso, o que, entretanto, eles nunca o fizeram.

necessidade, como porque só se conseguia olhar para eles como vítimas infelizes de um governador imprudente que os enviou para morrer numa guerra injusta e sem fundamento, iniciada por um capricho e uma vontade arbitrária. Portanto, longe de forçar os prisioneiros a se juntar às fileiras dos exércitos aliados, ou tratá-los com rigor, todos eles foram tratados não somente com humanidade, mas com benevolência – muitos sendo colocados completamente em liberdade, muitos outros sendo enviados às cidades e locais destinados a serviços passivos nos exércitos aliados, especialmente aos hospitais nos quais seus companheiros estavam sendo tratados. É verdade que muitos deles se juntaram às fileiras dos exércitos aliados, mas foi por sua livre e espontânea vontade, um favor que lhes pôde ser negado, quando seus compatriotas que eram refugiados nos territórios das nações aliadas pediram espontaneamente que eles fossem armados, e isto lhes foi concedido.

Estas são as principais acusações que a nota de V. Ex.ª contêm. O que foi dito não apenas é suficiente para refutá-las, mas também para imputar ao verdadeiro autor a imensa responsabilidade dos feitos bárbaros que têm sido cometidos nesta guerra. Eu poderia fazer o mesmo com os fatos isolados que V. Ex.ª menciona, mas alguns são notoriamente falsos, enquanto outros imprecisos, de modo que seria inútil refutá-los, especialmente quando estamos em guerra aberta, e a questão tem de ser decidida pelas armas. V. Ex.ª entende perfeitamente que não é o momento apropriado para recriminações, o que eu teria de fazer se fosse responder às outras acusações de V. Ex.ª. Vou terminar dizendo que não posso compreender como V. Ex.ª foi capaz de acreditar na história do desertor Juan Gonzalez, se é que tal desertor jamais existiu; e é uma pena, pela própria honra do posto que V. Ex.ª ocupa nesta república, que numa nota séria confesse que tem medo de uma adaga ordenada pela mão de um general argentino. Eu declaro a V. Ex.ª que eu não acredito que seja capaz de ordenar que tirem a minha vida, ou a vida de qualquer outro general dos exércitos aliados, porque estando acostumado a honrar os comandantes inimigos que eu tenho combatido, eu sou forçado a mostrar a mesma honra a V. Ex.ª.

Em consequência do que foi dito, e para prevenir qualquer ultraje que V. Ex.ª esteja inclinado a cometer, o que o espírito da nota a qual estou respondendo me dá a impressão, eu formalmente declaro a V. Ex.ª, como general dos exércitos aliados, que V. Ex.ª será responsabilizado pessoalmente, e estará sujeito àquelas mesmas leis que invocou e estabeleceu, por qualquer ato que V. Ex.ª ou qualquer autoridade sob seu comando possa cometer em violação dos direitos reconhecidos que perante nações civilizadas são leis, contra as vidas e propriedades de qualquer argentino, brasileiro ou oriental que por acaso esteja no poder de V. Ex.ª, e não numa luta justa e aberta, a qual V. Ex.ª ainda não teve a boa sorte de capturar um único soldado.

Se apesar disso, V. Ex.ª empregue meios contrários àqueles reconhecidos na guerra, terá deliberadamente se colocado além da guarda da Lei da Nações, e irá autorizar que os aliados procedam como V. Ex.ª insinua, atendendo seu desejo deliberado de aumentar os malefícios da guerra, malefícios estes que as nações aliadas têm se esforçado para diminuir tanto quanto possível. Elas estão determinadas a seguir este curso de ação, estando firme e calmamente resolvidas a não baixar suas armas até que tenham obtido reparações completas pelas injustiças sofridas, confiando sua defesa, sob a justiça de Deus, à força das armas, e não a uma vingança ignóbil e covarde, exercitada contra homens, mulheres e crianças inocentes.

Esta é a única resposta que eu posso oferecer a V. Ex.ª, salvo quaisquer resoluções que possam ser tomadas em vista da nota de V. Ex.ª pelos governos da Tríplice Aliança, a quem hoje eu enviarei cópias dela e desta resposta. Deus preserve V. Ex.ª!

BARTOLOMEU MITRE."

A carta escrita por López foi levada pelo Pirabebé, um iate a vapor que tinha apenas um pequeno canhão, sob uma bandeira de paz. Logo que ele ficou à vista da frota brasileira que estava em Corrientes, essa fez grandes preparações para batalha, e três vapores foram despachados para receber o pequeno iate, sendo o Ivaí o principal vapor indo à frente. Todos os canhões estavam carregados e os homens em seus postos. Enquanto isso, o Pirabebé bateu num banco de areia e encalhou. O almirante (Barroso) agora estava chegando "procurando o perigo", como ele disse, a bordo do Igurei[26]. Apesar da bandeira de paz carregada pelo vapor paraguaio, o Ivaí enviou um bote tripulado com um oficial a bordo para trazer seu capitão prisioneiro. O oficial apenas "convidou" o capitão do Pirabebé a acompanhá-lo, o que ele o fez; e quando ele chegou a bordo do Ivaí, o comandante o abraçou pensando que ele tinha vindo entregar seu navio. Ele disse que tinha despachos que desejava entregar pessoalmente a Barroso, então foi levado de bote e encontrou Barroso que estava se aproximando.

Os brasileiros levaram toda a tripulação do Pirabebé em seus próprios vasos como prisioneiros. Um oficial brasileiro baixou a bandeira paraguaia, pisou e cuspiu nela, e tudo foi tirado do iate, até mesmo as roupas dos engenheiros. Então, o Pirabebé foi rebocado pelos vapores brasileiros e levado para Corrientes, onde foi devolvido à sua tripulação, mas ainda ficou retido. Entretanto, no próximo dia permitiram que ele partisse.

A resposta de Mitre foi levada num bote a remo para o Passo da Pátria.

---

[26] Não o *Igurei* paraguaio. Os brasileiros tinham um vapor com o mesmo nome.

Dizem que ele ficou furioso com as acusações contra ele.

López publicou ambas as cartas no Semanario.

Três dias antes de López enviar sua carta para Mitre ameaçando fazer represálias, ele as antecipou, trazendo acorrentados para Humaitá todos os súditos residentes das nações aliadas e os jogou na prisão. As correntes da maioria deles foram logo tiradas, mas eles ficaram aprisionados e sem comunicação com ninguém durante toda a guerra. Subsequentemente, eles foram expostos aos contínuos bombardeamentos de Humaitá pelos encouraçados, e finalmente todos, exceto um que por um mero acaso escapou, foram fuzilados ou torturados até a morte.

López foi de Humaitá ao Passo da Pátria, e tomou o comando do exército em pessoa em 25 de novembro de 1865.

Todas as tropas da república foram trazidas para aumentar os números do exército no Passo. Humaitá foi deixada com pouco mais do que os artilheiros nas baterias. Uns poucos esquadrões de cavalaria foram deixados em diferentes pontos da fronteira para observação. Novamente o recrutamento foi feito com grande energia. Ao todo, López juntou um exército de 30 mil homens. Das tropas antigas, a cavalaria era a mais numerosa, e ele converteu vários milhares em infantaria. Cavalos foram trazidos de todo o país. Cavalos particulares e de mulheres[27] foram todos tomados, e assim ele conseguiu montaria para sua cavalaria. Ele também trouxe mais peças de campanha para Humaitá e outros locais, chegando a uma centena de peças no Passo da Pátria.

O General Robles que tinha sido mantido prisioneiro, foi trazido com seu ajudante de campo para o Passo. Metade dos oficiais comandantes no acampamento também foram acorrentados, não se sabia o porquê. Um julgamento secreto e longo terminou na condenação de todos eles à morte. Padres foram enviados para absolvê-los e ministrar a extrema unção, e logo depois todos foram trazidos – Robles no seu cavalo, e o restante em carroças – para um lugar onde o exército inteiro estava formando três lados de um quadrado; e tendo a sentença sido lida, o General Robles, com alguns de seus ajudantes de ordens, Coronel Martinez – que tinha comandado a guarnição de Corrientes dia 25 de maio quando o General Paunero invadiu a cidade –, e alguns poucos outros foram fuzilados, e o restante foi perdoado por López.

Muitos dos paraguaios que tinham sido capturados em Uruguaiana começaram a voltar, em grupos de 2 a 12 homens, atravessando o Rio Paraná a nado. Flores fuzilou alguns que ele pegou como desertores. A princípio, esses homens foram olhados com suspeita por López, e foram postos à parte. Depois eles foram distribuídos entre diferentes unidades.

---

[27] Devido às grandes distâncias a serem percorridas no Paraguai todos tinham cavalos. Esses apenas pastavam e não custavam nada para manter.

López estava continuamente com medo de ser assassinado, e à noite tinha um cordão duplo de sentinelas à volta de suas casas. Posteriormente, isso aumentou para um cordão triplo. Durante o dia eles eram removidos e a guarda ficava numa sala a céu aberto próximo do quarto de López. Pessoas que quisessem vê-lo tinham de esperar neste mesmo espaço. Uma tarde eu estava esperando para ver López, assim como vários outros oficiais, e um sargento da guarda começou a conversar comigo. Pouco tempo depois houve uma grande agitação, oficiais entrando e saindo do quarto de López, a guarda dispensada, e os outros oficiais que estavam esperando todos presos. Um dos ajudantes de ordem de López saiu e disse para mim, "S. Ex.ª pediu para você escrever toda a conversa que teve com o sargento da guarda e trazer para ele amanhã de manhã". Eu saí, não esperando me lembrar de uma vigésima parte da conversa casual com o sargento, mas as coisas pareciam sérias, e eu me esforcei e provavelmente me lembrei de tudo. Ela preencheu uma folha de papel inteira, e contava algo neste estilo: "O sargento me perguntou se a Rainha Vitória sempre usava sua coroa quando ela saía para caminhar". "O sargento me perguntou se eu deveria usar o uniforme paraguaio quando fosse à Inglaterra". A carta foi selada e entregue na próxima manhã a López em torno de 7 horas. Ele ainda não estava acordado, mas o sargento já tinha sido fuzilado, e todos os soldados da guarda tinham recebido 100 chibatadas cada um. Poucos meses depois eu ouvi dizer que o sargento tinha sido condenado de conspiração para matar o presidente com outros dois homens que recém tinham retornado de Uruguaiana, e que os dois homens tinham sido achados naquela noite no pátio da casa de López. O comportamento do sargento naquela tarde certamente não era o de um conspirador. López nunca disse uma palavra sobre isso para mim, nem acusou o recebimento da conversa escrita, provavelmente sentindo-se envergonhado por isto.

Uma garota correntina que tinha vindo com o exército de Corrientes, tentou um dia sair do acampamento, mas foi pega e recebeu 60 chibatadas em público nas suas costas nuas, o que foi considerado uma boa diversão.

Dois desertores do exército aliado que tinham cruzado o Rio Paraná uns poucos quilômetros acima do Passo da Pátria foram levados para lá. Um deles disse que estava se sentindo doente, e o Dr. Stewart, cirurgião maior, foi enviado para vê-lo. Os sintomas não estavam aparentes ainda, mas o Dr. Stewart suspeitou sobre a causa e aconselhou o General Barrios a mantê-lo afastado do exército. Isso não foi atendido, e finalmente a varíola apareceu nele. Dr. Stewart foi chamado à atenção por López por não ter mandado o homem embora. Ele disse que tinha avisado ao General Barrios para fazer isto, o que Barrios que estava presente negou. Entretanto, López deve ter acreditado no Dr. Stewart, pois ele não falou mais sobre isso. Ele geralmente acreditava no que os ingleses diziam a ele, pois eles nunca o enganavam. Estes dois desertores foram chicoteados até que eles dissessem que eles tinham sido enviados pelo Presidente Mitre para levar a varíola ao país, então eles foram chicoteados até a morte.

Enquanto López estava no Passo da Pátria, ele ia à igreja todos os domingos acompanhado por todos os oficiais do exército que não estivessem a serviço. Ele escolhia algumas das marchas que algumas bandas tocavam só para ele, estas músicas eram apenas tocadas quando ele saía de sua casa, e quando saía da igreja. Algumas das bandas paraguaias tocavam muito bem. Depois da missa ele costumava se dirigir aos soldados, que se juntavam numa grande multidão à sua volta, dizendo que era certo que eles iriam ganhar dos "negros", como os aliados eram chamados indistintamente, e sempre fazia umas piadas que os soldados gostavam mais do que qualquer outra coisa. Ele também se dirigia aos oficiais, mas para eles sua fala em geral tomava a forma de uma repriménda por não procurar seus homens e ensiná-los.

Grandes milharais eram cultivados no Passo da Pátria pelas tropas. Em poucos dias o exército inteiro construiu choupanas. Essas, os paraguaios faziam rápido onde quer que parassem. Elas eram feitas cortando quatro árvores novas (logo acima da forquilha que era deixada no tronco) da altura das paredes, e duas da altura do telhado, que ficavam com a forquilha também. Essas eram cravadas no chão e três postes colocados nas forquilhas; as vigas também cortadas da mata eram colocadas nestes postes, e amarradas com tiras de couro cru umedecidas. O telhado e as paredes eram então cobertos com palha seca, ou cobertos com couros crus, e a choupana estava completa.

Um vapor de guerra italiano fez duas viagens até Humaitá para tentar retirar alguns cidadãos italianos. O ministro francês, M. Vernouillet, também chegou no Decidée, e fez uma visita a López. Ele e o capitão do Decidée foram condecorados com a Ordem Nacional do Mérito. O Decidée levou algum dinheiro do Passo da Pátria.

Nos primeiros dias de dezembro, López fez uma visita a Itapiru, e vendo uns poucos correntinos do outro lado do rio, ele ordenou que um canhão raiado de 12 libras atirasse neles, mas apesar do tiro ter chegado próximo, não os atingiu. Então, ele enviou 4 canoas com 12 homens cada uma para o outro lado. Esses, depois de trocar alguns tiros, desembarcaram e tendo feitos os correntinos fugirem, retornaram. López ficou muito contente com isso, e no outro dia enviou outra expedição; e como o inimigo não as destroçou, a cada um ou dois dias, ele enviava uma expedição de 100 a 200 homens. Estes costumavam cruzar o Rio Paraná à plena vista do inimigo, remando em pé suas canoas, como sempre o faziam; então, eles desembarcavam e empurravam o inimigo 1 km além da margem, lutando o tempo inteiro, e voltavam algumas horas depois, levando com eles os mortos e feridos. Isso prosseguiu por mais de 3 meses, com o tempo inteiro a frota brasileira ouvindo os tiros de mosquete e não interferindo, dizendo que sua frota não estava completa, e que eles não iriam correr riscos, não sabendo que canhões e baterias os paraguaios poderiam ter. Tamandaré, o almirante, nunca se juntou à frota, mas ficou flertando em Buenos Aires, e falando sobre o que ele iria fazer, prometendo passar o 25 de março – uma festa cívica brasileira[28] – em Assunção. Finalmente, as pessoas perderam a paciência com ele, e se ele não tivesse ido para o campo de batalha, seria provavelmente apedrejado. Consequentemente, ele se juntou à frota em Corrientes em 26 de fevereiro, e publicamente deu sua palavra que entraria em Assunção em 25 de março próximo.

A mais séria destas incursões foi em 31 de janeiro, onde 400 homens foram sob o comando do Tenente-Coronel Viveros, então um tenente. Como sempre, esses homens não pertenciam a um único batalhão, os homens eram de vários batalhões. Quando eles saíam, o faziam com a maior animação, dançando, acompanhado pelas mulheres e por uma banda de música até à margem do rio. A Sra. Lynch em geral ia vê-los partir, e dava a eles charutos, etc.

Nesta ocasião, eles chegaram em Corrales, o local de desembarque do lado correntino do Passo da Pátria, às 2 horas da tarde, e imediatamente atacaram a vanguarda dos aliados. Estes 400 paraguaios estavam lutando com 7,2 mil homens das tropas aliadas, que mesmo assim não foram capazes de lhes enfrentar duramente. Depois de 4 horas de luta – por um estranho erro de logística, a Guarda Nacional de Buenos Aires tinha apenas 3 balas para cada homem –, os paraguaios se retiraram para o rio onde suas canoas estavam, e passaram a noite lá, recebendo um reforço de 400 homens durante a noite, e depois de um pequeno combate pela manhã, retornaram ao Passo da Pátria. Parece incrível que os aliados tenham permitido que esses homens sempre retornassem ao invés de cortarem sua fuga. Este combate custou aos aliados 50 oficiais (4 deles coronéis) e 900 homens entre mortos e feridos. Os paraguaios perderam 170 homens entre mortos e feridos. López deu uma cruz a todos os oficiais e soldados que estiveram na batalha – de prata para os oficiais e de cobre para os soldados[29].

Estas expedições ao acampamento aliado onde havia mais de 50 mil homens, foram uma grande vergonha para os aliados e sua frota que deveria ter prevenido o trânsito dos paraguaios no rio. Esses tinham um piquete de duas canoas em Paranami, uma das quais fazia um reconhecimento da frota que estava em Corrientes todas as noites, frota esta que não fez um reconhecimento sequer durante todo este tempo.

Na noite de 9 de fevereiro houve pânico na frota ocasionado por duas

---

[28] N.E.: Dia da Constituição Imperial do Brasil.
[29] N.E.: Este episódio está narrado no livro de E. C. Jourdan, A Guerra do Paraguai, RCMP, 2013. Jourdan menciona 200 baixas dos paraguaios e 500 baixas para os argentinos. Como sempre, Thompson infla as baixas dos aliados.

canoas à deriva e alguns troncos de madeira que flutuaram rio abaixo ao mesmo tempo. Os brasileiros pensaram que um ataque estava ocorrendo e entraram de prontidão, atirando a torto e a direito.

Depois do episódio de Corrales, as pessoas em Corrientes ficaram temerosas de uma nova invasão paraguaia, e na noite de 19 de fevereiro houve um alarme falso em todo o acampamento aliado e pânico, sendo reportado que os paraguaios tinham atravessado o rio, cercado os aliados e estavam para atacá-los pela manhã. Ordenou-se que a frota fizesse um reconhecimento no próximo dia, mas ela só foi até a boca do Rio Paraguai e retornou, reportando que tudo estava calmo. Naquele mesmo dia, três vapores paraguaios, o Igurei, o Gualeguay e o 25 de Maio, navegaram de Humaitá até o Passo da Pátria onde embarcaram mil homens, e subiram o Paraná até Itatí, uma vila de Corrientes, 38 km acima de Passo da Pátria, onde o exército oriental estava acampado com 5 mil homens sob o comando do General Suarez. Este oficial escolheu a prudência ao invés da coragem, e foi embora com seu exército, recuando 13 km, deixando seu acampamento e a cidade serem saqueados, com os paraguaios gritando atrás dele, "Onde estão os heróis de Jataí?" Ele saiu tão apressado que todos seus documentos foram capturados, e seu próprio relógio e corrente de ouro foram o espólio de um italiano que seguia junto com o exército paraguaio. Umas poucas cabeças de gado e alguns cavalos foram tomados; também um pouco de açúcar, farinha, vinho e bebida alcoólica, os quais depois da força expedicionária ter se aproveitado foram levados para o Passo da Pátria. O acampamento oriental foi totalmente queimado, assim como a vila de Itati.

Poucos dias depois, o Igurei e o 25 de Maio voltaram a Humaitá, e o Gualeguay ficou no Paraná.

As incursões a Corrales ainda continuaram, sendo que os paraguaios sempre traziam de volta algum troféu. Uma vez um sargento negro trouxe nove cabeças de soldados aliados num saco, e as levou até a casa de López, empilhando-as em frente à sua porta. López as enviou até a casa do Chefe do Estado-Maior, onde elas foram empilhadas para visitação pública, sendo que quase todos foram vê-las. O sargento foi promovido a alferes – o único oficial negro no exército paraguaio –, mas López o enviou em todas as lutas depois disso até que ele foi morto e, assim, se livrou do oficial negro.

Outra vez, um prisioneiro ferido foi trazido, mas morreu na estrada e seu corpo foi atirado no chão perto do cemitério e deixado ali, nunca sendo enterrado.

O Gualeguay faz viagens frequentes Paraná abaixo para reconhecer a frota brasileira, e em uma ocasião, quando o General Hornos (argentino) estava em Corrales se banhando com seu Estado-Maior, ele passou a cerca de 300 metros do general, atirando sobre ele três tiros de metralha.

O governo argentino estava tendo problemas para conseguir recrutas para seu exército desde o começo de suas províncias do noroeste. Eles tornaram obrigatório o recrutamento, mas alguns dos contingentes se amotinaram na estrada e desbandaram, e isto aconteceu repetidas vezes. Finalmente, eles enviaram os recrutas acorrentados até Rosário, onde eles embarcaram e foram enviados ao exército. Há uma carta oficial de um governador provincial acompanhando a remessa dos recrutas, na qual ele menciona o número enviado e pede que as correntes sejam retornadas para que possa enviar mais.

Criminosos foram tirados das prisões de toda a confederação e enviados ao exército.

CAPÍTULO X

OS ALIADOS INVADEM O PARAGUAI – OPERAÇÕES PRELIMINARES – A BATALHA DA MARGEM – EVACUAÇÃO DO PASSO DA PÁTRIA.

Quase a totalidade do exército aliado, consistindo de 50 mil homens e 110 canhões, estava acampada perto de Corrales, pronta para cruzar o Rio Paraná, mas uma divisão brasileira de 12 mil homens e 18 canhões raiados, sob o comando do Barão Porto Alegre, tinha marchado do Rio Grande à Candelária com a intenção de cruzar ali, e seguir seu caminho em direção ao coração do Paraguai.

Para encontrar esta última força, López enviou o Coronel (então Major) Nuñez com 3 mil homens e 12 canhões para Encarnacion. Depois, Porto Alegre alterou seus planos e marchou pela margem do Paraná para cruzar umas poucas léguas acima do Passo da Pátria e tomar López pelo flanco, enquanto Mitre o atacava pela frente. Esta manobra também foi abandonada, e Porto Alegre com seu exército eventualmente desembarcou no Passo da Pátria.

Em 21 de março de 1866, a frota aliada partiu de Corrientes e ancorou em linha de batalha em Corrales na boca do Paraguai. Ela consistia de 18 canhoneiras a vapor, cada uma carregando de 6 a 8 canhões, e 4 encouraçados, 3 dos quais tinham altas casamatas quadradas, e 1 (o Bahia) era um monitor, com uma torre giratória, carregando 2 canhões Whitworth de 150 libras. Ao todo, estes navios levavam 125 canhões.

Ao mesmo tempo, dois dos vapores e o encouraçado Tamandaré subiram mais o rio para explorar até Itati. O Tamandaré encalhou, mas foi rebocado pelos outros dois, e eles retornaram para se juntarem à frota.

Figura 6 - Monitor Bahia

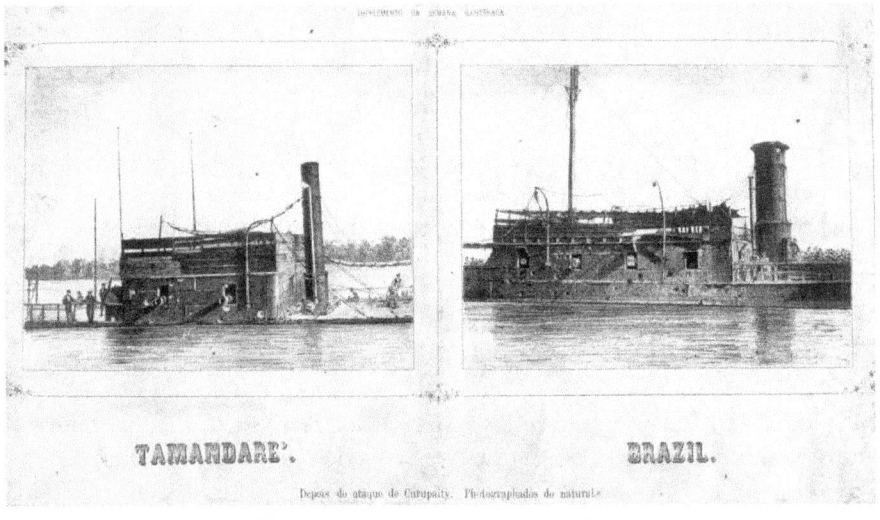

Figura 7 - Encouraçados Tamandaré e Brasil

Itapiru[30], que os aliados deram a honra de chamar de fortaleza, e que eles consideravam necessário arrasar antes de tentar cruzar o rio, era uma velha bateria construída no reino de López I, num pequeno banco de areia que se projetava no Rio Paraná, e que tinha por base um monte de rochas

---

[30] Itapirú. *Itá*, pedra; *pirú*, seca: pedra seca.

vulcânicas. Ela era construída de tijolos, e um de seus lados tinha caído. Era armada com um canhão raiado de 12 libras. Seu maior diâmetro interior tinha 30 metros, e ela ficava a 6 metros acima do nível do rio. Se tivesse sido armada com artilharia raiada pesada poderia ter sido de algum uso, mas como estava só servia para incomodar os aliados.

O Rio Paraná era profundo em toda parte, exceto num local oposto à Ilha Carayá[31], no canal norte, onde havia apenas 3,5 metros de água. López tinha enviado 2 grandes canoas com pedras e as afundado lá para impedir a navegação no canal interior. Neste canal, havia 2 chatas, cada uma carregando um canhão de 8 polegadas, e também o vapor *Gualeguay*, comandado pelo Tenente López, carregando 2 canhões de 12 libras. Dia 22, este vapor rebocou uma das chatas, e a levou 800 metros abaixo de Itapiru, deixando-a perto da praia. Então, a chata abriu fogo na frota, acertando 4 tiros no vaso do almirante. Três encouraçados se aproximaram e cercaram a chata, mantendo um fogo incessante sobre ela. Entretanto, a chata se saiu muito bem, sempre atingindo seu alvo, matando e ferindo alguns poucos homens. Finalmente, os encouraçados chegaram a 100 metros dela, e sua tripulação pulou fora e se escondeu nas matas, deixando sua embarcação que estava na praia. Os brasileiros enviaram 3 botes para pegar a chata, mas quando eles a estavam alcançando, 100 infantes que estavam escondidos e abrigados nas matas atiraram neles e derrubaram mais da metade da tripulação dos botes, quando então, os restantes saíram o mais rápido que puderam. Os encouraçados continuaram seu fogo e, finalmente, explodiram o depósito de pólvora da chata, e depois disso se retiraram. O canhão paraguaio não foi danificado, e foi recuperado da água. A chata em si ficou inútil.

Em 27, outra chata foi rebocada para o mesmo lugar e abriu fogo na frota. Três encouraçados vieram novamente e a cercaram, mantendo um fogo cerrado que era retornado pela chata. Desta vez, os paraguaios mantiveram seus cartuchos em terra para prevenir que fossem explodidos, e um homem ficava continuamente carregando-os. A maioria dos tiros (68 libras) que atingiam os encouraçados se partia em pedaços contra a couraça, apesar de que alguns a penetravam. Uma bala atingiu o Tamandaré na beira de sua portinhola, e voando em pedaços, entrou e matou quase todo mundo na casamata do navio. Seus primeiro[32] e segundo comandantes, mais 3 oficiais e 18 marinheiros morreram, e 15 ficaram feridos. Isto aconteceu quando estava começando a escurecer, e o Tamandaré foi embora. Os outros 2 mantiveram o tiroteio até às 9 da noite, tanto na chata quanto em Itapiru, que com seus canhões de 12 libras também estava atirando neles, mas sem nenhum efeito. A infantaria nas matas também participou do

---

[31] *Carayá*, macaco.
[32] N.E.: 1º Tenente-Comandante Mariz e Barros.

tiroteio que era respondido por mosquetaria e metralha. Às 9 horas os encouraçados se retiraram não tendo feito nenhum dano além de ferir um ou 2 homens nas matas. No dia seguinte, ao meio-dia, a chata novamente abriu fogo, e os 4 encouraçados, e 4 vapores de madeira se aproximaram para combatê-la. Um dos encouraçados, o Barroso, teve suas chapas furadas em 4 lugares, e todos eles foram mais ou menos danificados. O Barroso também teve um de seus canhões Whitworth de 120 libras partido em dois por um tiro. Entretanto, desta vez o canhão paraguaio foi atingido e quebrado em dois, justo quando o artilheiro ia puxar a corda de disparo. Apesar disso, é de se admirar que ninguém a bordo ficou ferido.

Na noite de 29, os paraguaios estavam trazendo de Humaitá uma chata vazia para equipar com o canhão que eles tinham recuperado da água. Eles a rebocaram com uma canoa pelo Rio Paraguai até o Paraná, mas foram vistos pelos brasileiros (era noite de lua cheia), que imediatamente abriram fogo e se movimentaram. A tripulação escapou para as matas, e os brasileiros rebocaram a chata vazia e a canoa.

Estas chatas frequentemente combatiam sozinhas a frota inteira. Elas eram muito difíceis de atingir a longa distância, pois somente aparecia a boca de seu canhão acima da água.

Para divertimento pessoal de López – que com alguns telescópios de alta qualidade costumava se sentar em sua mesa no Passo da Pátria de onde podia assistir a tudo – o vapor Gualeguay saía todas as tardes para o ponto da ilha oposta a Itapiru, e desafiava a frota aliada, atirando com seus canhões de 12 libras, que eram respondidos por toda a frota com todos os tipos de projéteis, de 68 a 150 libras. Esses costumavam cair à volta dele como granizo, levantando imensas colunas de água no ar. Ele costumava se retirar um pouco depois do pôr do sol. Ele continuou a fazer isto por três semanas sem ser atingido, exceto por uma bala que atravessou sua chaminé.

Quando os aliados não estavam ocupados com o Gualeguay ou as chatas, eles bombardeavam Itapiru, mas não faziam nenhum dano, pois não havia nada lá para danificar. O terreno à sua volta estava coalhado de seus tiros. Eles colocaram 12 canhões raiados de 12 libras e uma bateria de morteiros de 13 polegadas em Corrales, com os quais bombardeavam Itapiru, e diversas vezes cortaram o mastro da bandeira que era imediatamente substituído. Eles também se divertiam atirando com seus Whitworth de 150 libras nas pessoas que andavam ao longo da estrada de Itapiru que ficava exposta, e algumas vezes atiraram em direção ao Passo da Pátria, sem alcançá-lo entretanto.

Oposto à Itapiru havia um banco de areia arredondado recém-formado, que em novembro passado não tinha nada nele, mas que agora tinha uma grama alta. Ele ficava ao alcance de um tiro de rifle de Itapiru. Na noite de 5 de abril, os brasileiros ocuparam este banco, construindo trincheiras e baterias. Eles montaram 8 canhões nele, e o guarneceram com 2 mil homens que durante o dia ficavam escondidos nas trincheiras. Deste banco, eles mantiveram um tiroteio com rifles e canhões sobre Itapiru sem nenhum resultado.

Em 10 de abril, os paraguaios o atacaram. O General Diaz (então Tenente-Coronel) dirigiu o ataque de Itapiru, onde ele permaneceu com uma reserva de 400 homens, enviando em canoas 2 divisões com 400 homens cada uma que chegaram no banco às 4 horas da madrugada. Era uma noite escura, e eles não foram notados até que desembarcaram. Depois de dar uma descarga de mosquete, eles avançaram, tomando uma parte das trincheiras, sendo repelidos delas várias vezes. A artilharia brasileira manteve um terrível fogo de metralha que matou muitos paraguaios. Entre esses estavam 200 cavalarianos desmontados armados com espadas, sua arma favorita, que fizeram uma grande matança. A artilharia foi tomada e retomada várias vezes. Tão logo o barulho do combate foi ouvido, 5 canhoneiras e 3 encouraçados cercaram a ilha, e numerosos reforços foram enviados à guarnição. Finalmente, os paraguaios foram quase todos postos *hors de combat*, e aqueles que podiam se mover foram para suas canoas e saíram de lá, ficando muito poucos homens em condições para trás. Aqueles que estavam feridos nas pernas, sentaram-se e remaram, e aqueles que ainda tinham um braço remaram com ele. O dia amanheceu e os paraguaios tiveram que remar contra uma forte corrente sob um fogo pesado de metralha à queima-roupa dos vasos brasileiros. Entretanto, em torno de 15 canoas retornaram cheias de homens.

Os paraguaios tiveram 14 oficiais mortos e 7 feridos. Retornaram 300 soldados feridos, mas 500 ficaram no banco de areia, entre mortos, feridos e aprisionados. Entre os aprisionados, estava o Tenente Romero, comandante de uma das divisões e, em consequência, sua esposa foi forçada a escrever uma carta ao editor do Semanario, renegando-o como traidor.

Os brasileiros perderam cerca de mil homens, entre mortos e feridos[33]. Como sempre, o fogo de seus próprios vapores matou muitos deles. Seis soldados brasileiros logo após o combate foram fuzilados por covardia.

Um dia depois que o banco foi ocupado pelos brasileiros, López tinha montado um canhão de 8 polegadas em Itapiru, e mais outro poucos dias depois.

Enquanto o comandante do banco estava escrevendo o relatório da ação, estando outro coronel e outro oficial próximos, um tiro de 68 libras vindo de Itapiru matou todos eles[34]. No mesmo dia, uma lancha a vapor, o Fidelis, foi afundada por um tiro, e o Enrique Martinez, um vapor

---

[33] N.E.: Jourdan reporta apenas 155 baixas do lado brasileiro e 800 baixas do lado paraguaio e 19 prisioneiros. O mesmo autor também informa que a força brasileira presente no banco era de apenas 900 homens e não 2 mil como Thompson informa.

[34] N.E.: O comandante era o Major Sampaio, e outros dois eram o alferes Woolf e o 1º Tenente Francisco Carneiro da Cunha.

brasileiro, recebeu dois tiros abaixo da linha d'água e foi obrigada a encalhar na margem para não afundar. Um canhão raiado de bronze de 32 libras no banco foi partido ao meio pelos paraguaios.

Foi totalmente desnecessário para os aliados ocupar o banco, mas foi loucura de López enviar seus homens lá, sem nenhum objetivo a não ser a morte certa. O banco não teria uso para ele se o tivesse capturado, nem estando ele nas mãos dos aliados poderia incomodá-lo.

Dia 6 de abril, o General Hornos, com 3 vapores, subiu o Paraná para examinar um local para o desembarque oposto à Itati, de onde ele afugentou uma guarda de 12 homens. Enquanto ele estava lá, López enviou o Major Godoy com 6 peças de campo e 200 homens em canoas para a ilha de Carayá, para esperar pelo general quando ele voltasse. Foi grande a surpresa dos 3 vapores quando foram atingidos pelo fogo de artilharia e infantaria vindo das matas. Quando eles passaram, Godoy retornou com suas forças para o Passo da Pátria.

O efeito das incursões diárias anteriores em Corrientes e dos combates do Gualeguay e das chatas foi o de elevar a confiança dos paraguaios, e dar a eles a expectativa de uma vitória completa sobre os aliados.

Os aliados agora estavam prontos para efetuar a travessia do rio. Eles tinham 150 canoas e 30 cais flutuantes, além de 30 transportes a vapor, e em uma única viagem eles poderiam desembarcar 15 mil homens. A forma e a baixa profundidade do terreno formado pelo ângulo entre o Paraguai e o Paraná na sua junção eram muito favoráveis para a travessia dos aliados, pois ele poderiam varrer com os canhões da frota as margens de ambos os rios, deixando o ângulo livre para o desembarque e formação de suas tropas; e caso houvesse oposição ao desembarque, dificilmente poderia se imaginar um ponto mais favorável. Entretanto, quando eles cruzaram o rio, eles não colocaram canhoneiras no Rio Paraguai, como eles deveriam ter feito, para proteger o desembarque de suas tropas, mas apenas posicionaram seus vapores em linha de batalha ao longo do Paraná, de Itapiru até a boca do Paraguai.

Do ponto da junção dos Rios Paraguai e Paraná em direção a Curupaiti, e desta junção na direção de Itapiru por muitos quilômetros, as margens do rio, por uma largura de 2 a 5 km, são formadas pelo que é chamado de *Carrizal* – extensões de terra cortadas por profundas lagoas e lamaçal igualmente profundo, e entre as lagoas uma mata fechada ou um matagal de 3 metros de altura igualmente impenetrável. Quando o rio está cheio, o *carrizal* inteiro, com muito poucas exceções, fica debaixo d'água, e quando o rio está baixo, e a lama tem tempo para secar, há caminhos existentes entre as lagoas. O único caminho permanente ia do Passo da Pátria até Itapiru e Paranámi ao longo da beira do rio, e quando o rio estava cheio, esse caminho também ficava debaixo d'água. Duas lagoas cruzam esse caminho e dão no rio, sendo geralmente atravessadas em canoas com os cavalos nadando próximos a elas. Elas são chamadas de Yuqueri e Pasopé. López tinha mandado construir pontes sobre elas para retirar sua artilharia de Itapiru. Nenhum outro caminho podia ser feito devido às numerosas e profundas lagoas. Indo de Itapiru ao Passo da Pátria, 2 km antes de alcançar esse último lugar, havia um grande pedaço de terreno plano que se estendia do rio até à vila de Passo da Pátria. Esse terreno era atravessado pelo Riacho Carayá que tinha em torno de 1,80 m de profundidade e tinha de ser atravessado por uma ponte.

    Passo da Pátria é uma pequena vila que fica na beira da terra firme, de 9 a 12 metros acima do nível do *carrizal*, que sobe por meio de uma barranca íngreme até o nível das terras do interior do país. Ao longo do sopé da barranca, no Passo da Pátria, eu planejei uma trincheira que, entretanto, desvia para o terreno mais baixo oposto a casa de López, pois ele não queria que a trincheira interferisse com ela. A trincheira foi construída com 3 metros de largura e 1,80 metro de profundidade, e seguia a forma geral da subida da barranca, tendo vários pequenos redutos para flanquear as partes frontais, e para ter uma linha de tiro sobre todo o fronte acessível. À sua direita ficava a Laguna Sirena, e à sua esquerda a Laguna Panambí[35]. Era defendida por 30 canhões de campanha, bem como infantaria, e era uma posição muito forte, pois não podia ser flanqueada em razão do *carrizal* e o terreno à sua frente, que era aberto por quase 2 km e atravessado pelo Riacho Carayá, que tinha sido aprofundado por um dique posicionado quase na sua foz no Paraná.

    Ao longo do caminho de Passo da Pátria até Itapiru, López tinha 4 mil homens acampados para fustigar os aliados no seu desembarque. Eles estavam escondidos nas matas, e tinham cavado buracos no chão para cozinhar sua comida, cobrindo-os com algumas folhas sobre uns galhos que eles colocavam cerca de um metro do chão. A fumaça assim era espalhada e não ficava visível para o inimigo.

    Em 16 de abril de 1866, General Osório, o mais bravo dos oficiais brasileiros, desembarcou 800 metros acima do Rio Paraguai com 10 mil homens, e se entrincheirou imediatamente. Depois disso, 10 mil argentinos desembarcaram no mesmo local. Os primeiros a colocar os pés na praia foram 700 paraguaios que tinham sido aprisionados em Uruguaiana.

    Os paraguaios imediatamente os atacaram, mas é claro, foram rechaçados. Entretanto, eles continuaram lutando o dia inteiro. Osório foi feito Barão do Herval por ter sido o primeiro a cruzar o rio.

    Na manhã do dia 17, López foi com seu Estado-Maior 2 mil metros em direção a Itapiru. Dois prisioneiros foram trazidos com seus braços amarrados para trás, e ele ordenou que os soltassem. Eles foram interrogados, mas não sabiam nada sobre o número das forças aliadas. No

---

[35] *Panambí*, borboleta.

mesmo dia a artilharia foi retirada de Itapiru, exceto os 2 canhões de 8 polegadas que eram muito pesados e tiveram de ser enterrados. Esses depois foram encontrados pelos aliados. Dia 18, os aliados tomaram posse de Itapiru, e o General Mitre cruzou o rio e se estabeleceu ali. Ele saiu num reconhecimento com os generais Flores e Osório, e foi atacado por uma guarnição paraguaia no caminho, mas logo sua escolta veio em seu socorro.

A travessia dos aliados continuou por duas semanas, antes que eles conseguissem terminar de transportar toda sua cavalaria, artilharia, munições, etc. Todo esse tempo, seus homens sofreram muito com a escassez de provisões, e se não fosse pela atividade demonstrada pelo General Gelly y Obes, Chefe do Estado-Maior, eles teriam ficado totalmente sem comida.

Os aliados tinham agora em Itapiru, 54 vapores grandes, 11 pequenos e 48 vasos à vela. Tal flotilha jamais tinha sido visto no Rio Paraná.

Na noite de 19 de abril, a frota brasileira se posicionou em frente ao Passo da Pátria, alguns navios no canal interno e outro no externo, pronta para bombardear o lugar. Se eles tivessem aberto fogo naquela noite teriam causado sérias perdas aos paraguaios. Todos no acampamento paraguaio sabiam o que lhes esperava na manhã seguinte, mas López não deu ordem alguma e nem fez preparativo algum para manter as pessoas no escuro até o último momento. Quando o dia raiou, ele sozinho, não permitindo que ninguém o acompanhasse naquele momento, para que o inimigo não o reconhecesse e atirasse nele, saiu a cavalo, seguido a distância por seus ajudantes de ordens, que se juntaram a ele quando ele estava bem fora do alcance da frota. Ele foi embora sem deixar uma única ordem sobre quem iria partir e quem ficaria, e deixou mesmo a Sra. Lynch e suas crianças para trás para se virarem por conta própria. Ele não contou a ninguém para onde estava indo, de maneira que seus ajudantes de ordens gastaram meio dia procurando por ele, assim como a Sra. Lynch.

Em Passo da Pátria havia cerca de mil mulheres, seguidoras do exército, e essas partiram numa longa fila. O General Resquin, que tinha sido deixado para trás, mandou embora todo o exército, deixando uma guarnição suficiente para cobrir a trincheira e a artilharia que a defendia. O General Bruguez era o Comandante-Geral, e o Tenente-Coronel Marcó comandava a infantaria debaixo dele.

Depois do amanhecer, quando quase todo mundo tinha partido, a frota abriu fogo, e bombardeou o local quase o dia inteiro. A guarnição estava atrás dos parapeitos e não podia ser atingida, e o único efeito do bombardeamento foi matar e ferir uma meia dúzia de homens. Por sorte, os projéteis Whitworth estavam caindo em torno das filas de pessoas que fugiam de Passo, mas nenhum deles foi ferido. Um tiro de 68 libras caiu na estação telegráfica onde um jovem estava recebendo um despacho, e explodiu perto dele cobrindo-o com tinta, e o instrumento com poeira, mas não causou danos algum, nem ao equipamento, nem ao jovem. A estação telegráfica, então, foi removida para o lado norte do Esteiro Bellaco para debaixo de uma árvore.

Como nenhuma ordem para abandonar Passo da Pátria foi dada, não retirado nada dos depósitos do governo deixados lá, e com a conivência dos oficiais, eles foram saqueados pela guarnição. Grandes quantidades de bebidas, vinhos e comestíveis foram consumidos, e o cofre-forte do governo, contendo apenas papel-moeda, foi saqueado. Alguns dos ajudantes de López foram enviados de volta para cuidar dessas coisas. Seus garrafões de vinho tinham sido quebrados, e um velho que estava encarregado da casa desde que ela tinha sido construída, se recusou a deixá-la, dizendo que estava muito velho para se acostumar com outro lugar, e ele preferia morrer responsável pela casa. Ele teve de ser levado embora carregado.

López tinha ido a uma pequena colina a 5 km de Passo, para observar o bombardeamento. Ao meio-dia, seus ajudantes de ordens, o bispo, a Sra. Lynch e sua guarda pessoal o acharam, e ele escondeu todos atrás da colina, permitindo que apenas o bispo e a senhora fossem até ele para que ele não fosse visto. Entretanto, duas balas chegaram cerca de 1,6 mil metros de onde ele estava, e acreditando que tinham mirado nele, saiu e foi para seu quartel em Abasto para passar a noite. Ali, fora do alcance dos tiros, ele ficou valente novamente. Ele possuía uma coragem peculiar: quando estava fora do alcance dos tiros, ele sempre estava muito animado, mas não aguentava o assobio de uma bala.

A noite, nós jantamos, ou melhor fizemos o desjejum, pois não tínhamos comido nada desde o dia anterior, apesar de que López tinha comido. Aquela noite ele se ocupou com os planos de batalha, escolhendo uma posição na qual esperaria o ataque do inimigo. As tropas que tinham saído do Passo da Pátria, estavam acampadas do lado norte do Passo Sidra. Na manhã seguinte, López cavalgou por um bom pedaço da região, especialmente ao longo do Esteiro Bellaco, e o bombardeamento de Passo da Pátria continuava. A noite, o quartel-general foi estabelecido em Nduré. Dia 22 foi de descanso para López, e o Esteiro Bellaco inteiro foi reconhecido e mapeado, e se encontrou uma posição muito melhor do que a do sul, pois as comunicações eram mais diretas e o próprio pântano ainda mais impenetrável. Ficou determinado que iria se ocupar esta posição, e o exército marchou para o lado norte de Paso Gomez, que é a estrada para Humaitá, e umas poucas unidades foram destacadas para defender os passos menores à esquerda. O quartel-general foi estabelecido em Rojas, pois foi determinado que se evacuasse Passo da Pátria. O Gualeguay foi afundado em Tobatí[36], tendo-se retirado suas válvulas de bombeio.

---

[36] Tobatí. *Tobá*, rosto; *tí* (nasal), branco: rosto branco.

Entretanto, Tamandaré o achou em poucos dias, o recuperou e o devolveu ao seu proprietário original, o governo argentino. Passo da Pátria foi evacuado e queimado dia 23 de abril, de manhã bem cedo, e os aliados que tinham construído baterias e colocado 40 canhões prontos para bombardeá-la tanto de terra quanto dos navios, e que iriam assaltá-la, tomaram posse da vila em grande festa, e tocaram os sinos da igreja durante todo o dia. López mandou imprimir sua ordem do dia com sua assinatura em que ordenava que seus soldados respeitassem a vida dos prisioneiros e daqueles que se rendessem. Estas ordens foram deixadas espalhadas em Passo da Pátria para que os soldados aliados a pegassem, na esperança de muitos deles fossem induzidos a desertar para López.

Se ao invés de enviar seus homens para lutar nas margens do rio, expostos ao fogo da frota, onde ele perdeu quase a totalidade do 20º regimento de cavalaria e o 7º batalhão de infantaria, sem nenhuma possibilidade de causar qualquer dano material aos aliados, López tivesse defendido as trincheiras do Passo da Pátrias, ele teria liquidado com talvez 8 ou 10 mil dos aliados, com muito pouca perda de seu lado, e provavelmente eles nunca teriam sido capazes de tomar as trincheiras. Esse foi seu erro durante toda a guerra, enviar pequenas unidades de suas tropas, que nem mesmo eram apropriadamente treinadas, para lutar em campo aberto contra um número de homens muito superior e mais bem treinados, e comandados por homens com uma educação militar apropriada. Seus homens sempre voltavam cheios de glória, mas é claro que foram em geral trucidados.

CAPÍTULO XI

AS BATALHAS DOS DIAS 2 E 24 DE MAIO DE 1866, E A DESTRUIÇÃO DO EXÉRCITO PARAGUAIO

Ao final de abril de 1866, as posições dos exércitos beligerantes eram as seguintes: os paraguaios estavam acampados na parte norte do Bellaco norte com 100 canhões; sua vanguarda com 6 peças de campanha no lado norte do Bellaco sul.

Os aliados estavam acampados nas colinas que iam de leste a oeste, a 2 km do Passo da Pátria (onde eles estavam se entrincheirando), deixando seu flanco esquerdo protegido pelo *carrizal*. Sua vanguarda, sob o comando do General Flores, consistia dos orientais, uns poucos brasileiros e argentinos, e 12 canhões, e estava acampada próxima ao lado sul do Bellaco sul, estando suas sentinelas no mesmo, e apenas separadas das sentinelas paraguaias pela largura do pântano.

O Esteiro Bellaco consiste de 2 riachos em geral distantes de 5 km, separados por uma densa floresta de palmeira Jataí[37], que fica de 9 a 30 metros acima do nível dos esteiros. O Bellaco deságua no Paraguai pela Laguna Piris, e no Paraná, cerca de 160 km para o leste. As águas desses esteiros, como este tipo de pântano é chamado, é bem clara e boa de beber, e eles são cheios de juncos que crescem de 1,5 a 3 metros acima do nível da água. A água em todas as poças paradas, se estiver com muito junco, é

---

[37] A Yatai é uma palmeira sem espinhos, e com uma altura de apenas 5 a 6 metros. Ela dá uma fruta parecida com a tamareira (a qual suas folhas também lembram), mas apesar de muito procurada por aqueles que estão acostumados com elas, tem um sabor parecido com o alho. O coração da árvore, na raiz das folhas, é muito delicioso e nutritivo, seja cru, onde ele tem um gosto delicado de castanhas, ou cozido, quando seu sabor lembra o de alcachofras. Quando esse coração é retirado da árvore, ela morre.

excelente para beber. Esses juncos[38] crescem separados de apenas 5 cm e, consequentemente, são quase intransponíveis. O fundo em que eles crescem é sempre uma lama muito profunda, e a água que cobre esta lama tem de 1 a 2 metros de profundidade. Consequentemente, os esteiros são intransponíveis, exceto nos passos que são locais onde os juncos se quebraram na raiz e a areia gradualmente substituiu a lama do fundo. Nesses passos, como no resto dos esteiros, a profundidade de água a ser vadeada é de 1 a 2 metros. Em alguns locais, uma ou mesmo 2 ou 3 pessoas, em cavalos muito fortes, podem passar através dos juncos, mas depois que um cavalo passou, a lama fica muito pior por causa dos buracos feitos pelas patas do cavalo. Esses esteiros formavam a principal linha de defesa dos paraguaios.

López enviou 50 homens escolhidos de sua Guarda de Rifles para o Esteiro Bellaco com ordens de atirar em qualquer oficial do inimigo que ficasse ao alcance. Ele deu a eles rações dobradas, e eles não precisavam fazer nenhum serviço de guarda, construção de trincheiras, etc. Esses homens mataram vários oficiais de campo dos aliados.

Estando os exércitos nas posições indicadas, López enviou dia 2 de maio uma força de 5 mil homens sob o comando do General (então Tenente-Coronel) Diaz, consistindo de 4 mil infantes e mil cavalarianos, sob o comando do Tenente-Coronel Benitez, seu ajudante de campo favorito, surpreender a vanguarda aliada. A infantaria foi através do Passo Sidra, e a cavalaria pelo Passo Carreta, e eles caíram em cima do inimigo antes que esse suspeitasse de algo. Sua artilharia teve tempo para disparar apenas um tiro antes de ser capturada pelos paraguaios, que também capturaram o acampamento da vanguarda aliada, e até mesmo a tenda do General Flores caiu em suas mãos. Os três batalhões orientais, chamados Florida, 24 de abril, e Liberdade, foram completamente destroçados, mas eles lutaram bravamente junto com seus comandantes, Flores, Palleja e Castro, que se comportaram como leões, mas foram sobrepujados. Restou ao batalhão Florida apenas 40 homens e 8 oficiais de 27. O 24 de abril perdeu 9 oficiais e 200 homens. O 38º batalhão de Voluntários da Pátria (brasileiro) ficou com apenas 41 homens. De acordo com os registros oficiais ele teve 94 mortos e 188 feridos. O 1º regimento da cavalaria argentina perdeu 100 homens. A divisão do General Flores, a vanguarda, que incluía as tropas brasileiras e argentinas mencionadas, perdeu 1,6 mil homens e 31 oficiais. Quatro canhões de bronze raiados Lahitte de 9 libras com seus carros de munição e 3 estandartes foram enviados e recebidos por

---

[38] Esses juncos são chamados de Pirí em guarani. Eles tem uma seção triangular, são verdes por fora e tem uma seiva branca. Eles crescem perfeitamente retos, sem uma emenda ou protuberância, e no topo tem umas pequenas folhas e flores. Eles são cortados e secos ao sol, e então servem para cobrir os lados das choupanas, ou para fazer cortinas de enrolar, atando-os lado a lado com tiras de couro. Esteiras também são feitas com eles.

López enquanto a luta ainda continuava. Esses canhões foram sempre chamados de canhões do Flores, e eles prestaram um bom serviço aos paraguaios durante toda a guerra. O próprio General Flores quase foi capturado, mas o General Osório chegou e o resgatou ao custo de quase um batalhão inteiro de brasileiros.

Figura 8 - Canhão raiado LaHitte[39]

Se Diaz tivesse se retirado depois de ter conquistado a vanguarda, e levasse com ele o restante dos canhões capturados, esta teria sido uma vitória esplêndida com muito poucas perdas. Entretanto, ele decidiu continuar, e ir de encontro ao restante do exército aliado, que agora estava se movimentando e vindo ao seu encontro. Nada sabendo sobre a ciência da guerra, ele foi imediatamente flanqueado pelo General Mitre que estava comandando os aliados, e teve que recuar, perdendo o restante dos canhões que tinha capturado, e com muito homens mortos e feridos. O Tenente-Coronel Benitez foi morto por uma bala, e ficou caído no campo. O 40º Batalhão sofreu muitas baixas e teve que ser quase que completamente

---

[39] N.E.: Provavelmente foram estes os canhões capturados pelos paraguaios.

renovado. Ao todo, os paraguaios perderam 2,3 mil (mortos e feridos), e os aliados em torno do mesmo número. Esses seguiram os paraguaios por uma curta distância através do Bellaco e capturaram um canhão raiado de aço de 12 libras que tinha explodido e teve de ser abandonado pelos paraguaios, que contra-atacaram e empurraram os aliados para o outro lado do Bellaco. Os dois exércitos então voltaram às posições anteriores.

No seu relatório oficial, Mitre afirma que os aliados tomaram 4 canhões e 3 estandartes, enquanto que na realidade foi o contrário.

Vários paraguaios de boas famílias que não estavam a favor de López, aproveitaram a oportunidade desta batalha para desertar.

O comandante do 38º Batalhão, o comandante dos 4 canhões capturados, e o Brigadeiro Pessegueiro – todos brasileiros – exigiram serem julgados por uma corte marcial para provarem que eles não tiveram culpa, o que lhes concedido.

Depois da batalha, o General Flores escreveu a seguinte carta à sua mulher. Ela foi publicada nos jornais de Buenos Aires:

"Acampamento em São Francisco[40], 3 de maio de 1866.

Dona Maria G. de Flores.

Minha Querida Esposa,

Boas notícias, assim como más, devem ser recebidas calmamente. Ontem a vanguarda, sob minhas ordens, sofreu uma derrota considerável, sendo que a Divisão Oriental foi quase que totalmente perdida.

Entre meio-dia e uma hora, meu acampamento foi surpreendido por uma poderosa coluna de paraguaios das três armas. Foi impossível resistir a forças três vezes mais numerosas que as nossas, mas a Divisão Oriental sucumbiu honrando a bandeira de seu país.

Eu tinha consciência da má posição do nosso acampamento. Alguns dias antes do acontecido, o Marechal Osório e eu fomos em pessoa ao General em Comando, para lhe mostrar a vantagem de remover o acampamento, mas Mitre nos respondeu assim: "Não fique alarmado, General Flores. O poder agressivo dos bárbaros é nulo, pois a hora de seu extermínio soou".

Portanto, se tem alguém responsável pela ocorrência de 2 de maio, esse é o General Mitre.

Eu posso lhe assegurar com todo meu coração que durante toda minha campanha contra o tirano Berro, eu não tive tanto aborrecimento quanto estou tendo neste curto período que estamos em solo paraguaio. O que se passa aqui não agrada ao meu temperamento. Tudo é feito por meio de cálculos matemáticos, e um tempo precioso é gasto fazendo planos,

---

[40] Os aliados batizaram a vila de Passo da Pátria de São Francisco.

medindo distâncias, desenhando linhas e olhando para o céu: só pompa, as principais operações da guerra foram executadas sobre um tabuleiro de xadrez.

Figura 9 - General Venâncio Flores

Enquanto isso, algumas de minhas unidades não tiveram o que comer por três dias. Eu não sei o que vai acontecer conosco, e se além da situação crítica que nos encontramos, você adicionar a constante apatia do General Mitre, pode ser que os tosquiadores poderão ser tosquiados.

Tudo é deixado para amanhã, e os movimentos mais importantes são postergados.

Eu só tenho visto atividade em dias comemorativos. Então temos muita coisa – autoridades, bandas de música, cumprimentos e felicitações por toda parte, uniformes e ricas espadas são exibidas. E isto acontece com frequência: um dia é o aniversário do Imperador, no outro da Princesa Leopoldina; amanhã é o aniversário da Independência do Brasil, e por aí vai.

No futuro minha vanguarda será composta de argentinos.

Não há cavalos ou mulas para as bagagens, e nenhum gado para comer.

Se nós ficarmos aqui um mês a mais, nós teremos que recruzar o Paraná e ir para quartéis de inverno em Corrientes. Neste caso, eu terei o prazer de vê-la e a meus amigos. Eu acho que não vale a pena lhe dizer que os brasileiros se acovardaram de uma maneira repugnante, e teve um batalhão que se recusou a fazer carga. Minha tenda foi saqueada pelos paraguaios. Me envie uma mala com algumas roupas, um poncho grande, um chapéu de palha e dois pares de botas.

Eu incluo cartas de nosso filho Fortunato. Um beijo para minha filha Agapita, e para você, minha querida Maria, receba todo o carinho de seu velho apaixonado.

VENANCIO FLORES.

P.S.: Maria, eu recomendo que você me envie apenas roupas de campo – nada de coisas finas ou paletós. É curioso que ultimamente eles estão querendo me dizer como tenho de me vestir. Muito educadamente, o General Mitre me disse que seria conveniente para mim que eu cuidasse mais da minha pessoa. Primeiro eu pensei que ele estivesse aludindo à minha saúde, mas depois ele me perguntou se eu não gostaria de um uniforme do comissariado para manter a dignidade de minha posição. Eu lhe asseguro que eu não sei como arranjei paciência para ouvi-lo. Eu virei as costas e fui embora sem dizer nada."

Ambos os lados costumavam mandar seus prisioneiros e desertores do inimigo para suas guardas avançadas para conclamar seus compatriotas a desertar, dizendo que estavam sendo melhores tratados do que no seu próprio exército. Entretanto, raramente alguém caía nesses chamarizes.

No acampamento paraguaio não era permitida nenhuma correspondência entre o exército e seus parentes. Entretanto, mulheres iam e vinham constantemente, e essas levavam as notícias à Assunção do que estava se passando no acampamento. Ordenava-se às pessoas que considerassem todos os dias um novo triunfo para López, e é claro que ninguém se atrevia a demonstrar que eles não pensavam assim, apesar de muitas pessoas em Assunção esperavam que os aliados marchariam sobre Assunção a qualquer dia. As pessoas se mantinham bem ocupadas com todas as famílias tendo ordens para comprar, fazer e enviar dentro de um certo período de tempo, tantas dúzias de camisas e calças para o exército. Quase todos os dias missas eram rezadas na catedral "pela segurança e bem estar de Don Francisco Solano López". Essas missas eram pagas por particulares.

Depois da batalha de 2 de maio, os aliados ficaram mais alertas. Os paraguaios sempre foram muito alertas.

O exército paraguaio, como já foi dito, estava acampado na posição na qual foi determinado a defender, a vanguarda ainda ao sul do Bellaco sul, distante 6 km do corpo principal. A vanguarda tinha ordens para não disputar os passos do Bellaco, mas para se retirar quando os aliados fizessem um movimento sério naquela direção. Isso eles o fizeram no dia 20 de maio, cruzando o Bellaco em três colunas, os paraguaios recuando em ordem, e deixando guardas avançadas no meio do Bellaco norte. Os aliados marcharam adiante e acamparam na beira da floresta de palmeiras, sua vanguarda comandada por Flores ocupando o terreno baixo ao sul do Bellaco norte. A Divisão General Flores agora consistia dos poucos orientais que restavam, duas divisões brasileiras, e um regimento de cavalaria argentino. Ele também tinha 34 canhões brasileiros. O exército brasileiro sob o comando do General Osório, ocupou a esquerda, e estavam acampados próximo ao Potreiro Piris oposto à esquerda de Flores; os argentinos sob o comando dos generais Gelly y Obes, Paunero e E. Mitre (irmão do Generalíssimo), ocupavam a direita, se estendendo até Rori. O total das forças aliadas agora consistia de cerca de 45 mil homens e 150 canhões, e ocupava um fronte de 5 km. De imediato eles construíram 2 redutos, um no centro e um na esquerda.

Os paraguaios estavam acampados de Gomez até Rojas, tendo pequenos destacamentos de tropas e canhões nos passos mais ao leste, até Passo Canoa. Sua direita estava assentada nas matas de juncos impenetráveis no Potreiro Sauce. Este potreiro é uma clareira natural na mata, e era somente acessível pelos aliados por uma passagem estreita na direção leste que dava para seu acampamento. Esta passagem estava fechada por uma pequena trincheira, da qual colunas de ataque poderiam ser barradas com facilidade.

Os paraguaios se comunicavam com o Potreiro Sauce através de uma trilha aberta na mata. Essas matas tinham tanto árvores altas como baixas, e entre elas uma massa impenetrável de arbustos, espinhos e trepadeiras, de maneira que mal se podia ver 20 metros por dentro delas. O Bellaco na frente do exército paraguaio tinha mais de 1,80 metro de profundidade a oeste do Passo Gomez até ele entrar na mata, quando ele formava um riacho de águas claras. O Passo Gomez, e todos os passos acima dele, tinham mais ou menos 1,40 metro de profundidade, e se os aliados atacassem os paraguaios pela frente, eles primeiro teriam que cruzar dois passos igualmente profundos, sendo continuamente acossados por um fogo pesado. Se eles tentassem atacar a esquerda paraguaia, eles ficariam vulneráveis a terem suas comunicações cortadas.

O exército paraguaio foi novamente recrutado e contava com 25 mil homens. No dia que os aliados avançaram sobre a vanguarda paraguaia, eu comecei a construção de uma trincheira no Passo Gomez, da mata na direita e fechando no esteiro à esquerda do Passo Fernandez. Trincheiras foram construídas em outros passos, e a posição paraguaia era muito forte. Pretendia-se esperar o ataque, e quando os aliados o começassem, iria jogar 10 mil homens na sua retaguarda, vindo do Potreiro Sauce através de um caminho aberto na faixa estreita de mata que o cercava, sendo que este caminho já tinha sido aberto anteriormente restando apenas alguns metros para abrir no último momento como é mostrado na planta. Os aliados provavelmente iriam manter uma boa vigilância sobre a passagem natural do potreiro, mas esta estaria completamente escondida e os paraguaios não seriam percebidos até que eles estivessem em cima da retaguarda dos aliados.

Se esse plano tivesse sido seguido, o exército aliado inteiro poderia ter sido destruído. Entretanto, López mudou de ideia dia 23 de maio, e atacou os aliados dia 24.

Conversando sobre esta batalha um ano depois, López disse que ele tinha recebido informações do plano de Mitre para atacá-lo dia 25, e que "francamente ele não gostou do plano, e resolveu preveni-lo atacando antes, o que ele conseguiu". Ao mesmo tempo, López ridicularizou o Coronel Marcó por ter deixado a batalha quando os ossos de sua mão foram quebrados por uma bala.

Dia 20 de maio, López moveu seu quartel-general para o Passo Pucu, onde ele ficou por dois anos, e ele tinha vários batalhões de infantaria em reserva lá, pois havia um boato sobre um ataque da frota à Curupaiti. Na tarde do dia 23, López se dirigiu as esses batalhões reserva, lembrando a eles que dia 2, apenas um punhado deles tinha capturado os canhões e estandartes do inimigo, e que se ele enviasse um número grande de homens, eles iriam terminar com os aliados. Os homens estavam bastante animados, e diziam que eles apenas estavam esperando a ordem de avançar e que iriam acabar com os aliados quando ele quisesse. Ele disse que se preparassem para a ordem de ataque. Ele passou quase toda a noite conversando e passando instruções para os comandantes quem deveria fazer o quê. O General Barrios, com 8 mil infantes e mil cavalarianos, atacaria a esquerda inimiga; o General (então Coronel) Diaz, o centro com 5 mil infantes e quatro obuseiros; e o General Resquin, a direita deles com 7 mil cavalarianos e 2 mil infantes. O ataque seria simultâneo, e o sinal seria um tiro de canhão disparado do Passo Gomez quando Barrios estaria pronto, pois ele tinha de atravessar uma longa trilha pelas matas. Ele marcharia ao longo da borda do *carrizal* até chegar ao Potreiro Piris, onde ele iria formar seus homens. A floresta chegava até os pântanos impenetráveis do *carrizal* por todo a trilha, de maneira que os homens de Barrios tinham que seguir em fila indiana por um caminho aberto na floresta, tendo a cavalaria que desmontar e puxar seus cavalos. Diaz tinha que deixar suas tropas tão próximas quanto possível do inimigo, sem serem vistas por ele, e correr para seu centro ao sinal; e Resquin tinha que deixar suas tropas formadas antes do amanhecer atrás das palmeiras de Iataití Corá onde ele ficaria escondido da vista do inimigo. A cavalaria de Barrios e Resquin iriam dar a volta e se unir atrás da retaguarda dos aliados.

Esperava-se que o General Barrios tivesse atravessado a passagem às 9 horas, mas 11h30 quando ele terminou e o sinal do tiro de canhão foi dado. Os paraguaios imediatamente caíram em cima dos aliados, atacando o fronte inteiro. Felizmente para os aliados, eles estavam todos de prontidão, estando General Mitre para fazer um reconhecimento nas posições paraguaias. Cerca de três minutos depois que o sinal foi disparado, o combate se generalizou, e a mosquetaria foi tão forte que apenas um som contínuo foi ouvido, e que era apenas interrompido pelo canhoneio dos aliados.

À direita, os paraguaios empurraram os brasileiros em direção ao Bellaco, onde eles se reagruparam e forçaram os paraguaios de volta à mata; aqui esses se reagruparam e empurraram de volta os brasileiros, isto acontecendo três vezes. A cavalaria paraguaia, que carregou por cima dos brasileiros que recuavam, fez um grande estrago entre eles, assim como a mosquetaria e artilharia dos brasileiros entre os paraguaios.

No centro, o General Diaz tinha que lidar com o General Flores, cuja artilharia e rifles caíam sobre ele com grande efeito desde o momento que saiu da mata.

Os aliados tinham uma tremenda vantagem, não apenas por estarem sendo atacados em suas posições e por tropas não treinadas, mas por terem toda sua artilharia disponível no combate, enquanto a dos paraguaios estava inativa. Eles também tinham a vantagem dos números (2 para 1), e de suas armas que eram melhores. Os paraguaios mal tinham rifles, e a maioria de seus mosquetes eram de pederneiras; os aliados, por outro lado, todas as armas individuais eram raiadas, e de toda sua artilharia, apenas uns poucos canhões pertencentes aos argentinos tinham a alma lisa.

Diaz tinha outra grande desvantagem, pois tinha que cruzar um pântano profundo para chegar nos aliados. Este pântano literalmente se encheu com os mortos. Um de seus batalhões, o 25º, composto principalmente de recrutas, ficou em desordem, e se amontoou como um rebanho de ovelhas que era facilmente atingido pela artilharia dos aliados.

À esquerda, a cavalaria do General Resquin levou tudo por diante na sua primeira carga, matando e pondo para correr a cavalaria correntina sobre o comando dos generais Cáceres e Hornos, e a dispersando completamente. Então, uma parte atacou a artilharia de frente, e apesar de metade deles terem ficado no caminho, eles capturaram 20 canhões, que foram virados para serem levados embora, quando, não sendo reforçados a tempo, a reserva argentina entrou em ação e os destroçou até o último homem. Nenhum quis se render. A infantaria de Resquin então entrou em ação, mas foi destruída, parte pela artilharia, e o restante pela infantaria argentina. A reserva da cavalaria de Resquin deu a volta na direita inimiga, e entrou na floresta de palmeiras para se juntar a Barrios na retaguarda dos aliados. Entretanto, os argentinos formaram um fronte naquela direção, e os repeliram. Os remanescentes de um desses regimentos, sob o comando do Major Olabarrieta, entretanto, furaram o bloqueio depois de muitos feitos corajosos, e ele próprio com mais 20 homens chegaram ao lugar onde deveriam se juntar com Barrios, mas como ele já tinha sido derrotado, eles não tiveram nenhum reforço, e foram obrigados a abrir seu caminho pelos brasileiros novamente para o Potreiro Sauce. Olabarrieta chegou quase sozinho e muito ferido.

Às 4 da tarde o combate estava terminado, sendo os paraguaios completamente derrotados, e seu exército destruído. Os aliados também sofreram muito, mas ainda lhes restava um exército. Os paraguaios deixaram 6 mil mortos no campo. Os aliados capturaram apenas 350 prisioneiros, todos feridos. Isso era porque os paraguaios nunca se rendiam, e lutavam até serem mortos. Desta batalha foram levados 7 mil feridos aos hospitais paraguaios, e aqueles com ferimentos leves foram dispensados destes cuidados. Estranhamente, os paraguaios perderam apenas um oficial de campo, um velho major, tão gordo que mal podia andar, mas quase todos que estiveram na ação foram feridos. Major Yegros (que estava aprisionado e acorrentado desde que López II foi eleito presidente), Major Rojas, e Capitão Corvalan – todos eles ex-ajudantes de ordens de campo de López, e em quem ele tinha grande confiança – foram todos libertados (ninguém sabia porque eles tinham sido aprisionados) e enviados para a luta, rebaixados ao posto de sargento. Todos foram mortos na batalha ou mortalmente feridos. José Martinez – promovido a corneteiro no Passo da Pátria, tenente depois da Batalha da Margem, capitão depois do 2 de maio, quando ele foi ferido – foi, a seu próprio pedido, para esta batalha, e sendo mortalmente ferido, foi promovido a major antes de morrer. Ele era um grande favorito de López. Muitos dos comerciantes de Assunção, que recém tinham sido recrutados para o exército, também foram mortos.

A fumaça foi tão grande durante o combate que os aliados não viram o tamanho do dano que eles tinham causado aos paraguaios, e pela dificuldade de comunicação através dos esteiros, e de conseguir informação quando tudo estava em tal desordem, López não soube até o dia seguinte a extensão de suas perdas.

Os aliados perderam mais de 8 mil entre mortos e feridos. Entre esses estavam o General Sampaio (mortalmente), e os generais Osório e Paunero (levemente) – os dois primeiros brasileiros e o terceiro argentino.

O próprio Mitre comandou os argentinos, fazendo o favor aos generais Flores e Osório de não interferir com eles durante a batalha.

López teve seu café da manhã bem cedo, e foi com os telescópios para o cemitério de Passo Pucu testemunhar a batalha dali, a 8 km de distância. Ele esperou ali até que os tiros começaram e, então, ele se retirou para as trincheiras, apesar dos protestos do bispo (que sempre cavalgava a seu lado quando ele saía) para que ele não se expusesse desta maneira. Quando ele chegou a 5 km do combate, ele enviou seus ajudantes para um lado, e junto com o bispo e um ajudante de campo, ele foi para o outro lado, e se escondeu numa pequena mata entre Passo Fernandez e Rojas, de onde ele podia ver a fumaça, mas nada além disso. Então, ele se recuou cerca de 2 km e fez um lanche, e depois retornando à mata, nós encontramos os primeiros feridos que estavam vindo, mas que não podiam dar uma ideia de como a luta estava indo. Um desses era um garoto de 16 anos, que tinha sido atingido na coxa por uma bala de rifle e, além de seu mosquete, trazia uma espada, uma lança, um rifle, uma bala de canhão e um lindo poncho como troféus do campo de batalha. Esses ele presenteou a López, que lhe devolveu o poncho e deu as armas para seu ajudante levar. Ele promoveu o soldado a cabo, e o enviou para as trincheiras para lutar caso o inimigo atacasse. Depois que anoiteceu, López foi ao Passo Gomez, à casa do General Bruguez, onde ele se reuniu com Barrios e Diaz que deram a ele as más notícias que eles tinham conhecimento. Ele fez com que as bandas de música tocassem a noite inteira, para iludir seu próprio povo, bem como o inimigo, para que acreditassem que ele considerava o dia ganho. No Semanario, falou-se sobre uma grande e gloriosa vitória. Às 10 da noite ele foi para seu quartel-general em Passo Pucu.

Quase todos os feridos paraguaios ainda estavam nas matas, e eles continuaram chegando por 3 dias, se arrastando devagarinho. Os aliados encontraram nas matas dia 3 junho, 11 dias depois da batalha. Ele estava quase morto. Um major coronel chegou 4 dias depois do combate. Ele tinha sido ferido nos pulmões, e se sentou exausto com um soldado que também estava ferido nas matas próximas do inimigo. Achando que ele não poderia sair, mas que iria morrer de fome onde estava, ele ordenou que o soldado o matasse e levasse sua espada e quepe para López, e dissesse que ele tinha cumprido seu dever até o fim. Entretanto, o soldado se recusou, e finalmente os paraguaios os acharam e os levaram embora. Ele se recuperou de seu ferimento, mas foi morto na Batalha do Sauce em julho.

Os aliados declararam que López embebedou seus homens para fazê-los lutar do modo como o fizeram. Entretanto, isso não foi verdade. Ao contrário, os paraguaios, por causa de mal gerenciamento, sempre tiveram que lutar de estômago vazio, pois nos dias em que um combate era previsto, não era permitido aos homens deixar suas unidades para carnear um boi.

Nesta batalha, os brasileiros entraram em ação sem suas bandeiras, e têm feito assim desde o dia 2 de maio, provavelmente para prevenir que elas sejam capturadas.

Os aliados capturaram 4 obuseiros, 5 mil mosquetes e 5 bandeiras. Uma dessas Osório enviou de presente para Tamandaré. Ela foi capturada matando o sargento ferido que a carregava, e que depois de ferido, ordenou-se a sua rendição, ele ocupou seus últimos momentos rasgando a bandeira em tiras com seus dentes, para impedir que ela caísse nas mãos do inimigo.

O 40º Batalhão que tinha sido terrivelmente destroçado no dia 2, novamente quase sofreu a aniquilação completa, voltando da batalha com apenas 80 homens. O 6º e o 7º batalhão, os 2 melhores e mais antigos do exército, cada um voltou com apenas 100 homens.

Os feridos que precisariam de um longo tempo antes que pudessem voltar à ação novamente, foram enviados para Assunção e Cerro Leon. Aqueles que não levariam muito tempo para se curar, permaneceram nos hospitais de campo.

Os aliados enterraram alguns de seus próprios mortos, mas eles empilharam os corpos dos paraguaios em camadas alternadas com lenha, em pilhas de 50 a 100 e os queimaram. Eles reclamaram que os paraguaios eram tão magros que não queimavam.

Os 10 mil homens que não foram mortos ou feridos estavam completamente espalhados e desorganizados, e passaram-se vários dias antes que eles fossem novamente reunidos.

CAPÍTULO XII

PARALISAÇÃO DAS OPERAÇÕES – A FROTA BRASILEIRA – DESCRIÇÃO DE CURUPAITI – PORTO ALEGRE REFORÇA OS ALIADOS – LÓPEZ REVIVE – BATALHAS DE YATAITY CORÁ E DO SAUCE.

O exército aliado, ao invés de lucrar com a destruição do exército de López dia 24 de maio e marchar adiante, ficou totalmente paralisado, e não fez nenhum movimento até que foi forçado a fazê-lo por López que tinha se posto entrincheirado fortemente.

Depois da batalha de 24, os aliados poderiam ter marchado em torno da esquerda paraguaia quase sem perder um homem, pois eles teriam evitado a artilharia paraguaia, poderiam ter capturado Humaitá e tomado todas as baterias do rio por trás sem disparar um tiro.

Em 20 de maio, um esquadrão de 16 canhoneiras e corvetas, com 4 encouraçados, entrou no Rio Paraguai, e tendo sido alfinetados por Curupaiti a longa distância, ancoraram abaixo do Piquete Palmas. López tinha afundado o pequeno vapor Piraguyra e dois bergantins no canal do rio, entre a Ilha de Curuzú e o Chaco, para parar a navegação. Ele poderia ter afundado tantas garrafas quanto quisesse naquela imensa corrente.

Tamandaré construiu oficinas para reparar os motores de sua frota, hospitais e armazéns em Cerrito, na boca do Rio Paraguai. Ele explorou a Laguna Piris visando sua navegação, e descobriu que poderia entrar com seus menores vapores e bombardear López dali. Ele também fez um reconhecimento para procurar um caminho pelo qual pudesse se comunicar mais diretamente com o exército, pois toda sua comunicação tinha ser feita por um longo caminho até Itapiru. O caminho foi encontrado, mas não foi usado, pois todas as matas eram exploradas todos os dias pelos paraguaios, e assim, ele foi considerado inseguro. Os paraguaios também tinham guardas em todos os lugares acessíveis do *carrizal*, e costumavam trazer prisioneiros capturados dos botes que iam cortar lenha para os navios. Em uma ocasião, eles capturaram um rifle Enfield com a marca da Torre de Londres e datado de 1866.

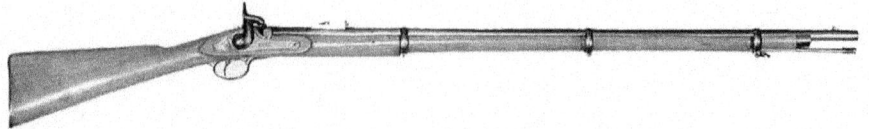

Figura 10 - Rifle Enfield utilizado pelas forças brasileiras

Tamandaré deveria atacar e tomar Curupaiti, e como ele não fez nenhuma tentativa, novamente as pessoas viram sinais da "pena branca"[41] na frota brasileira. Ele encontrou desculpas nos navios afundados, nas estacas no rio, e no número de garrafões vazios que estavam ancorados pelo rio, e que ele supunha (como ele desejava) que fossem para marcar as posições dos torpedos. Então, para não ficar parado, em 15 de junho, Tamandaré subiu com seu esquadrão e bombardeou a longa distância, sem matar ou ferir um único paraguaio. Depois disso, ele se retirou e ancorou, tendo perdido alguns poucos de seus homens.

Curupaiti é um penhasco de lama misturada com areia, fazendo uma área côncava numa curva do Rio Paraguai onde se situa. Normalmente, o nível do rio fica de 8 a 9 metros abaixo da superfície do penhasco. Chuvas fortes erodem a beira do penhasco, e rio também o erode continuamente, causando pequenos deslizamentos, de maneira que quase toda sua extensão pode em poucos minutos se tornar inacessível para o desembarque de tropas. Em razão disso, eu construí uma bateria enterrada ao longo do comprimento do penhasco para abrigar artilharia de campo e infantaria, caso o inimigo tentasse um desembarque ali. Construiu-se na extremidade sul do penhasco uma pequena bateria de gabiões, armada com um canhão de 8 polegadas e dois de 32 libras, mais 14 peças de campo de pequeno calibre foram colocadas de reserva ali. Era guarnecida por um batalhão de infantaria comandado pelo Major Sayas.

Alguns torpedos mal construídos foram ancorados no rio, e dia 20 de junho, dois deles desprenderam-se de suas amarras e foram rio abaixo, um deles colidiu contra o Bahia e o outro contra o Belmonte, mas estando ambos muito molhados, nenhum dano causaram. Eles eram formados de três caixas, uma dentro da outra – a interna sendo de zinco e contendo a pólvora. O detonador era uma cápsula de vidro contendo ácido sulfúrico, cercado por uma mistura de clorato de potássio e açúcar branco, tudo empacotado num pequeno novelo de lã. Estes detonadores foram projetados e feitos pelo Sr. Masterman, chefe do Departamento de

---

[41] N.E.: *White Feather*, gíria para covardia.

Química. O detonador ficava em um pequeno cilindro perfurado, e era quebrado por um pistão quando o torpedo fosse atingido. Os brasileiros pescaram dois desses torpedos, mas na mesma noite uma jangada com explosivos foi enviada rio abaixo para a frota, e daquele dia em diante, eles ficaram muito vigilantes.

Havia um fenômeno sonoro peculiar no disparo dos canhões quando a frota brasileira estava em Palmas. Em Passo Pucu, o som dos disparos algumas vezes mal podia ser ouvido, mas outras vezes sempre que um canhão disparava, ouvia-se meia dúzia de disparos numa rápida sucessão, como fogos de artifício – os primeiros e os últimos eram os mais baixos, e os do meio os mais altos. Entretanto, esta peculiaridade somente acontecia durante o início do dia e sob certas condições atmosféricas. Durante o dia, ou no começo da noite, ouvia-se apenas um único som. Sempre havia tiros no início do dia e à noite, e a qualquer momento que uma folha se movia nas matas, a frota imediatamente começava a atirar com metralha.

Enquanto isso, López fazia o que podia para reorganizar seu exército e para enganar os aliados com relação a seu real estado. Ele mantinha muitos homens nas guardas avançadas, que foram colocadas muito próximas das linhas inimigas, ficando muito distante das trincheiras paraguaias. Esses guardas ameaçavam continuamente o inimigo, surpreendendo e matando seus postos avançados, sequestrando sentinelas, etc. Para acabar com isso, os aliados fizeram com que seus guardas avançados ficassem atirando incessantemente durante a noite, pois era o único meio de manter seus homens de vigia.

López também enviava todas as manhãs um destacamento de cavalaria para reconhecer a floresta de palmeiras na direita inimiga, que frequentemente voltava com prisioneiros, gado, cavalos, etc.

Vários batalhões e regimentos tiveram que ser amalgamados para formar um único, e o exército inteiro teve de ser reorganizado. López trouxe 6 mil escravos, e os distribuiu pelo exército. Duzentos índios Payaguá[42] se voluntariaram, e foram alocados na artilharia pesada.

Bruguez e Diaz foram promovidos a generais em junho de 1866.

A atividade de construção de trincheiras foi constante, e artilharia foi trazida de Assunção e Humaitá, e montada nos parapeitos. Três canhões de

---

[42] Os índios Payaguá eram uma pequena tribo que vivia nas partes mais férteis do Paraguai, parte deles vivendo em choupanas na praia de Assunção. Eles se mantinham completamente separados dos paraguaios; falavam uma língua totalmente diferente, quase toda composta de sons guturais; e viviam basicamente de peixes, crocodilos, etc., que eles caçavam na baía de Assunção. Eles eram bêbados notórios; apenas permitiam que duas crianças na família permanecessem vivas, o resto sendo mortos antes do nascimento. Eles nunca mostravam nenhum sinal de gargalhados ou sorrisos, ou qualquer emoção próxima da alegria, sempre mantendo a mais rígida seriedade em seu semblante. Antigamente eles eram uma tribo muito poderosa, mas agora estão quase extintos, e sua língua logo será perdida. No exército eles eram conhecidos por sua honestidade e confiança.

8 polegadas foram colocados no centro, entre o Passo Gomez e o Passo Fernandez. Neste pequeno trecho de trincheira, que era o caminho principal, 37 peças de artilharia estavam reunidas, de todos os tipos e tamanhos imagináveis. Toda espécie de velhos canhões enferrujados, 18 libras e 24 libras – tudo que com boa vontade pudesse ser chamado de canhão – foram postos em serviço pelos paraguaios. Artilharia também foi montada na trincheira do Potreiro Sauce, e no meio de junho, López começou a bombardear o acampamento aliado, sendo a vanguarda de Flores a única ao alcance.

Esta estava quase na reta da bateria do Sauce que, no entanto, continha apenas canhões pequenos. Os bombardeios continuaram quase que diariamente, sem causar nenhum dano considerável, apesar dos paraguaios terem uma boa pontaria, especialmente dois oficiais da marinha chamados Fariña e Mazó, cujos projéteis de 8 polegadas atingiam qualquer ponto que eles quisessem. López costumava ir próximo ao cemitério do Passo Pucu e sentar-se com seu telescópio e observar o bombardeio. No primeiro dia de bombardeio, os aliados tiveram em torno de 80 mortos e feridos, e eles sempre perdiam alguns homens. A tenda do General Flores explodiu em pedaços por duas vezes, e ele e Mitre escaparam por pouco várias vezes, pois os paraguaios costumavam atirar quando eles viam um grupo de oficiais ao alcance.

Os aliados tinham baterias de canhões raiados Lahitte de 24, 12 e 9 libras, com os quais eles às vezes bombardeavam furiosamente. Entretanto, esses bombardeios causavam pouco ou nenhum dano, pois eles tinham detonadores ruins em seus projéteis, que também eram mal fundidos; e consequentemente, muitos explodiam no canhão, e dos restantes, pelo menos metade explodia no meio do caminho entre as linhas.

Os paraguaios também estavam muito mais espalhados, e eram em menor número do que os aliados. Eles também tinham ordens estritas de se abrigar nos parapeitos quando o bombardeio começava, de maneira que uma fatalidade entre eles era uma ocorrência muito rara. De vez em quando, em ambos os lados, um vagão de munições explodia durante a troca.

Torres de vigia[43], de 15 a 18 metros de altura foram erigidas ao longo das linhas, de onde se observava os movimentos do inimigo. Essas eram feitas de quatro árvores finas, cravadas no chão, formando um quadrado de cerca de 2,5 metros de lado, e tendo plataformas colocadas sobre vigas em X, que eram amarradas às árvores com tiras de couro cru. A única ferramenta utilizada para fazê-las era um machado. Os aliados tiveram a iniciativa de montar essas torres de vigia, e em geral eles as construíam com vigas retangulares.

---

[43] N.E.: Também conhecidas como mangrulhos.

Figura 11 - Quartel-General de Tuiuti com a torre de vigia visível ao fundo.

Telégrafos foram distribuídos do quartel-general a todas as divisões do exército – especialmente para Curupaiti, Humaitá, para a esquerda, para a direita e para o Sauce. Posteriormente, também foram distribuídos para o Chichí, Ângulo, Espinillo, Yasy, e Benitez, quando divisões do exército ocuparam esses lugares. Esses telégrafos eram distribuídos em postes, sendo os instrumentos de escrever manufaturados por Morse. Entretanto, não havia o suficiente desses, e o próprio Sr. Treuenfeldt montou alguns. Enquanto esses estavam sendo fabricados, foi utilizado um instrumento que era simplesmente um martelinho, sendo as mensagens recebidas ouvindo-se a sucessão de batidas, representando os pontos e traços do código Morse. Os secretários nativos que trabalhavam com o telégrafo eram muito bons nisto. Os telégrafos funcionavam o dia inteiro, sendo que o comandante de uma divisão obrigado a reportar a López tudo o que acontecia, e esse recebia esses despachos o dia todo – sendo um oficial encarregado exclusivamente de entregá-los a ele.

O General Bruguez comandava o centro e a direita, de Passo Fernandez a Potreiro Sauce, e o General Barrios a esquerda, de Passo Fernandez ao Passo Vai[44]. O General Diaz não tinha comando fixo, mas era enviado quase todos os dias por López para revistar o exército inteiro para ver se não havia nada incorreto. Ele era um favorito de López, que o mantinha próximo para enviá-lo onde quer que um combate estivesse ocorrendo. O General Resquin, apesar de manter o título de Comandante da Divisão do Sul, era na prática apenas o Chefe do Estado-Maior desde que López tinha chegado ao Passo da Pátria, e ele continuou até o fim com o mesmo título e o mesmo cargo.

Uma das grandes desvantagens que os paraguaios tiveram que sustentar durante a guerra foi o estado miserável de seus cavalos. Ajudantes de ordens e comandantes de corpos eram montados em pangarés feitos de pele e osso, e que mal passavam de um pobre passo, e frequentemente

---

[44] *Vai*, ruim: o passo ruim.

paravam no caminho, não sendo capazes de se mover outro passo. A missão seria feita mais rápida a pé, mas as numerosas lagoas que tinham que ser atravessadas tornavam necessário ter algo com que cruzá-las. Aqueles cavalos mais fracos eram mantidos na reserva para o caso de uma batalha, e foram usados na de 24 de maio.

O motivo alegado pelos aliados para não se moverem e tirarem vantagem de sua vitória foi que eles não tinham cavalos e não poderiam avançar sem cavalaria, mas a verdade é que eles desconheciam o estado real das forças paraguaias.

Os aliados perderam muitos homens devido às doenças. Os argentinos foram reduzidos de 15 mil para 9 mil homens, e os brasileiros sofreram igualmente. O exército aliado inteiro foi reduzido a 30 mil homens.

Porto Alegre deixou 12 mil homens na província do Rio Grande para protegê-la contra uma nova invasão paraguaia, e marchou com 14 mil homens e 50 canhões. Ele também trouxe 14 mil cavalos bem nutridos para a cavalaria brasileira.

Os argentinos também estavam totalmente sem cavalos, pois os aliados tinham trazido tudo que eles possuíam ao Paraguai sem levar nenhuma provisão de milho ou feno. Como no canto que eles estavam encerrados não havia nenhuma pastagem, seus cavalos ficaram na mesma condição dos cavalos paraguaios. Consequentemente, o governo argentino tomou medidas efetivas para prover seu exército com bons animais. Eles decretaram que todos os cavalos na Confederação Argentina eram contrabando de guerra, e os proibiram de serem enviados da cidade para o campo. Então, eles pegaram a maior parte dos cavalos puxadores de carroças, diligências e outros transportes, pagando algo aos proprietários, e os enviaram ao exército.

Dois mil cavalarianos de Porto Alegre chegaram ao Passo da Pátria dia 12 de julho, e o resto de suas forças um pouco depois. Uma grande proporção de seu exército consistia de infantaria montada. Alguns dos regimentos estavam armados com carabinas raiadas e baionetas-espada.

Os aliados também trabalharam duro, se entrincheirando e construindo baterias ao longo de suas linhas. Seu ardor pela guerra tinha acabado. Os soldados tinham visto seus camaradas mortos aos milhares à sua volta, e eles apenas tinham avançado quando o terreno foi abandonado propositalmente; agora os paraguaios estavam oferecendo uma resistência séria, e ao invés de avançarem, se entrincheiraram.

O ânimo dos soldados aliados enfraqueceu, e desta maneira, conversas e desejos de paz surgiram no exército. A aliança com os brasileiros sempre foi incômoda para argentinos e orientais, mesmo quando López enfureceu os primeiros no começo da guerra; e agora, os brasileiros estavam sendo criticados abertamente, especialmente a frota que tinha se gabado tanto e feito tão pouco, e que agora intimidava-se diante da pequena bateria avançada de Curupaiti.

Ao final de junho, López novamente tinha elevado o número dos seus homens para 20 mil (metade desses eram garotos e velhos, e muitos soldados ainda se recuperavam de seus ferimentos), e ele estava certo que se os aliados o atacassem, ele seria capaz de derrotá-los e, possivelmente, exterminá-los. Entretanto, eles não estavam inclinados a fazê-lo, e assim, López tentou fazer com eles o atacassem. Primeiro, ele teve a ideia de fazê-los perseguir um pequeno destacamento de ataque dos seus próprios homens. Isso não deu certo, e medidas mais sérias foram adotadas, as quais tiveram o resultado desejado.

Em 10 de julho, ele enviou dois batalhões de infantaria para efetuar um ataque dissimulado num batalhão da infantaria argentina, que estava de serviço na vanguarda no lado norte do Passo Leguisamon. Esse batalhão foi rapidamente reforçado por outros três, que seguiram os paraguaios somente por uma curta distância, depois de uma escaramuça.

No dia seguinte (11/07/1866) à tarde, López enviou cinco batalhões e duas estativas de foguetes, com dois regimentos de cavalaria na reserva, para o mesmo local. Os argentinos estavam preparados desta vez, e tinham canhões prontos para jogar em cima dos paraguaios que, entretanto, sofreram pouco. Esses foram imediatamente combatidos por cinco batalhões sob o comando do General (então Coronel) Rivas; o General Paunero chegou com a reserva; depois de um grande tiroteio de ambos os lados, deixando muitos mortos e feridos, os dois destacamentos recuaram, sendo que a grama alta pegou fogo devido aos foguetes Congreve, e a ação foi suspensa ao anoitecer. Tão logo o fogo foi extinto, o próprio General Mitre avançou com dois batalhões, ocupou o campo e tomou o comando, quando os argentinos foram novamente atacados depois do Coronel Rivas ter chegado com mais cinco batalhões. Depois de mais um tiroteio, os paraguaios se retiraram às 21 horas, tendo perdido em torno de 400 entre mortos e feridos, e os argentinos em torno de 500, incluindo três oficiais de campo. Os foguetes paraguaios fizeram muito estrago.

Este combate foi chamado de Batalha de Iataití Corá. Foi outra ocasião onde López se enfraqueceu num pequeno combate sem ter ganho nenhuma vantagem. Se os aliados valessem o salário que ganhavam, eles não teriam deixado nenhum paraguaio retornar, pois esses eram poucos e a 3 km de suas posições, enquanto eles estavam perto de suas próprias fortificações. Talvez López achasse que era necessário não deixar seus homens inativos por muito tempo sem uma luta, pois eles podiam achar que ele estava com medo dos aliados. Como sempre, uma grande vitória foi proclamada por ambos os lados. O comandante paraguaio, Major Godoy, foi ferido de leve no braço. Durante todo o combate, um canhoneio pesado foi mantido tanto pelas baterias paraguaias, como pelas aliadas.

Era necessário achar outro jeito para forçar os aliados a atacarem os paraguaios, e a melhor proposta era montar um canhão de 8 polegadas dentro da selva em Punta Naró, que ficava muito perto do acampamento dos aliados, e quase na reta da divisão Flores. O canhão poderia ser montado e protegido sem o conhecimento do inimigo, e os molestaria tanto que os forçaria a atacar o canhão que seria defendido tanto pelo fogo do Passo Gomez e do Potreiro Sauce, como pelo seu próprio. Entretanto, esse plano foi rejeitado, e foi feito um reconhecimento do terreno entre o Sauce e o Potreiro Piris, visando cavar uma trincheira a noite, de Punta Naró até a selva do Potreiro Piris, e que iria comprometer o flanco esquerdo dos brasileiros e a retaguarda dos orientais.

As matas do Sauce até Piris não eram ocupadas por nenhum dos exércitos, mas os paraguaios sempre tinham uns poucos homens explorando elas. Essas matas e os espaços entre elas ainda estavam cheios de corpos da Batalha de 24 de maio. Esses corpos não estavam decompostos, mas completamente mumificados, tendo a pele secado nos ossos, e os corpos estavam amarelados e finos. O chão em toda a parte estava coberto por balas, bolas de canhão, armas, cartucheiras, etc., e em alguns lugares, as árvores estavam crivadas de balas. Nós fomos através da mata até o Potreiro Piris, no centro do qual havia uma sentinela montada, que, no entanto, não viu nada, e descemos o Yurui pela mata novamente, até um ponto de onde podíamos ver tudo, estando a apenas 500 metros das trincheiras brasileiras.

Os brasileiros notaram algo estranho nas matas próximo deles, e imediatamente reuniram seu gado pensando que era um destacamento para roubar o gado, um problema que eles sofriam muito ultimamente. Entretanto, eles não atiraram em nós, e o grupo, entre o qual estavam os generais Diaz e Aquino, retornou pelo campo aberto – as sentinelas do inimigo observando o tempo inteiro, mas sem atirar, pois nós tínhamos uma escolta de 50 homens armados. Eu relatei que era possível fazer a trincheira, e López ordenou que a cavassem imediatamente. Na mesma noite, consequentemente, todas as enxadas, pás e picaretas do exército, em torno de 700 ferramentas, foram enviadas para o Sauce, e ordenou-se que 6º e o 7º batalhão (que tinham lançado os trilhos da ferrovia e as trincheiras de Humaitá) fizessem o serviço. Impôs-se o maior silêncio aos homens, pois se as ferramentas batessem umas contra as outras, com certeza alertaria ao inimigo. Cem homens foram colocados de prontidão de combate, 20 metros da trincheira a ser cavada para cobrir o trabalho, e para melhor ver se alguém se aproximava, eles se deitaram de barriga no chão. Em alguns lugares eles estavam tão misturados com os corpos, que era impossível dizer quem era quem no escuro. Eu marquei a linha com a ajuda de uma lanterna, que foi colocada na extremidade final, escondida da vista do inimigo por um pedaço de couro, e os trabalhadores foram espalhados em uma linha reta até ela. Então, eles largaram seus mosquetes à sua frente no chão, e começaram a cavar uma trincheira de um metro de largura e um de profundidade, atirando a terra para frente de modo a conseguir uma cobertura para seus corpos o mais rápido possível.

As linhas inimigas estavam tão próximas que nós podíamos distinguir os avisos das sentinelas, e até mesmo as risadas e tosses de seu acampamento. Apesar de todas as precauções terem sido tomadas para evitar os ruídos, às vezes as enxadas e picaretas se chocavam naquela noite escura, mas para sorte de todos, o inimigo não percebeu nada até o sol raiar, quando toda a extensão da trincheira, 900 metros, estava tão avançada que já dava cobertura às tropas que estavam trabalhando, e que agora estavam atirando a terra para trás, para formar o parapeito. Quatro pequenos canhões foram colocados na nova trincheira perto de Punta Naró, de maneira que eles podiam ser retirados facilmente se necessário.

No meio da noite, todo o terreno foi iluminado subitamente, e depois de quase meio minuto ouviu-se uma tremenda explosão[45] que fez tremer o chão, anunciando a explosão de um torpedo de 680 kg de pólvora. Estes torpedos eram enviados em direção à frota quase todas as noites, mas esta foi a única ocasião em que tanta pólvora foi utilizada. Com esta luz os aliados devem ter visto a trincheira que estava sendo feita.

Logo que o inimigo percebeu o que se passava, ele abriu fogo com sua artilharia, mas não fez nenhum movimento naquele dia ou no seguinte (15/07/1866), no qual o General Osório, que estava doente, foi substituído pelo General Polidoro que recém tinha chegado do Rio de Janeiro para este propósito.

A nova trincheira dividia-se em dois segmentos como pode ser visto na planta, e Polidoro ordenou ao General Souza que se aproximasse da trincheira mais curta com sua divisão durante a noite, e a atacasse na manhã do dia 16. O General Mena Barreto se posicionou com sua divisão no Potreiro Piris, na reserva. Isto foi feito, e os paraguaios se retiraram para as matas atrás e a esquerda da pequena trincheira, a qual os brasileiros ocuparam, e das matas mantiveram um forte tiroteio de mosquetes, que era retornado pelos brasileiros com pouco efeito, pois os paraguaios estavam escondidos nas matas. Uma divisão argentina sob o comando do Coronel Conesa, chegou no meio do dia para atuar como reserva, mas mal entrou em ação. A mosquetaria efetuada de muito perto, continuou o dia inteiro, e cessou depois de dezesseis horas de luta, tendo os brasileiros perdido 2 mil homens entre mortos e feridos, entre os quais estavam sete oficiais de campo. O canhoneio durou a noite inteira e todo o dia seguinte.

Na manhã de 18, os aliados abriram um forte bombardeio, durante o qual explodiram dois vagões de pólvora paraguaios. Então, eles marcharam

---

[45] N.E.: Essa explosão foi causada pela colisão de uma mina com um escaler da frota que matou um oficial e sete praças. Esse escaler estava numa missão de caça torpedos.

para o ataque, e os paraguaios se retiraram para o Potreiro Sauce, levando seus canhões com eles. O General Bruguez abriu fogo nas suas colunas avançadas causando imensas perdas. Ao mesmo tempo, uma diversão foi feita pelos aliados na esquerda paraguaia por uns poucos cavalarianos, mas não resultou em nada.

O General Flores, sob cujo comando estava a ação agora, pois ela se dava no seu fronte, de imediato ordenou um ataque na pequena trincheira que defendia a entrada do Potreiro Sauce. Esse ataque foi feito por brasileiros e orientais, e eles chegaram a uma pequena distância da trincheira quando eles foram obrigados a recuar em razão do terrível fogo direto da artilharia. O Coronel Aquino que comandava os paraguaios, seguiu a retirada dos inimigos com sua infantaria, com os inimigos atirando e recuando o tempo todo. Aquino, quando suas tropas estavam bem próximas do inimigo que recuava, disse que ele mataria alguns dos "negros" com suas próprias mãos, e atacou-os sozinho, matando um homem, quando um homem se voltou e atirou nele na barriga, derrubando-o do cavalo. Então, os paraguaios se retiraram para o Potreiro Sauce, e Aquino, mortalmente ferido, foi enviado ao quartel-general onde ele foi promovido a general, mas morreu dois dias depois.

O General Flores imediatamente ordenou outro ataque à trincheira, e desta vez uma divisão argentina juntou-se a oriental, todas sob o comando do Coronel Palleja. Metade da artilharia paraguaia foi desmontada pelo fogo rápido, e apesar do restante ter causado grande estrago no inimigo, assim como a mosquetaria enquanto eles vinham através do caminho estreito numa formação fechada, eles continuaram corajosamente em frente, e preenchendo a trincheira com seus cadáveres, eles a tomaram e à artilharia – matando quase todos os paraguaios que a defendiam, plantando o estandarte argentino no parapeito. Justo neste momento, chegaram reforços paraguaios pelas matas, e duzentos cavalarianos desmontados, com nada exceto suas espadas, e atacaram o inimigo a pé, e tomaram a posição novamente, recapturando os canhões. Com a infantaria chegando, os inimigos recuaram, tendo antes danificado os canhões paraguaios. A ação terminou aqui, os aliados satisfeitos com os números que eles perderam, que (do 16° e do 18° inclusive) foram cerca de 5 mil. Os coronéis Palleja, Aguero e Martinez foram mortos, sendo um de cada exército aliado. Além desses, muitos oficiais foram mortos e feridos. Entre os feridos estava o general brasileiro Vitorino.

Os paraguaios perderam 2.500 entre mortos e feridos, sendo Aquino o único oficial mais graduado morto. O Tenente-Coronel Ximenez, um dos mais bravos oficiais paraguaios, foi ferido por uma bala no pé, mas continuou combatendo até a batalha terminar. O Coronel Roa, comandante da artilharia, ficou isolado e completamente cercado pelo inimigo. Sua espada quebrou-se, mas ele não quis se render. Dois oficiais inimigos o atacaram, mas quando eles chegaram perto dele, ele atirou um punhado de terra nos seus olhos e os cegou. Ele escapou pelo meio deles de volta a seus camaradas, sem um arranhão.

CAPÍTULO XIII

A FROTA BRASILEIRA – CAPTURA DE CURUZÚ – ENTREVISTA ENTRE LÓPEZ E MITRE – DERROTA DOS ALIADOS EM CURUPAITI – PARALISAÇÃO DE TODAS OPERAÇÕES.

A frota permaneceu inativa para o desgosto do exército aliado, que dizia que já tinha feito o suficiente e agora iria esperar pela frota tomar Curupaiti, antes de avançar. Por outro lado, a frota dizia que estava esperando o exército avançar e atacar Curupaiti por terra, pois ela não podia fazer nada, e que não era culpa da frota que o exército tinha ficado um mês no Passo da Pátria sem se mexer, tendo perdido todos seus cavalos e bois. A frota também reclamava muito de ficar exposta todo ia aos torpedos que os paraguaios enviavam rio abaixo, e que os incomodava muito. Um desses (eles geralmente eram carregados com 450 kg de pólvora) explodiu cerca de 300 metros da proa de uma das canhoneiras. O de 680 kg tinha sacudido a cidade de Corrientes, a 65 km de distância, alarmando muito seus habitantes. Um desse torpedos explodiu um escaler brasileiro com toda sua tripulação. Esses escaleres ficavam remando a frente dos navios toda a noite. Quando os torpedos eram vistos descendo o rio, havia uma gritaria geral de "Paragua – Paragua!" e uma grande agitação na frota.

Dois torpedos explodiram seus preparadores – o Sr. Krüger, um americano, e o Sr. Ramos, um paraguaio, que eram aprendizes de engenheiro do Sr. Blyth. As tripulações de ambos também explodiram.

O almirante brasileiro, Tamandaré, fez um tratado com os índios Guaycurús no Chaco, e armou 200 deles. Esta era uma tribo guerreira que sempre esteve em guerra com o Paraguai. Entretanto, eles não ajudaram muito os aliados, pois foram embora com suas armas e roupas, e toda vez que se encontravam com um grupo pequeno de brasileiros, eles os matavam e tomavam suas roupas para os paraguaios recompensa-los.

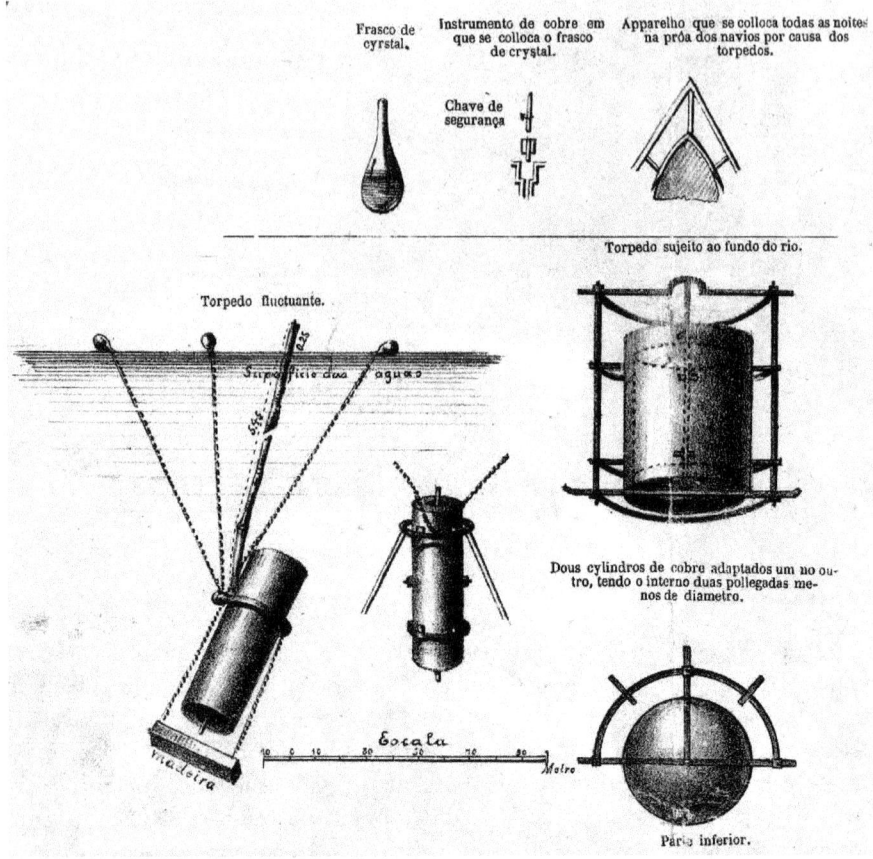

Figura 12 - Torpedos Paraguaios

Em um conselho de guerra realizado no dia 30 de junho, decidiu-se que Tamandaré deveria bombardear e capturar imediatamente a bateria de Curupaiti. Essa bateria agora somava 25 canhões – três deles de 8 polegadas, e seis deles de 32 e 24 libras. De acordo com o combinado, dia 16 de julho, a frota navegou até ficar a vista de Curupaiti, sem que nenhum tiro fosse disparado de nenhum dos lados, e navegou de volta novamente, sendo a manobra considerada uma grande vitória. O General Cáceres deixou o exército e o General Netto morreu.

Era evidente que o flanco direito paraguaio em Curupaiti era um ponto fraco. López sabia disso e começou a reforçá-lo. O General Mitre também sabia, e ficou determinado a atacá-lo. Se ele tivesse sido rápido, ele não teria encontrado nenhum obstáculo ao seu progresso, mas ele deu tempo a López.

López trouxe de Corumbá o 10° Batalhão que estava guarnecendo aquela posição. Ele tinha 700 homens, e consistia de excelentes soldados.

Ao mesmo tempo, ele trouxe *todos* os habitantes de Corumbá, exceto uma pequena guarnição, para Assunção. Eles basicamente eram comerciantes e lojistas. Eles tiveram apenas uma hora para subir a bordo do navio, e permitiu-se que apenas levassem uma caixa consigo. Ordenou-se a todos que deixassem as portas abertas em Corumbá. Em Assunção, a maioria deles estava numa condição miserável, e provavelmente estão todos mortos agora.

Quando os aliados chegaram em frente a Passo da Pátria no começo do ano, López enviou *todos* os nativos que residiam perto do Paraná para Missiones, e qualquer lugar ao norte do Arroio Hondo. Essas pobres pessoas tiveram que deixar tudo que não podiam carregar, e muitos morreram de fome, pois eles não tinham como subsistir, além das pequenas plantações de laranja, feijão, milho e fumo que eles cultivavam em suas próprias casas, que eles foram obrigados a deixar para trás.

Depois da Batalha do Sauce, os aliados construíram quatro novas baterias – a saber, em Piris, Punta Carapá, e dois novos redutos avançados. Eles também removeram todas árvores e palmeiras do terreno de seu acampamento, deixando a vista desobstruída da sua direita até o Potreiro Piris. Os paraguaios também cavaram uma nova trincheira, continuando aquela do Passo Gomez através da mata em direção à direita, e a volta por dentro do Potreiro Sauce, e dali indo até o Chichí. A parte do Potreiro Sauce foi depois aprofundada, e realizado um canal para desviar o curso do Bellaco.

Para prevenir que espiões entrassem, ou que soldados desertassem, as linhas paraguaias tinham um cordão de sentinelas a cada dez passos. Cada uma dessas sentinelas pedia para parar, com um sussurro, todos que passavam, mesmo na sua retaguarda, e a sentinela de cada canhão fazia o mesmo batendo com a bainha de seu sabre, e todos tinham que parar até que o cabo da guarda os tivesse revistado. Vários paraguaios de boa família tinham desertado para o inimigo, e López estava determinado a pôr um fim a isto.

A Bolívia e o Peru protestaram contra o tratado secreto da Tríplice Aliança, e o Chile parecia inclinado a fazer o mesmo. Esperava-se no Paraguai que as repúblicas do Pacífico dariam suporte tanto material como moral à sua causa. Ao mesmo tempo, o tratado secreto foi publicado no Semanario, um jornal semanal paraguaio, e teve o efeito de convencer muitas pessoas de que López estava certo em fazer guerra contra os aliados, e que o Paraguai era forçado a lutar por sua própria existência.

Olhando no mapa, pode-se ver que se os aliados pudessem tomar Curupaiti, eles estariam na retaguarda do restante do exército paraguaio. O *carrizal* se estende do Paraná até Curupaiti, e esse local tem 2,5 mil metros de largura. Estando Curupaiti defendida no lado do rio por uma bateria, os aliados teriam de desembarcar antes, se eles não quisessem expor seus homens nos vapores em massas compactas e indefesas contra o fogo enquanto estivessem passando pela bateria. Vislumbrando isso, López mandou construir uma trincheira em Curuzú[46], 3 mil metros abaixo de Curupaiti, com um lago à sua esquerda e o Rio Paraguai à sua direita, onde ele colocou um canhão de 8 polegadas e 2 de 32 libras no lado do rio como uma bateria avançada. A bateria e a trincheira de Curuzú estavam guarnecidas com 2,5 mil, e estava armada com 13 canhões ao todo. O General Diaz a comandava, e os capitães navais, Gill e Ortiz, e o Major Sayas comandavam a artilharia.

À frente, na direção sul da trincheira de Curuzú, o único caminho possível é através de uma floresta de juncos, pela qual os paraguaios anteriormente tinham aberto uma trilha. Esta se abria num pedaço de chão firme mais ou menos quadrado próximo à trincheira, com um lado de aproximadamente 400 metros. A trilha ficava na reta da trincheira, que por terra não podia ser atacada pelo flanco, mas estava exposta ao fogo direto da frota que, no entanto, não a conseguia enxergá-la, pois ela estava completamente escondida pela mata.

O terreno entre Curuzú e Curupaiti tinha várias lagoas que se originavam da continuação do lago que ficava ao lado da trincheira de Curuzú, e quase chegavam o Rio Paraguai. Entre essas lagoas, havia pequenas colinas que eram cobertas com uma gramínea longa e cortante chamada de "cortaderas", e com árvores espinhosas chamadas de "aromitas", cujas flores tinham um perfume delicioso. As lagoas tinham cerca de 1,20 metro de profundidade, e tinham uma lama pesada, de maneira que, somando tudo, o terreno entre Curuzú e Curupaiti podia ser chamado de impenetrável, exceto pela trilha ao longo do rio, que na sua parte mais estreita permitia quatro pessoas lado a lado, e que próximo a Curupaiti admitia formações maiores. A própria Curupaiti ficava num terreno perfeitamente plano, estando no mesmo nível que Humaitá e Tuiu-Cuê, e estava a cerca de 30 metros acima do nível geral dos *carrizais*, e cerca de 9 metros acima do rio.

Em 1º de setembro de 1866, a frota aliada começou a bombardear Curuzú, mas sem efeito. A bateria respondeu e vários brasileiros foram mortos na frota. No dia 2 o bombardeio continuou, e o 2º corpo do exército brasileiro, sob o comando do Barão Porto Alegre, com 14 mil homens tendo embarcado em Itapiru, desembarcou perto de Palmas sem oposição, sob a proteção de 7 canhoneiras, e marchando na margem do rio, acampou em frente a Curuzú. O bombardeio foi furioso aquele dia: alguns dos vasos chegaram em frente da bateria de Curuzú; um deles, o encouraçado Rio de Janeiro com 6 canhões, depois de ter suas placas de 10 cm perfuradas 2 vezes por tiros de 68 libras, teve um buraco aberto por

---

[46] *Curuzú*, uma cruz.

uma explosão de torpedo no seu casco, e afundou quase imediatamente – a maior parte da sua tripulação, junto com seu capitão[47], afogou-se. Esse foi o único encouraçado que foi afundado durante a guerra. O Ivaí teve uma de suas caldeiras perfuradas, e todos os vasos que estiveram em ação foram bem atingidos pelo canhão de 8 polegadas e os 2 de 32 libras que formavam a bateria. Um suporte do canhão de 8 polegadas foi atingido, e ele foi desmontado. Um batedor paraguaio que estava numa árvore foi despedaçado por uma bala de canhão, mas esta foi quase a única vítima daquele dia.

Dia 3 o bombardeio recomeçou, e Porto Alegre atacou a trincheira de Curuzú, marchando com valentia através do fogo direto da trincheira, e deu a volta no flanco esquerdo, onde ela terminava no lago, atravessando-o através de 1,20 metro de água – tomando a guarnição pelo flanco e a retaguarda, e fazendo-os recuar rapidamente. No seu avanço para a trincheira, os brasileiros perderam quase 2 mil homens entre mortos e feridos. Quando eles deram a volta na posição, eles mais alguns poucos, e então começaram as perdas dos paraguaios, que deixaram 700 mortos no campo, e tiveram uns 1,8 mil feridos que escaparam todos. O 10º Batalhão, que nunca tinha entrado em ação até este dia, estava no flanco esquerdo da trincheira, e quando os brasileiros deram a volta neles, eles todos fugiram, exceto o comandante que foi morto. O resto lutou bravamente por um curto tempo corpo a corpo, mas logo foram sobrepujados e tiveram que recuar, deixando a artilharia nas mãos do inimigo. No momento em que os brasileiros entraram na posição, um barril de pólvora explodiu, matando 12 deles. Um soldado paraguaio e um brasileiro correram tão impetuosamente um em direção ao outro que ambos foram transfixados pela baioneta do outro. Capitão Montiel, comandante do regimento paraguaio de cavalaria desmontada, foi dado como morto no campo de batalha com vários ferimentos, e tendo recuperado seus sentidos, achou-se atrás das linhas do inimigo que estava marchando para Curupaiti. Entretanto, ele foi se arrastando e conseguiu voltar para seus camaradas.

Porto Alegre perseguiu os paraguaios somente por algumas centenas de metros, e então retornou e acampou seu exército no terreno quadrado que já foi mencionado, ao sul da trincheira de Curuzú. Ele foi feito visconde por esta vitória.

Se ele tivesse seguido os paraguaios, ele poderia ter penetrado Curupaiti quase sem perder outro homem: ele teria capturado a bateria, e ainda teria 12 mil homens com os quais poderia atacar López pela retaguarda, enquanto Mitre e Flores o atacavam pela frente. Quase que inevitavelmente os aliados teria tomado todas as posições paraguaias naquele dia e destruído seus exércitos.

---

[47] N.E.: Comandante Silvado.

Dizem que Porto Alegre pediu reforços a Mitre para atacar os paraguaios, mas que nenhuma resposta foi dada a seus pedidos.

Alguns dos tiros mal disparados pela frota naquele dia passaram perto da casa de López em Passo Pucu, e mataram um homem, uma mulher e uma criança. López imediatamente saiu e recuou 2 mil metros. Ninguém sabia onde achá-lo. No dia seguinte, ele ordenou que trabalhos começassem de imediato para cobrir sua casa em Passo Pucu do lado de Curupaiti. Foi feita uma proteção de terra de 4,5 m de altura, 11 m de largura na base, 3,5 m de largura no topo e 27,5 m de comprimento. Foi terminada em poucos dias.

Os paraguaios recuaram até a metade do caminho entre Curuzú e Curupaiti, e se abrigaram atrás de um parapeito que tinha sido feito, mas que era uma posição muito ruim, estando exposta ao fogo da frota e facilmente contornável. Entretanto, era uma linha curta para defender.

Quando López recebeu a notícia da captura de Curuzú, ele repreendeu o General Diaz, que disse que não conseguiu impedir a fuga dos homens. López então, ordenou que o 10º Batalhão fosse dizimado, e que o restante fosse distribuído entre as outras unidades, e aprisionou o Major Sayas. O 10º Batalhão foi colocado numa linha, numerado todos os homens, começando em 1 e contando até 10, e então novamente começando em 1, e assim por diante. O General Diaz que tinha os pelotões de fuzilamento prontos com ele, fuzilou todos os décimos homens em frente da divisão inteira que tinha sido fortemente reforçada. Os oficiais do batalhão fizeram sorteios, e aqueles que tiraram os pedaços de grama mais longos foram escoltados e imediatamente fuzilados. O resto foi rebaixado a soldado raso, e o batalhão inteiro distribuído entre as outras unidades da divisão[48].

Os paraguaios em sua nova posição estavam invisíveis para a frota por causa das matas entre eles. Entretanto, a frota sabia mais ou menos onde eles estavam, e continuamente atirava metralha sobre eles que causava pouco dano, pois eles estavam atrás do parapeito. Curupaiti também era constantemente bombardeada.

Alguns canais foram cavados entre as lagoas, mas não eram fundos o suficiente para prevenir as tropas de os atravessarem. Depois de alguns dias, López teve notícias que duas divisões argentinas estavam se preparando para embarcar em Itapiru para se juntar a Porto Alegre, e foi somente então que ele ficou preocupado com Curupaiti. Ele adotou uma sugestão que eu tinha dado alguns dias atrás, mas que ele tinha prestado pouca atenção na hora – i.e.: fazer uma trincheira ao longo da barranca íngreme que vai da bateria de Curupaiti até a volta do *carrizal*, e que é o início da planície de Curupaiti. Ele viu a necessidade de fazer isso rapidamente. Ele disse, "as

---

[48] Eu somente ouvi falar disto dois anos depois que aconteceu, tal era o segredo que se fazia sobre tudo.

coisas não parecem tão diabólicas assim". Ele reforçou o General Diaz, fazendo sua divisão chegar aos 5 mil homens e enviou mais artilharia de campo. Foi no dia 8 de setembro a noite que ele resolveu ocupar a posição de Curupaiti, cavando a trincheira de 2 mil metros, que se fosse terminada antes que os aliados atacassem, seria de grande utilidade para ele.

Era uma noite muito escura, e as tropas e a artilharia tinham de ser movidas para a nova posição que era coberta por uma mata fechada, através da qual era necessário abrir uma trilha antes que os homens pudessem tomar a nova posição ou que a trincheira fosse marcada para ser cavada. A confusão desse movimento foi terrível – oficiais procuravam por seus homens, e os homens procuravam por seus oficiais. A vanguarda foi deixada na trincheira no meio do caminho entre Curuzú e Curupaiti. Se os brasileiros tivessem avançado, eles não teriam nenhum problema. A trincheira tinha que começar pela mata, tão rápida quanto ela pudesse ser feita, e sem muito cuidado a não ser a direção que ela deveria seguir. O barro era extremamente duro, e as picaretas mal conseguiam abrir buracos. Ao mesmo tempo, novas plataformas foram feitas para os canhões, na trincheira e no rio – a madeira sendo cortada na hora da mata, pois não havia nenhuma em estoque. O esforço foi muito grande para avançar com os trabalhos.

López estava convencido de que os aliados estavam para lhe dar o *coup de grâce*, e ele pensou em chegar a um acordo com eles, ou de qualquer maneira, ganhar um pouco de tempo para fortificar Curupaiti. Portanto, em 10 de setembro ele enviou uma carta ao Presidente Mitre simplesmente dizendo que ele tinha a honra de convidá-lo para uma reunião pessoal na hora e local que Mitre escolhesse. A carta foi despachada à tarde pelo Coronel Martinez com uma bandeira de paz e um corneteiro. Não obstante a bandeira branca e os toques do corneteiro, a guarda avançada ficou atirando nele, e o Coronel Martinez teve que recuar. Ele apareceu novamente no dia seguinte, quando foi bem recebido, e lhe foi dito que o oficial que tinha atirado nele no dia anterior foi severamente punido. Sua carta foi levada a Mitre que seguiu com ela para a tenda de Polidoro, onde ele também se encontrou com Flores. Depois de meia hora de reunião, ele escreveu uma resposta dizendo que ele tinha a honra de aceitar o convite de López, marcando a reunião para o próximo dia às 9 da manhã, entre as guardas avançadas em Iataití Corá. Então, ele pediu que Martinez fosse até o quartel-general brasileiro onde entregou a carta para López, que na mesma tarde respondeu dizendo que estaria no local indicado pontualmente.

Na manhã seguinte (12 de setembro de 1866), López colocou um novo quepe, e um novo uniforme estilo jaquetão, sem dragonas. Ele também vestia botas de granadeiro e esporas, como sempre, imitando Napoleão, e colocou luvas. Sobre tudo, ele colocou seu poncho favorito, que era vermelho revestido com lã de vicunha, e tinha uma franja dourada por toda a borda, com a gola magnificamente decorada de dourado. Todos seus ajudantes estavam com o uniforme de serviço. General Barrios e seus irmãos, Venâncio e Benigno López, também foram com ele. Eles foram numa pequena carruagem americana de quatro rodas até a trincheira, onde ele montou seu cavalo branco. Deixando seu quartel-general com seu grupo, ele fez um caminho longo, fingindo ir primeiro para Passo Gomez, para que seus inimigos acreditassem que esse era o único caminho que havia.

Chegando ao passo que vai das linhas paraguaias para Iataití Corá, ficou evidente que López temia que Mitre tentasse capturá-lo, pois ele escondeu o Batalhão de Rifles no passo, que fica próximo ao local do encontro, além dos guardas que geralmente ficavam ali. Ele levou consigo uma escolta ostensiva, 24 homens de sua cavalaria de guarda, e cerca de 50 oficiais do seu Estado-Maior. Esses não tinham nenhuma ordem específica, mas cavalgavam junto como um rebanho de ovelhas. Quando López cruzou o passo, ele se sentiu mal, e bebeu um cálice de conhaque com água. Então, ele prosseguiu e em poucos minutos Mitre vinha ao seu encontro com um pequeno grupo de ajudantes de campo e uma escolta de 20 lanceiros. Mitre estava vestido com um jaquetão e um cinturão branco, com um chapéu largo, o que lhe dava uma aparência quixotesca. As escoltas pararam e os dois presidentes foram adiante sozinhos, e depois de se saudarem, desmontaram de seus cavalos, que foram levados por suas ordenanças, e a conferência começou, seus ajudantes de campo estando a uma curta distância. Depois de alguns minutos, Mitre pediu que Flores e Polidoro saudassem López e participassem da reunião. Polidoro mandou dizer que desde que o General em Comando estava lá, sua presença não era necessária. Flores aceitou e foi apresentado a López, que o acusou de ser a causa da guerra por procurar o apoio brasileiro à intervenção em Montevidéu, e Flores respondeu que ele era tão preocupado quanto qualquer outro em preservar a independência da Banda Oriental.

López apresentou o General Barrios e seus dois irmãos, e Mitre apresentou o General Hornos e alguns outros. Pouco depois Flores saiu e os dois presidentes ficaram a sós. Eles conversaram durante cinco horas. López pediu para trazerem umas mesas e cadeiras, e eles alternadamente sentaram e andaram. Materiais de escrita foram trazidos, e um memorando da reunião foi escrito, dizendo que S. Ex.ª, o Marechal López tinha convidado o Presidente Mitre para refletir se o sangue já derramado na guerra não tinha sido suficiente para eliminar suas mútuas desavenças; que S. Ex.ª, o Presidente Mitre tinha se limitado a dizer que ele iria levar o assunto aos governos aliados, pois sozinho não podia decidir sobre o assunto.

Durante a reunião, quando López estava apelando para seus sentimentos pacíficos, Mitre disse a ele que ele não podia fazer nada que fosse contrário ao que estava no tratado secreto, e perguntou a López se mesmo neste caso ele ainda podia desistir do conflito. López respondeu que ele nunca poderia aceitar as condições do tratado, que o tratado não poderia formar as bases de um acordo de paz, e que se aquelas fossem as únicas condições, que ele resistiria até o fim. Eles beberam um pouco de conhaque com água juntos, que López tinha mandado trazer, e trocaram seus rebenques como lembrança do dia. Mitre disse a López que as operações de guerra prosseguiriam com toda força. Então, eles partiram.

López pareceu muito deprimido depois da reunião. Ele parou e jantou em uma casa no caminho de volta para o quartel-general, onde se encontrou e foi consolado pelo Bispo e a Sra. Lynch.

Mitre se comportou de uma maneira muito cavalheiresca durante todo o encontro. Apesar dele ter dito a López que as operações de guerra não seriam suspensas, os inúteis bombardeios diários pararam por um dia ou dois, como se fosse uma cortesia pela reunião que tinha acontecido. Dois dos ajudantes de ordens de Mitre obtiveram permissão para ir conversar com os oficiais paraguaios das guardas avançadas durante esta espécie de armistício informal. Eles foram capturados por López e mantidos prisioneiros, morrendo posteriormente de maus tratos e fome. Também foi permitido aos soldados aliados ir conversar com os paraguaios das guardas avançadas. Esses foram mandados embora.

López lucrou da cortesia do General Mitre para cometer um terrível ultraje a todos ideais de boa-fé. Alguns emigrantes paraguaios estavam no exército aliado, servindo contra López na Legião Paraguaia. Um desses, Don Luciano Recalde, tinha deixado o Paraguai na época de López I, pois a família Recalde sofria perseguições. Outro, chamado Ruiz, no dia da reunião com mais um ou dois, foi até as guardas avançadas paraguaias para falar com eles e concordaram em retornar no dia seguinte, levando Luciano Recalde e alguns outros com ele para tomar mate. Isso foi reportado para López que enviou o Coronel (então Tenente) Montiel para armar uma emboscada para ele e capturá-los. Assim sendo, no dia seguinte, Montiel e mais dois ou três se esconderam na vegetação, e enquanto o mate era servido, caíram em cima dos visitantes, aprisionando Ruiz e outro chamado Soriano depois de feri-los gravemente. Recalde escapou. López ficou muito contente com a captura, e mandou chicotear Ruiz e seu companheiro até a morte. Esses paraguaios estavam com o General Flores, que quando ouviu o que se passou, imediatamente começou um forte bombardeamento sobre Passo Gomez.

Daquele dia em diante, qualquer paraguaio que foi aprisionado em Uruguaiana e que retornou para o exército de López, era chicoteado até a morte, dizendo-lhes que eles deviam ter vindo antes.

Na noite de 12 de setembro, no dia do encontro entre López e Mitre, o

1º e o 2º corpo do exército argentino embarcou em Itapiru, e enviado para Curuzú, estando tudo preparado para o grande ataque a Curupaiti.

Os paraguaios trabalharam duro nas fortificações de Curupaiti. Oito canhões de 8 polegadas foram montados, 2 exclusivamente do lado terrestre, e 4 exclusivos no rio, os outros 2 no flanco direito, cuidando tanto de terra quanto do rio. Vários canhões de 32 libras foram montados tanto na trincheira quanto nas baterias do rio, e 5 de 12 libras e 4 de 9 libras (os canhões do Flores, que eram toda a artilharia raiada que os paraguaios possuíam) foram colocados em posições nas trincheiras. Havia ao todo, 49 canhões e 2 estativas de foguetes, sendo 13 canhões pertencentes às baterias do rio, e o restante à trincheira. A bateria do rio era comandada pelo Capitão Ortiz e o Major Sayas que tinha sido tirado da prisão para tomar parte na ação. Na trincheira, a artilharia da direita era comandada pelo Capitão Gill, a do centro pelo Capitão Saguier, e a da esquerda pelo Coronel (então Major) Hermosa. O General Diaz era o Comandante-Geral. A infantaria estava sob o Coronel Gonzales, e contava com 5 mil homens.

Na noite de 21 de setembro, López me mandou examinar e relatar o estado de Curupaiti. Tudo estava pronto. A trincheira estava terminada com uma profundidade de 1,80 metro e uma largura de 3 metros, e todos os canhões estavam montados. Um pequeno abatis foi completado ao longo de toda a frente da trincheira, e eu reportei a López que a posição era muito forte, e podia ser defendida com muita vantagem.

A direita da trincheira terminava no rio, e a esquerda na Laguna López, sendo tomado todo cuidado para tornar impossível ao inimigo dar a volta pela água para flanquear a posição como eles tinham feito em Curuzú.

Naquela hora, López estava na cama se sentindo mal, mas as notícias o reviveram, e o General Diaz chegou logo em seguida muito animado, de maneira que López se animou também, e ficou querendo que o ataque começasse logo.

A grande batalha aconteceu dia 22 de setembro de 1866. Ela começou com um bombardeio pesado da frota (que agora tinha oito encouraçados), sendo que dois encouraçados, o Brasil e o Barroso, navegaram rio acima e ancoraram na retaguarda da bateria – que causou muito pouco dano devido à altura do penhasco. As baterias mantiveram um fogo contínuo sobre eles, deixando-os cheio de marcas. Uma bala de 150 libras atingiu um dos canhões paraguaios de 8 polegadas cortando o cano pela metade e desmontando o canhão. O mesmo tiro matou o Major Sayas. Depois esse canhão foi utilizado durante toda da guerra, sendo em geral colocado nas trincheiras, onde ele era mais usado para atirar metralha.

Ao meio-dia, o exército aliado avançou em quatro colunas de ataque – uma indo em direção à esquerda paraguaia, duas no centro e uma à direita, ao longo da margem do rio. Essa última coluna tendo uma boa trilha por todo o caminho chegou até a trincheira, tendo uns dois ou três homens caído nela. Alguns homens das colunas do centro também alcançaram a trincheira, mas nenhum daqueles que atacaram pela esquerda chegaram perto dela.

Tão logo os aliados deixaram seu acampamento em Curuzú, os paraguaios abriram fogo sobre eles com sua artilharia. Quando eles chegaram mais perto, apesar da maneira corajosa que avançaram, os aliados foram postos em desordem pelo terrível fogo de artilharia vindo das trincheiras paraguaias, que os atingiam por todos os lados – os enormes tiros de metralha dos canhões de 8 polegadas faziam um estrago terrível a uma distância de 200 a 300 metros. Alguns dos oficiais argentinos a cavalo chegaram bem próximos da beira da trincheira, de onde eles ficavam animando seus soldados, mas quase todos eles foram mortos. A coluna que atacou pela direita tinha o melhor caminho, mas estava sujeita todo o tempo a um fogo direto, e bem próximo da trincheira tinha o fogo de metralha concentrado de diversos canhões sobre ela. As colunas do centro e da esquerda demoraram-se muito tempo no caminho por causa dos pântanos impenetráveis que eles tinham que cruzar.

Os aliados colocaram uma bateria de campo numa pequena colina oposta à esquerda paraguaia que, entretanto, não causou muito dano e foi logo desmontada. Eles também enviaram dois batalhões para o Chaco, do lado oposto à bateria, para atirar sobre as trincheiras. Os aliados mantiveram um bom fogo de mosquetaria com seus rifles, tão logo eles chegaram ao alcance, mas esse apenas feriu ou matou uns poucos artilheiros, pois a infantaria paraguaia ficou sentada atrás do parapeito até que os aliados chegaram ao alcance de seus velhos mosquetes de pederneira, quando eles se levantaram e abriram fogo.

Os soldados aliados carregavam feixes, gravetos e juncos para encher a trincheira, e escadas de 4,5 metros de altura. Eles também carregavam suas panelas, etc., pretendendo jantar em Humaitá.

Quando Mitre, que estava em pé na antiga trincheira paraguaia de Curuzú, viu que o ataque não tinha possibilidade de conquistar a posição, ele ordenou uma retirada, sendo que um enorme número de soldados ficaram no campo. As perdas dos aliados ficaram em torno de 9 mil mortos e feridos. Os relatórios oficiais reportam as perdas de apenas 2 mil argentinos e 2 mil brasileiros. Mais de 5 mil ficaram nas mãos dos paraguaios no campo, e apenas nos hospitais de Corrientes, havia 104 oficiais e mil homens, todos argentinos vindos de Curupaiti. O relatório argentino contabiliza a perda de 153 oficiais (incluindo 16 oficiais de campo), e 1.843 praças, entre mortos e feridos, e o brasileiro contabiliza 200 oficiais e 1,7 mil praças[49].

---

[49] N.E.: Jourdan contabiliza 2.014 baixas entre os brasileiros (415 mortos), 2.089 baixas entre os argentinos, e a esquadra 35 praças.

O relatório de Tamandaré sobre as perdas da frota naquele dia, reporta 2 oficiais e 19 homens entre mortos e feridos, mas somente um encouraçado teve 27 fora de combate. Tamandaré também reporta que várias das placas de proteção dos encouraçados foram quebradas, e que muito dos arrebites foram arrebentados, e que as madeiras atrás das placas também sofreram muito. Dois dos canhões de 68 libras do Barroso foram desmontados, e muitas balas entraram pelas portinholas dos vasos engajados na luta.

O bravo coronel argentino Rivas, foi ferido, e foi promovido a general no campo de batalha. O Coronel Charlone foi ferido próximo à trincheira paraguaia, e quando quatro de seus soldados o estavam levando receberam um tiro de metralha que matou todos os cinco.

As perdas dos paraguaios foram incrivelmente pequenas – ao todo, apenas 54 foram mortos ou feridos, a maior parte deles sendo atingido pelas balas dos rifles dos homens no Chaco. O Tenente Lescano, um ajudante de ordens favorito de López, foi morto por uma delas, sendo atingido no pescoço. O Tenente Urdapilleta foi ferido por elas no braço.

Depois que o inimigo recuou, López ordenou que o 12º Batalhão saísse das trincheiras para pegar as armas e os espólios e, além disso, eles também massacraram os feridos. Perguntavam aos feridos se eles podiam caminhar, e se respondessem que não eram imediatamente mortos. Poucos podiam caminhar, pois aqueles que eram capazes de fazê-lo já tinham recuado por conta própria para suas linhas. Perguntou-se ao Tenente Quinteros, que estava com seu joelho quebrado; quando ele disse que não podia andar, e o soldado começou a carregar seu mosquete, Quinteros conseguiu se arrastar e se salvou.

Apenas cerca de meia dúzia foi aprisionado, sendo o restante mortos. Dois paraguaios de Uruguaiana foram capturados, e sob sua responsabilidade, o General Diaz os enforcou nas árvores. Um deles demorou a morrer, e implorou que Dias o matasse, pois ele estava sofrendo muito. Diaz disse que era isso que ele desejava para ele.

O 12º Batalhão retornou todo vestido com uniformes argentinos que tinham sido tomados dos mortos, e eles pegaram muitos relógios, moedas, etc., pois as tropas tinham sido pagas recentemente. Vários batalhões foram vestidos com os uniformes dos mortos, e um pouco mais de 3 mil rifles Liége foram capturados, alguns em boas condições, mas um grande número estando danificado pelos tiros. Muitas moedas foram trazidas e trocadas pela Sra. Lynch por papel-moeda. Muitos tambores e cornetas foram tomadas, mas nenhum estandarte.

Durante o bombardeio, a frota brasileira disparou em torno de 5 mil bombas. Eles dispararam umas balas Whitworth de 1 libra e projéteis explosivos muito bonitos. Eles eram tão lindos que seria quase que um consolo ser morto por um deles. Os paraguaios dispararam em torno de 7 mil tiros de artilharia ao todo.

O General Diaz ficou a cavalo durante todo o confronto, e estava muito animado, ordenando que músicas e fanfarras fossem tocadas.

Durante esta batalha, López estava em sua casa em Passo Pucu, e uma vez se esqueceu e saiu de seu abrigo. Quando ouviu o assobio de uma bala de canhão, ele imediatamente correu para o abrigo novamente. Esse comportamento apenas fazia com que as pessoas à sua volta implorassem para que ele não se expusesse tanto.

À noite, o General Diaz chegou e teve um jantar regado a champanhe com López, que ficou muito excitado com a bebida e falou animadamente, muito alto, sendo esta a única vez que isso aconteceu.

Os mortos foram jogados nas valas, já mencionadas, que foram cavadas entre as lagoas em frente à Curupaiti, sendo cobertos apenas por água. As próprias lagoas estavam cheias de mortos. Quando as valas encheram, o restante foi jogado no rio. Todos estavam nus, pois roupas eram escassas no exército paraguaio.

Ao mesmo tempo em que Curupaiti fosse atacada, Polidoro tinha ordens de assaltar o centro em Passo Gomez. Isso ele não o fez, se contentando em formar seus homens fora da trincheira, para que os paraguaios acreditassem que ele iria avançar. Se ele tivesse atacado Passo Gomez, ele teria sofrido uma derrota ainda maior do que Mitre sofreu em Curupaiti, pois ele estaria exposto a um fogo frontal e de flanco, o caminho era pior do que o de Curupaiti, e não havia frota para assisti-lo. Os aliados o culparam, mas ele agiu certo.

O General Flore, com a cavalaria aliada, deu a volta na esquerda paraguaia, cruzando o Bellaco em Passo Canoa, e matou e capturou uns 20 homens que estavam de guarda ali, e quase alcançou Tuiu-Cuê[50], ficando por um tempo no terreno alto logo acima de Passo Canoa. López tinha vários batalhões e regimentos de reserva no Passo Pucu. Esses não se moveram até que a vitória foi assegurada em Curupaiti, quando ele enviou o 12º Batalhão para pegar as armas, e despachou dois regimentos de cavalaria para interceptar o General Flores – que soube que o ataque a Curupaiti tinha falhado e recuou a tempo. Dia 24 do mesmo mês, Flores partiu para Montevidéu.

Todos os argentinos embarcaram em Curuzú, e retornaram a Tuiuti[51], deixando apenas os brasileiros sob o comando de Porto Alegre em Curuzú. Esses, em torno de 8 mil homens sãos, trabalharam vigorosamente se entrincheirando.

Se Curupaiti tivesse sido atacada à noite, haveria uma chance de sucesso, mas não havia nenhuma durante o dia, depois de terem dado aos paraguaios

---

[50] *Tuyucué*, lama que foi: o nome de uma vila.
[51] *Tuiuti*, lama branca. O nome de um passo no acampamento aliado, que deu seu nome ao sítio inteiro do acampamento.

todo o tempo que eles precisavam para fortificá-la.

Depois desta batalha, não houve mais nenhuma grande ação durante 14 meses, quando os paraguaios queimaram e saquearam o acampamento aliado em Tuiuti. Os aliados ficaram totalmente passivos até fevereiro de 1868.

CAPÍTULO XIV

OS ALIADOS NÃO FAZEM NADA – CÓLERA – A ARTILHARIA WHITWORTH E OS VELHOS CANHÕES DE ALMA LISA – MORTE DO GENERAL DIAZ – MANUFATURAS NO PARAGUAI – ANIQUILAÇÃO DA EXPEDIÇÃO BRASILEIRA NO MATO GROSSO.

Depois da Batalha de Curupaiti, nenhuma ação foi tomada por nenhum dos lados por um longo tempo. López não tinha homens para atacar, e os aliados ruminavam sobre sua derrota.

A frota bombardeou Curupaiti diariamente por 18 meses, atirando sem parar 2 mil projéteis antes do café da manhã, e seus relatórios oficiais às vezes mostravam 4 mil por dia. Curuzú também foi armado com uma bateria de canhões Whitworth de 32 e 12 libras, e uma bateria de canhões Lahitte de 32 libras, que vomitavam seu fogo continuamente na devotada Curupaiti. Todos os disparos eram tão mal dirigidos que pouco dano foi causado. Com certeza, nem 100 homens ao todo foram mortos ou feridos pelo fogo da frota durante este tempo. Os brasileiros cortavam todos seus estopins em certo comprimento, mas, como os estopins eram muito ruins no início, os projéteis não explodiam no mesmo alcance. Cerca de um quarto dos projéteis se partiam no canhão no momento em que eram disparados, pois eram pessimamente fundidos e também porque eram submetidos a uma tensão muito severa por causa do sistema Whitworth; outro quarto não explodia, e o restante explodia aleatoriamente a diversas distâncias. Os paraguaios fizeram cabanas debaixo da cobertura dos parapeitos, de modo que muito poucos homens ficavam expostos, mas os soldados tiveram a saúde muito afetada por terem de se manter sempre atrás dos parapeitos. Um barril de pólvora foi atingido e explodiu, mas por sorte pouco dano foi causado.

Figura 13 - Canhão Whitworth de 32 libras[52].

Algumas vezes a frota ficava silenciosa por um dia – outras vezes acordava num bombardeio furioso à noite, quando era muito bonito ver a trajetória dos projéteis pelos seus estopins. Os brasileiros colocavam toda

---

[52] Note o cano raiado na forma hexagonal característica do sistema Whitworth. Os projéteis também eram sextavados. Peça exposta no Museu Militar Conde de Linhares, Rio de Janeiro.

espécie de coisas em seus canhões além das balas – tal como barras de ferro, pedaços de correntes, etc., e uma vez eles atiraram uma peça de ferro de 13 cm² com 60 cm de comprimento.

Quando os bombardeios começavam, os paraguaios, que tinham um chifre para este propósito, tocavam uma nota horrível que começava em uma ponta da linha e seguia sucessivamente até o final da mesma, fazendo uma barulheira tremenda. Esses chifres tinham um pequeno buraco na ponta onde eles eram soprados como se fosse um trompete. Eles eram chamados de "turututús", e irritavam muito Caxias.

A frota tinha uma vanguarda de encouraçados que ficavam ancorados ao alcance da bateria de Curupaiti apesar de não poder ser avistada de lá, pois eles ficavam atrás de uma ponta de mato. Entretanto, eles podiam ser vistos da extrema direita da bateria. Esta vanguarda era trocada a cada 15 dias quando a frota inteira se movia, e alguns dos encouraçados ficavam à vista da bateria, quando, é claro, eles eram saudados e sempre recebiam algum dano. Em fevereiro de 1867, os comandantes dos encouraçados Erval e Silvado foram mortos, e uma bala penetrou no costado do Cabral. Uma vez a canhoneira Belmonte quando atingida por um projétil paraguaio, e foi salva com dificuldade. O navio hospital em Curuzú foi destruído pelo fogo. O vapor Marquês de Caxias foi queimado acidentalmente em Corrientes no início de 1867.

O encouraçado Brasil depois do ataque de Curupaiti, foi enviado ao Rio de Janeiro para ser reparado, e não retornou até maio de 1867, quando a frota tinha 12 encouraçados.

Em janeiro de 1867, três encouraçados navegaram em frente das baterias as bombardearam, mas novamente se retiraram sem fazer nenhum estrago.

A frota brasileira também tinha barcos morteiros que carregavam morteiros de 13 polegadas, que enviavam seus projéteis continuamente para Curupaiti. Em dezembro de 1866, dois pequenos encouraçados e um barco morteiro foram enviados para a Lagoa Piris, onde eles conseguiram entrar alargando a boca de entrada, para bombardear o Potreiro Sauce. Isso foi feito diversas vezes, mas sem nenhum efeito. Nada era visível da Lagoa Piris, exceto as matas que cercavam a posição paraguaia.

Em janeiro de 1867, uma canhoneira subiu o Paraná até Itatí para reconhecer o terreno. Na sua chegada, uma pequena guarda paraguaia recuou para as matas quando a tripulação da canhoneira desembarcou, foi até casa da guarda e começou a colher milho que estava crescendo ali perto. Enquanto estavam fazendo isto, a guarda paraguaia os surpreendeu matando um tenente e vários marinheiros. O resto escapou.

Em maio de 1867, a frota bombardeou pesadamente dia e noite, desperdiçando vastas quantidades de munição.

Em 21 de dezembro de 1866, o Almirante Tamandaré foi substituído pelo Almirante Inácio, para grande alegria do exército e da marinha, pois todos estavam cansados da inação da frota, e estava provado que os encouraçados podiam ficar sob o fogo das baterias sem graves consequências. Entretanto, Inácio somente marcou o início do seu reino dobrando a intensidade do bombardeio.

O exército aliado depois da derrota em Curupaiti se ocupou exclusivamente em fortificar Curuzú e Tuiuti. Fortes trincheiras foram cavadas em Curuzú, bem como foi erguida uma cidadela, com muita artilharia. Porto Alegre, o comandante, vivia por conveniência em um vapor que ficava ancorado na praia. Os homens estavam num local muito confinado e sofriam muito com os bombardeios paraguaios.

Em 20 de novembro de 1866, o Marquês de Caxias, Marechal do Exército, chegou para assumir o comando de todas as forças brasileiras. Consequentemente, a frota estava sob seu comando, sendo até então uma força separada, atuando apenas pela vontade de seu almirante. Polidoro voltou ao Brasil. Porto Alegre também foi se divertir por três meses no Brasil, de dezembro a março, deixando o General Argolo no comando em Curuzú. Quando ele retornou, Argolo foi para Tuiuti e assumiu o comando lá.

Depois da Batalha de Curupaiti, o General Paunero com 4 mil argentinos foi enviado para reprimir uma insurreição nos Andes, que estava criando problemas. Com os novos contingentes que chegavam diariamente, o exército argentino em janeiro de 1867, contava com 14 mil homens. Notícias dessas revoluções insignificantes sempre convinham a López que as usava para encorajar seus homens dizendo a eles que os argentinos logo teriam que deixar a guerra por causa disso.

O primeiro ato de Caxias ao assumir o comando dos brasileiros, foi publicar uma Ordem do Dia proibindo oficiais brasileiros de vestir qualquer peça que os distinguisse das praças, exceto suas espadas. Seus quepes tiveram de ser cobertos com branco como os dos soldados. Esta medida foi tomada porque quando os paraguaios viam que um grupo de homens tinha oficiais, eles atiravam nele. Outra grande medida de Caxias foi uma promessa que ele fez em janeiro de 1867, de estar no Rio de Janeiro em maio depois de ter completado a conquista de López. Além disso, Caxias não fez nada por 15 meses.

Em setembro de 1866, as primeiras levas de um novo contingente de 20 mil brasileiros começaram a chegar, e continuaram chegando lentamente. No fim do mesmo ano, 2 mil brasileiros estavam armados com armas de agulha.

O General Osório estava em marcha do Rio Grande do Sul com um exército de 12 mil homens com o objetivo de invadir o Paraguai por Encarnacion, e seguir direto para o coração do país daquele lugar. Isso era o que Porto Alegre deveria ter feito antes, mas nem ele nem Osório levaram este plano adiante. Se ele tivesse sido seguido, a guerra poderia ter sido encerrada por ali.

Para manter alta a moral dos soldados aliados, foi contada uma história de que havia uma revolução no Paraguai; que três prisioneiros de Uruguaiana tinham feito uma jornada pela país, e onde quer que eles achassem que fosse seguro, tinham falado com as pessoas e atraído muitos para a revolta; que 300 desses já tinha pego em armas, e que estavam entrincheirados em Bobi, uma localidade depois de Encarnacion; que López tinha enviado 600 homens para persegui-los, e que Mitre tinha ordenado que o General Osório os ajudasse. General Castro, o oriental, acreditou nesta história, e a escreveu como um fato a um amigo.

O próprio Presidente Mitre deixou o teatro da guerra no começo de fevereiro de 1867, deixando Caxias como Comandante-Chefe dos exércitos aliados. Ele foi levado a sair temporariamente por causa da revolução argentina que estava assumindo proporções alarmantes. Entretanto, ela nunca deu em nada.

Agora, as pessoas no Rio da Prata tinham perdido todo interesse na guerra, e ela estava quase esquecida, como se nada estivesse acontecendo.

Passo da Pátria, agora chamada de Itapiru pelos aliados, tornou-se um entreposto comercial, e no acampamento aliado de Tuiuti, várias lojas foram erguidas, e quase tudo podia se comprar com dinheiro. Estando dinheiro miúdo em falta, um novo sistema foi introduzido: moedas de prata eram cortadas à metade ou em quartos com cinzel e martelo, e se tornavam meio dólar ou um quarto de dólar. Teatros apareceram no acampamento aliado, e mesmo o Banco Mauá tinha uma agência no Passo da Pátria.

Uma linha dupla de trincheiras foi feita em Tuiuti com muitos redutos. Um forte também foi feito no Passo da Pátria. Canhões Whitworth de 32 libras e morteiros foram colocados em baterias ao longo de todo o fronte e no Potreiro Piris, e bombardeavam diariamente o acampamento paraguaio, sem, no entanto, causar qualquer dano.

Escravos brasileiros foram recrutados pelo governo e enviados à guerra, pois não existiam mais homens livres para serem recrutados no Brasil.

A cólera desempenhou um papel terrível na guerra em 1867. Ela surgiu no Rio de Janeiro em fevereiro, e no Passo da Pátria em 26 de março. Em três dias seus efeitos foram devastadores sobre todo o exército. Em Curuzú, 4 mil homens foram afligidos, e 2,4 mil deles, incluindo 87 oficiais, morreram. Cinquenta homens eram mantidos cavando covas dia e noite, trabalhando em turnos. Tudo isso era visível das torres de vigia paraguaias. Porto Alegre se comportou muito bem, visitando seus doentes dia e noite.

Em Tuiuti a situação não foi tão grave, mas mesmo assim muitos foram vitimados. No começo de maio, havia 13 mil brasileiros nos hospitais. Para esconder tanto quanto possível o esse terrível estado das coisas, correspondentes de guerra não eram admitidos no acampamento aliado.

O plano de Osório de cruzar o Paraná em Encarnacion foi abandonado, e ele recebeu ordens para marchar em direção ao Passo da Pátria, como Porto Alegre o tinha feito; e 2 mil brasileiros embarcaram em Itapiru, e foram Paraná acima para encontrá-lo, com o objetivo de cruzar em algum lugar entre o Passo da Pátria e Encarnacion. Este plano também foi abandonado, e Osório, à frente de seu exército, encontrou-se em Itatí com Caxias no começo de maio, e logo em seguida ele retornou e levou seu exército para o Passo da Pátria onde ele cruzou o Paraná em direção ao Paraguai.

Dia 29 de maio, por causa da grande cheia do rio que quase cobriu o acampamento, o exército de Curuzú teve de ser embarcado com toda sua artilharia, e foi levado até Tuiuti. Ele esteve acampado por nove meses num dos locais mais insalubres que se poderia escolher. Os armazéns de Itapiru também estavam a perigo devido à cheia do rio, e tiveram de ser embarcados também.

Um batalhão de homens, chamado de Garibaldinos, que estavam acampados no Chaco desde o ataque a Curupaiti, foi deixado lá. Eles estavam na margem do rio, no Riacho Quiá.[53]

Caxias lançou um balão pilotado por um francês, que custou 15 mil dólares, para observar as linhas paraguaias. Justo quando ele estava para subir, o balão pegou fogo e queimou totalmente. Acusou-se o francês de atear fogo nos armazéns de pólvora dos brasileiros para depois escapar no balão. Ele foi julgado por uma corte marcial e sentenciado à morte. Entretanto, a sentença nunca foi cumprida. Dois novos balões foram trazidos do Rio de Janeiro, junto com um americano para tripulá-los. Um deles tinha 12 metros de diâmetro, e o outro 9 metros. A primeira ascensão foi feita em junho de 1867. O balão era preso por três cordas seguradas por soldados no chão para que ele não fosse carregado embora. A maior altura que ele subia era de 180 metros do chão. Ele era movido pelos homens que seguravam as cordas por toda a extensão do acampamento aliado, sendo dirigido por sinais de bandeiras dos aeronautas. O balão ficava sempre fora do alcance dos canhões paraguaios, que apesar disso sempre disparavam nele, pois ele era usado frequentemente, e em uma destas ocasiões, quatro dos soldados que seguravam as cordas foram feridos. Dos balões, os aliados contaram 106 canhões e três morteiros nas linhas paraguaias, além daquelas em Curupaiti e no Sauce, que não eram visíveis. Toda vez que o balão aparecia, os paraguaios faziam uma fumaceira na frente de suas trincheiras para escondê-las – sendo os feixes de capim utilizados para fazer a fumaça preparados de antemão.

Um telégrafo em postes foi estabelecido entre o quartel-general de Caxias e a bateria de Potrero Piris, e outra linha até o Passo da Pátria.

No acampamento aliado, Caxias dizia receber continuamente cartas de

---

[53] *Quiá*, sujo.

alguém do acampamento de López informando-o de tudo que acontecia lá. Desnecessário dizer que seria impossível para qualquer um do acampamento paraguaio fazer isso sem que López soubesse, devido ao sistema de espionagem.

Todo este tempo os paraguaios se fortificaram continuamente. A trincheira de Curupaiti foi trabalhada pela guarnição, tornando-a mais funda e mais larga. O parapeito e a banqueta foram elevados e cabanas de couro foram construídas no parapeito de forma a não atrapalhar o fogo da infantaria no caso de um ataque. As baterias do rio foram aumentadas por artilharia trazida de Humaitá, até que elas tinham 35 canhões, ficando Humaitá com apenas 3 canhões de 8 polegadas e uns poucos canhões de 24 e 32 libras. Dois canhões de 24 libras foram enviados ao arsenal, onde foram refeitos e raiados para disparar balas de 56 libras, e levados de volta para Curupaiti. Estes canhões não responderam bem, sendo seu alcance de apenas 1,5 mil metros. Um grande canhão, pesando 12 toneladas, que disparava balas esféricas de 10 polegadas, foi forjado em Ibicuí, e levado para o arsenal de Assunção, onde foi perfurado e montado. O metal para forjar este canhão veio de sinos de igrejas de todo o país e, em consequência, ele foi chamado de o "Cristiano". Ele foi colocado numa posição em Curupaiti.

Figura 14 - "El Cristiano"

Muitos canhões foram feitos no arsenal de Assunção – alguns de ferro, outros de bronze, canhões de 18 e 24 libras de ferro, e duas baterias de bronze raiadas de 9 libras, para disparar os projéteis Lahitte que o inimigo disparava em profusão e que em grande número não explodiam. Duas baterias de canhões de 4 libras de alma lisa capturados em Coimbra foram raiados para disparar as mesmas balas, e 5 bons e velhos canhões de 9 libras tiveram seu calibre alargado e raiado para disparar as balas de 32 libras dos canhões Lahitte do inimigo, e estes fizeram um grande estrago. Um desses 5, um canhão de ferro, tinha um alcance de 5,3 metros, com 2,3 kg de pólvora, e 15° de elevação. Também foram feitas 4 ou 5 baterias de canhões raiados de 3 libras. Esses canhões pesavam 156 kg cada um e disparavam um longo projétil de 4 cm de diâmetro e 13 cm de comprimento. Esses canhões não tiveram um bom desempenho, provavelmente em razão das voltas do raiado não serem muito rápidas. Um canhão de ferro pesado de 56 libras foi enviado ao arsenal que o alargou e o raiou para que disparasse balas de 150 libras. A culatra foi adequada e reforçada com anéis de ferro fundido. A munição consistia em projéteis de cabeça quadrada, resfriados (um artigo sobre a munição Palliser foi escrito), e circundados por um anel de latão expansível. Eles eram iguais aos capacetes dos dragões da escolta de López, que por causa da faixa de latão no topo do capacete, eram chamados de *Acá-verá* (ou cabeças brilhantes), e o canhão foi batizado de *Acá-verá*. Ele foi posto numa posição em Humaitá, e depois de algum uso a culatra rebentou. Alguns velhos canhões de ferro foram cortados para servirem como morteiros, e instalaram anéis de ferro fundido neles. Três eram de 10 polegadas e 2 de 8 polegadas. Um morteiro de bronze de 5 polegadas também foi feito. Outro canhão de bronze foi feito. Pesava 7 toneladas, e foi construído para atirar balas Whitworth de 32 libras, as quais os paraguaios tinham recolhidas muitas. Este canhão foi chamado de "General Diaz". Foi uma forja muito malfeita, e depois de 60 disparos, o cano hexagonal ficou tão imperfeito que quebrava todos os projéteis que eram atirados. Foi enviado de volta ao Arsenal de Assunção e desmontado. Três baterias de obuses raiados, de projetos de minha autoria, também foram construídas. Elas disparavam um projétil de fragmentação especial. Eles pesavam cada um 610 kg e suas câmaras continham uma libra de pólvora. Eles disparavam ou uma bala esférica de 12 libras, ou uma Lahitte de 32 libras, ou então, a cápsula de fragmentação feita especialmente para eles, e eram capazes de atingir 35° de inclinação. Eles tinham um alcance de 5 mil metros. Outra coleta de metais foi feita com o restante dos sinos das igrejas e todas as chaleiras e panelas de cobre do país, e um canhão de 10 toneladas foi forjado, sendo seu calibre ajustado e raiado para disparar balas Whitworth de 150 libras, que tinham sido disparadas aos milhares pelo inimigo e foram coletadas. Este canhão foi uma forja muito bem feita, e prestou um bom serviço. Era chamado de "Criollo", ou "Criolo", e foi a princípio montado em Assunção.

Figura 15 - Canhão "O Criolo"[54]

Uma estrada foi feita através da mata de Curupaiti, circundando a margem do *carrizal* até Sauce, facilitando a comunicação entre as duas fortificações. Curupaiti também estava quase unida ao Sauce por uma longa trincheira, que ia em torno do Chíchi, onde estava acampada uma divisão com alguma artilharia sob o comando do Tenente-Coronel Delgado, caso os brasileiros tentassem atravessar vindos de Curuzú, apesar dos pântanos em frente ao Chíchi fossem totalmente impenetráveis para as tropas.

Em março, eu fiz uma nova trincheira no Potreiro Sauce (comandado pelo Coronel Roa), com uma linha mais regular do que a antiga, e mais afastada das matas que tinham se tornado ralas e passáveis. A trincheira velha foi aprofundada, e gerou o aterro para o Bellaco, que foi represado onde ele entrava nas matas, e desviado para fluir em seu novo canal. As águas aumentaram 1,80 metro por causa deste dique, fazendo com que a água no Passo Gomez ficasse com quase 2 metros de profundidade, tornando aquele lugar quase inacessível. O novo canal também formou um grande obstáculo em frente à nova trincheira no Sauce, pois ele era bastante profundo e tão largo que as pontes portáteis quase não o atravessavam. Onde Bellaco entrava na velha trincheira, ele foi represado por uma

---

[54] N.E.: Note o calibre hexagonal para a munição Whitworth.

comporta tendo uma profundidade de 1,80 metro. A comporta foi colocada de maneira que ela poderia ser aberta facilmente da nova trincheira, sendo que o inimigo deveria se preparar para uma enxurrada caso penetrasse na trincheira. Neste caso, a comporta seria aberta e uma terrível enxurrada de água iria carregar tudo diante dela até o *carrizal*. Os homens do Potreiro Sauce eram bastante ameaçados por balas de rifles, que vinham dia e noite das guardas avançadas dos aliados ferindo muitos homens. Se os aliados tivessem bombardeado com rifles ao invés de canhões, logo eles acabariam com os paraguaios. Quando não havia mais nada a ser feito para melhorar as fortificações do fronte, iniciou-se uma trincheira do Passo Vai, conectando-o com Humaitá, circundando completamente o exército paraguaio, e especialmente protegendo-o de um ataque por aquele lado.

Com o objetivo de assediar o inimigo, e atacar o flanco de seus novos redutos avançados, eu comecei uma bateria no passo de Iataití Corá. O terreno era muito baixo, e a fundação da bateria foi elevada em 1,80 metro. Ela consistia de 12 canhões, e para facilitar a comunicação com ela, e a retirada dos canhões no caso de um ataque, começou-se a abrir uma estrada através do Bellaco no Passo Satí. Ela foi feita aterrando ambos os lados com uma ponte no meio. Entretanto, ela não foi terminada. Vários parapeitos foram feitos atrás da bateria para proteger a retirada dos canhões com infantaria. Enquanto esta bateria estava sendo construída, ela era continuamente bombardeada pelo inimigo de dois pontos com canhões Whitworth de 32 libras e um canhão Krupp raiado de 12 libras que pertencia aos argentinos. Este último canhão, apesar de ser uma arma bem inferior ao Whitworth, estava em mãos muito melhores, e foi muito bem utilizado. Ele disparava somente projéteis de percussão, com uma pontaria muito boa, de maneira que todos projéteis caiam bem onde os homens estavam trabalhando. Havia sempre uma sentinela que dava o aviso no momento que a fumaça era vista sair do canhão, que ficava a 2,5 km da bateria, e como os homens tinham tempo de se abrigar no parapeito, pouco estrago era causado. Uma vez um homem estava manejando um carrinho de mão ao longo da bateria quando um destes projéteis de percussão atingiu um dos mourões e explodiu, queimando seu cabelo e sujando de pólvora sua testa sem feri-lo. Seu capacete quase que foi feito em pedaços (era de couro), e foi jogado a vários metros dele. Logo depois que aconteceu, ele correu atrás de seu capacete, colocou-o no lugar, pegou o carrinho de mão e recomeçou a trabalhar com vigor dobrado para o grande prazer de seus companheiros, que gritaram de alegria.

Não muito longe de Iataití Corá, havia um posto avançado da cavalaria chamado de Piquete Bomba em razão do caso a seguir. Os soldados tinham quebrado uma das pernas do tripé de sua panela de cozinhar, e estavam procurando por um apoio para segurá-la no fogo. Eles acharam um projétil de 9 libras que tinha sido atirado pelo inimigo e que não tinha explodido, e eles o colocaram para sustentar a panela. Tão logo a cápsula ficou suficientemente quente, ela explodiu, levando aos ares o almoço para sua imensa alegria. Eles eram cavalarianos e não tinham previsto este desfecho.[55]

Se um paraguaio no meio de seus camaradas era feito em pedaços por um tiro de canhão, eles gritavam de prazer, achando isto uma grande piada, na qual a vítima teria se juntado a ela se fosse capaz.

No tocante à precisão e alcance, os canhões Whitworth são armas esplêndidas, mas eles precisam de bons artilheiros. Quando um projétil da Whitworth explode na sua trajetória, todos os estilhaços seguem adiante, dentro de um pequeno ângulo da trajetória original. Portanto, para atirar contra homens atrás de parapeitos, eles não são tão vantajosos quanto os projéteis esféricos dos velhos canhões de alma lisa que se espalham muito mais quando explodem. Se os projéteis com detonador de tempo dos canhões raiados atingem o chão antes de explodir, dificilmente eles irão explodir, pois o detonador fica cheio de detritos, e o fogo se apaga. Uma grande desvantagem dos projéteis raiados é que para longas distâncias quando eles atingem o chão, eles ricocheteiam tão alto que perdem toda a chance de causar algum estrago depois do primeiro toque. Os projéteis Whitworth parecem ter um poder de penetração muito grande em substâncias duras, mas muito menos do que os disparados por canhões de alma lisa numa substância complacente como areia.

Os brasileiros dificilmente utilizavam detonadores de percussão, e se eles o tivessem usado, eles teriam causado muitas mortes com seus bombardeios contínuos. O que aconteceu é que as fortificações paraguaias tiveram apenas estragos leves, que podiam ser reparados em pouco tempo.

Os projéteis dos Whitworth tinham uma velocidade tão grande que o disparo do canhão e o projétil voando pelo alto, com uma fumaça característica, eram notados quase ao mesmo tempo. Os paraguaios chamavam as balas de Whitworth de "ufas", por causa do som que elas faziam quando atravessavam o ar.

Todas as estações de telégrafo tinham parapeitos na frente delas para evitar que fossem postas *hors de combat*[56].

Em maio de 1867, três canhões de 8 polegadas foram montados em Chichí, mais um Lahitte de 32 libras, além de outros de menor calibre, e no dia 30, Curuzú sofreu um bombardeio pesado tanto de Chichí quanto de Curupaiti. Como a guarnição estava amontoada num pequeno pedaço de terreno, algum estrago foi feito.

Em outubro de 1866, o Visconde Beaumont, secretário da delegação francesa no Rio da Prata, chegou com uma bandeira de trégua até as linhas

---

[55] N.E.: Thompson escreveu no original em francês, i.e., *dénoûment*.
[56] N.E.: Deixamos a expressão em francês como no original.

de López, trazendo despachos que ele deveria entregar pessoalmente para M. Cochelet, o cônsul francês no Paraguai. Depois de esperar alguns dias pela chegada de M. Cochelet de Assunção, ele pegou as respostas aos despachos e voltou novamente sob a bandeira de trégua.

Estas bandeiras de trégua sempre levantavam uma esperança de paz, e as pessoas ficavam muito felizes de vê-las. Quando uma aparecia nos postos inimigos, os portadores ficavam esperando a meio caminho entre as linhas até que alguém fosse enviado por López para recebê-los. Ele sempre enviava vários oficiais, não confiando que alguém fosse sozinho, e eles tinham ordens de darem voltas por todo o tipo de estradas, para fazer com que o inimigo acreditasse que esses eram os únicos caminhos através das linhas paraguaias. Então, eles conversavam algumas vezes por duas ou três horas com alguns oficiais aliados, trocando charutos, e voltavam então para se reportar a López, que esperava que fossem repetidas todas as palavras que eles tinham trocado entre eles. Numa dessas ocasiões, houve um desafio entre o Coronel Montiel e um dos oficiais aliados, e ficou acordado que eles fariam um duelo quando a guerra terminasse.

Em Passo Gomez, havia um grande armazém de pólvora, no qual também estava o laboratório para preparar estopins e colocá-los nos projéteis. Em 9 de dezembro de 1866, o armazém explodiu (nunca se soube a causa) com um terrível estrondo, fazendo o teto de madeira pesada voar em todas as direções. O Major Alvarenga, chefe do laboratório, um mestre em explosivos de primeira classe, e mais 45 homens morreram. O inimigo imediatamente abriu fogo sobre o Passo Gomez, que foi respondido com vigor pelo General Bruguez, que imediatamente colocou seus homens em prontidão de combate, pensando que o inimigo iria se aproveitar da confusão e atacá-lo subitamente. Uma grande quantidade de munição foi perdida nesta explosão.

O General Diaz costumava cavalgar em Curupaiti durante os bombardeios pesados para mostrar a seus homens o quão pouco ele se importava com os 'negros'. Uma vez, durante um dos bombardeios, ele saiu numa canoa com alguns de seus ajudantes de ordem para pescar, à vista e próximo da frota. Um projétil de 13 polegadas explodiu bem em cima deles, quase cortando fora a perna do General Diaz e afundando a canoa na água. Seus ajudantes o levaram para a margem, e ele foi levado para seus aposentos, e López foi avisado pelo telégrafo. O Dr. Skinner foi imediatamente enviado, e amputou sua perna. A Sra. Lynch foi à sua carruagem e o trouxe até o quartel-general, onde ele foi acomodado nos aposentos do General Barrios, e era visitado diariamente por López. Sua perna que tinha sido amputada foi colocada num pequeno cofre lacrado que foi deixado em seu quarto. Entretanto, depois de alguns dias, o General Diaz morreu, e seu corpo foi enviado para Assunção para ser enterrado, sendo acompanhado por todos os habitantes da cidade. Soubemos pelo

Semanario que muitas senhoras colocaram suas joias em seu túmulo, mas não se sabe o que eventualmente aconteceu com as joias. O Coronel Alen o sucedeu no comando de Curupaiti.

O aniversário de López era no dia 24 de julho, e a data de sua eleição para presidente era em 16 de outubro. Ambas as datas eram comemoradas, mas a última era especialmente marcante. Nestas datas, bem como no dia de Natal, e em mais um ou dois dias de festas cívicas, López fazia uma comemoração oficial onde todos os oficiais tinham de usar seus uniformes de gala. López costumava ir à igreja e depois à sua casa, onde todos se reuniam à sua volta, e o Bispo fazia um discurso elogiando-o, ao qual López, que era um orador muito bom, respondia longamente. Depois da recepção, champanhe, cerveja, etc., eram servidos debaixo das laranjeiras e centenas de brindes eram feitos a López e somente a ele, pois não era permitido brindar a qualquer outra pessoa. Em 1866, uma bandeira paraguaia magnífica, bordada a ouro, com diamantes, rubis, etc., com mastro de ouro e prata, foi feita pelas senhoras de Assunção; e um álbum encadernado em ouro sólido e pedras preciosas, dentro de uma caixa de ouro com uma estátua equestre também de ouro, foi feito em Assunção e enviado pelas senhoras como testemunho de seus sentimentos patrióticos. As sugestões e ideias para estas coisas eram emanadas do quartel-general, sendo uma senhora amiga de López a mensageira. É claro que ninguém se atrevia a recusar em colaborar nisto.

No ano seguinte (1868), os cidadãos tinham de fazer uma oferta, e desta vez não houve reservas quanto à fonte da ideia, e o projeto foi feito a pedido da senhora no quartel-general, e dali enviado a Assunção onde ele foi executado. Desta vez os presentes consistiam de uma espada de honra, e uma coroa de louros de ouro. López enviou uma de suas espadas para ser remontada. O punho foi feito com São Jorge e o Dragão na guarda, todo de ouro, com 23 brilhantes e inúmeras outras pedras nela. A bainha era de ouro sólido, com arabescos em relevo, e ela estava guardada numa caixa telescópica, também de ouro puro, com uma estátua de ouro no topo, e feita de maneira tal que quando a parte telescópica estava fechada, somente a parte que continha o punho ficava visível, fazendo assim um lindo ornamento de mesa. A peça inteira repousava numa bandeja de prata. Foi trazida para apresentação por uma comissão de oito, sendo o chefe Don Saturnino Bedoya, cunhado de López e tesoureiro geral. O trabalho era muito bonito. Depois que cada membro da comissão tinha lido seu discurso e o presente entregue, López prendeu seu cunhado. Ele nunca mais falou com ele, e o tratou cada vez pior, sendo que no fim o colocou em ferros, e o torturou até a morte, mas ele ficou furioso ao ouvir do falecimento, pois como ele sabia que ele estava morrendo, ele queria fuzilá-lo antes de morrer para manter as aparências. Dois outros membros da comissão morreram de cólera no acampamento, e o restante foi recrutado no exército. A coroa de louros não ficou pronta a tempo para esta apresentação, pois ela foi refeita várias vezes sob a alegação de "ela não valia de nada", apesar das folhas serem feitas de diamantes. A coroa era para ter sido colocada numa almofada dentro de uma caixa de ouro que media 46 cm por 36 cm. Sugeriu-se que para confeccionar um presente mais valioso, a única coisa possível era forjar uma esfera de ouro sólido encrustada de brilhantes. Entretanto, mais tarde López achou um meio mais certo de se apossar de todos os bens de valores do país. Ele tomou todas as joias das mulheres da seguinte maneira:

Sabia-se que todas as mulheres paraguaias, das classes mais baixas às mais altas, possuíam grande quantidade de joias. A alta classe tinha grande quantidade de pérolas, brilhantes e joias, pois durante o tempo dos espanhóis era um dos principais produtos de importação e constituía quase que o único presente que os paraguaios davam às suas amadas.

Um movimento patriótico começou devido a uma sugestão entre as senhoras, algumas das quais se juntaram formando um comitê em Assunção, e convidaram outras senhoras a se juntar a elas para oferecer suas joias a López para contribuir com as despesas da guerra. Como o dever obriga, comitês começaram a se formar em todas as cidades e vilas do país, declarando sua adesão à ideia. Quando a oferta foi feita formalmente a López, ele publicou uma resposta na forma de um decreto agradecendo a elas por seu patriotismo e dizendo que o país não está pedindo este sacrifício, mas que ele aceitava uma vigésima parte para cunhar uma moeda comemorativa da oferta. Pouco depois, todas as joias foram recolhidas, e os juízes chamaram a todos, mesmo aqueles que não tinham se voluntariado a oferecê-las a entregar de uma vez todas suas joias. Isto foi feito, e depois nunca mais se ouviu, falou ou se perguntou sobre isso. Um desenho foi feito para a moeda, e quatro foram cunhadas de um dobrão que foi derretido.

Ordenou-se que as mulheres fizessem outra demonstração de patriotismo – neste caso, pedir permissão para pegarem em armas e lutarem ao lado de seus companheiros. Esta oferta foi feita ao Vice-Presidente em Assunção, e foi negada a princípio. Entretanto, umas 20 meninas pertencentes à Vila de Areguá com lanças e vestindo um vestido branco com faixas tricolores, e uma espécie de boina escocesa, criada pela Madame Lynch, costumavam marchar por Assunção cantando hinos patrióticos.

Um grande hospital foi estabelecido na estrada, a meio caminho entre Passo Pucu e Humaitá, e às vezes dois mil pacientes estavam ali. Todas as divisões também tinham suas enfermarias, nas quais eram apenas colocados os homens que podiam empunhar uma arma em caso de necessidade. Não havia nenhuma droga, e os doutores tinham que fazer o possível com as ervas medicinais do país. Um hospital separado para oficiais da elite, formado uma dúzia de pequenas cabanas, foi construído em Passo Pucú, próximo à casa do Dr. Stewart. Em maio de 1867, uma epidemia de cólera surgiu primeiramente no Passo Gomez. Logo se espalhou por todo o exército e fez muitas vítimas. O Coronel Pereira, chefe da cavalaria, e o Coronel Francisco Gonzalez do Batalhão nº 6, morreram dela, assim como muitos outros oficiais e soldados. Os generais Resquin e Bruguez, e o Dr. Skinner, ficaram doentes ao mesmo tempo, mas se recuperaram, assim como muitos outros homens. O irmão de López, Benigno, caiu doente com medo da doença, e o próprio López ficou de cama por alguns dias com medo dela, pensando que ele estava muito doente. No momento que ela apareceu, o acampamento inteiro foi fumigado com folhas de louro e grama, e os quartéis-generais estavam continuamente enfumaçados, de maneira que era quase impossível viver ali. López deu vazão à sua impotência de lidar pessoalmente com ela com uma raiva terrível, e ele tornou-se quase um louco, acusando seus médicos de tentarem envenená-lo, uma acusação apoiada pelo Bispo. Ele libertou o Padre Maiz (a quem ele tinha aprisionado desde a época de sua eleição), e publicou no Semanario, um longo artigo assinado por Maiz, comparando López ao Salvador, e cheio de citações da Bíblia para suportar essa comparação. Algumas vezes, o Semanario o comparou ao Todo Poderoso, e julho, mês de seu nascimento, foi chamado de "o mês do Cristão López". Quando ele se recuperou novamente, ele se contentou em ser chamado de "O Marechal Inconquistável".

Os doutores estavam proibidos de dizerem o nome da doença que estava causando tal devastação (a média diária de mortes por um longo tempo foi de 50), e os soldados a apelidaram de "Corrente".

A cólera se espalhou por todo país, e dizimou milhares de pessoas.

Tão logo López soube que Osório tinha desistido da ideia de cruzar o Paraná em Encarnacion e estava marchando em direção ao Passo da Pátria, ele chamou de volta o Major Nuñez daquele local, que tinha sob seu comando dois batalhões de infantaria, um regimento de cavalaria e seis canhões – deixando apenas uma guarnição de vigilância. Nuñez foi promovido a Tenente-Coronel, e foi feito o segundo em comando do General Barrios.

Uma grande reserva foi formada e acampada em volta dos limites do esteiro do Passo Pucú, consistindo de sete batalhões de infantaria, dois regimentos de cavalaria, e 30 peças de campanha, na sua maioria raiadas. As linhas paraguaias estavam muito expostas ao ataque devido à sua grande extensão e o pequeno número de homens para defendê-las, e esta reserva estava colocada numa posição central, pronta para ser deslocada para qualquer ponto em perigo.

Eu fui encarregado de apresentar um projeto para uma estrada de ferro de Curupaiti, passando pelo Passo Pucú, até o Sauce, com um ramal para a esquerda. Peguei os teodolitos e fiz um traçado que não daria muito trabalho de terraplenagem, mas quando o projeto ia ser posto em execução, descobriu-se que não havia uma quantidade suficiente de trilhos.

Durante dois anos uma expedição brasileira estava marchando em direção ao Mato Grosso para retomá-lo dos paraguaios, mas ela tinha se contentado em entrar nas cidades do interior que tinham sido evacuadas por ordens de López, estando os paraguaios de posse apenas do rio. Os índios desta província também estavam armados com rifles, mas ao invés de usá-los para o combate, eles apenas os usavam para caçar. Entretanto, em maio de 1867, esta coluna de 5 mil homens sob o comando do Coronel Camisão começou a marchar para o Paraguai tendo o conhecimento de que não havia nenhuma força no norte do país. Quando soube destas notícias, López despachou o 21º Regimento de cavalaria e duas companhias do 12º Batalhão de infantaria, sob o comando do Tenente-Coronel Montiel e do Major Medina, de vapor até Concepcion, onde eles se juntaram com 200 cavalarianos que já estavam lá, e marcharam para o norte, se encontrando com Camisão já ao sul do Rio Apa. Não houve combates, mas os paraguaios os cercaram, cortando seus suprimentos, e tomando todo o gado que eles tinham. Ao mesmo tempo, a cólera irrompeu de forma implacável por entre os homens de Camisão, que estavam sobrevivendo de laranjas verdes e palmitos; Camisão e a maior parte de seus homens foram vitimados pela doença e fome, e os paraguaios arremeteram contra os restantes tomando sua bagagem e matando a maioria deles. Alguns poucos escaparam para o Mato Grosso para contar a história. Os homens de Camisão estavam armados com balas Jacob em seus rifles. Os paraguaios imediatamente retornaram ao Passo Pucú, distante mais de 480 km. Todo o caso durou apenas um mês. Esta expedição foi guardada em segredo. Exceto alguns poucos à volta dele sabiam dela. Nunca se soube o porquê do segredo.

Em 13 de julho de 1867, outra força brasileira desembarcou em Corumbá, vinda em dois vapores de Cuiabá, capturou-a e reembarcou no mesmo dia, retornando a Cuiabá, levando alguns brasileiros consigo. Os paraguaios perderam 100 homens, e o comandante, o Tenente-Coronel Cabral foi morto. Os dois vapores foram seguidos rio acima, e alcançados pelo Capitão Nuñez no Salto, que afundou um dos vapores brasileiros, o Jaurú, mas o capitão foi seriamente ferido, e teve quase toda sua tripulação *hors de combat*, devido ao fogo dos rifles brasileiros.

A versão de López deste caso foi que Cabral vendeu o lugar aos brasileiros, enviou todos os homens sãos para a floresta, e removeu os canhões das trincheiras; quando os doentes que estavam no hospital viram os brasileiros, pegaram em armas, mas foram vencidos a princípio e no final conseguiram repelir os inimigos. López disse ainda que os brasileiros cortaram Cabral e seu capelão em pedaços e os comeram como pagamento por sua traição.

Em março de 1867, uma tentativa de mediação foi feita pelo Honorável Sr. C. A. Washburn,[57] o embaixador americano, mas isto será assunto de um capítulo posterior.

Por toda a parte, os bombardeios eram uma fonte de prazer para todos. Os aliados gostavam do barulho, e achavam que eles causavam grande estrago. Os soldados paraguaios gostavam deles, pois eles ganhavam uma caneca de milho para cada cápsula não detonada ou fragmentos que eles recolhiam[58]. López gostava deles, pois ele ganhava uma grande quantidade de munição de vários calibres e tipos, e porções de ferro que eram enviadas para Assunção e forjadas em balas, projéteis, etc. Os estilhaços eram colocados em tiros de metralha.

A cavalaria paraguaia estava muito mal servida. Seus animais miseráveis morriam continuamente, e eram substituídos por cavalos selvagens que os homens tinham que domar. Apesar disso, a infantaria inimiga não sustentava uma carga da cavalaria paraguaia, assim como a infantaria paraguaia não conseguia competir com a cavalaria aliada, que tinha animais muito bons. Os paraguaios selavam seus cavalos todas as manhãs, e quando ficava evidente que o inimigo não se movimentaria naquele dia, eles levavam seus animais para se alimentar, e depois os homens saíam para pegar ração para a noite.

No exército paraguaio, nem mesmo os oficiais eram permitidos estarem sozinhos na vanguarda, pois temia-se que eles desertassem. Homens de diferentes unidades eram selecionados para agirem como espiões. Eles eram escolhidos por seu conhecimento do terreno e por seu bom comportamento. Nunca era permitido a eles saírem sozinhos, eles sempre saíam em duplas ou trios. Eles eram tratados de forma especial, recebiam rações extras de erva-mate, milho, etc., para mantê-los satisfeitos. Eles eram promovidos rapidamente, e não tinham que fazer nenhum trabalho a não ser a espionagem. Às vezes, o próprio López despachava espiões para o acampamento inimigo. Entretanto, ele não obteve nada de útil deles, pois quando eles não tinham nada de especial a reportar, López ficava furioso, e logo eles aprenderam a contar uma história que iria agradá-lo.

Foram construídas algumas cabanas para as mulheres do acampamento, e em Passo Pucu havia duas grandes vilas para elas. Elas tinham sargentos nomeados por elas mesmas que eram as responsáveis. Permitia-se que as mulheres fossem a qualquer parte do acampamento, exceto durante à época da cólera onde elas foram obrigadas a ficar em suas próprias divisões. A princípio não foi permitido a elas estarem nos aposentos dos soldados depois do toque de recolher, mas no fim da guerra esta regra foi abolida.

---

[57] N.E.: Este episódio também é contado pelo embaixador Washburn em seu livro "The History of Paraguay - Vol. II", RCMP, 2013. Em breve publicaremos uma edição deste livro em português.
[58] Algumas vezes os homens atiravam com suas próprias armas para pegar a recompensa.

Elas ajudavam nos hospitais, e lavavam as roupas de seus companheiros. Elas não podiam deixar o acampamento seu um passaporte assinado pelo General Resquin. Não lhes era dadas rações, e elas viviam com as que os soldados lhes davam.

O acampamento paraguaio era muito limpo. Todos os animais que morriam eram enterrados e as barracas eram sempre bem varridas.

O bloqueio fez que muitos artigos de necessidade ficassem escassos, e estes eram na medida do possível substituídos por manufaturas nativas. O suprimento de tecido de algodão para fazer a roupa dos soldados há muito tempo já tinha sido consumido, e as mulheres tiveram que recuperar os teares que pouco antes da guerra tinha sido abandonados, pois os tecidos ingleses de algodão eram muito baratos. O algodão paraguaio é considerado um dos melhores no mundo no tocante à resistência e a cor, e grandes quantidades tinham sido colhidas antes da guerra por ordem de López que tinha intenção de torná-lo um dos principais produtos de exportação do país. Era fiado e tecido a mão pelas mulheres, produzindo um tecido de lã de alta qualidade para as camisas e calças dos soldados. A lã era tecida do mesmo modo para fazer ponchos e tingida de várias cores; e a fibra do "caraguatá", ou abacaxi selvagem, assim como a de palmeiras, era tecida em camisas e calças. As mulheres faziam todo o trabalho de plantar, colher, etc.

Papel se tornou muito escasso. Uma grande quantidade era usada no Paraguai, pois sempre era escrito um texto para documentar tudo que era feito. Três novos jornais semanais foram criados além do Semanario – a saber, o Centinela, em espanhol com um artigo ou dois em guarani; e o Lambaré e o Cabichui, ambos inteiramente em guarani. O nome do último jornal significava o Murro, mas as piadas nele eram de muito baixo nível, e às vezes escandalosas. O Cabichui e o Centinela eram ilustrados com xilogravuras feitas por dois ou três soldados, com seus próprios desenhos, e eram entalhadas à faca.

O Sr. Treuenfeldt dos telégrafos, montou uma manufatura de papel, com um pouco de algodão e um pouco de "caraguatá", resultando num papel bastante bom. Todos os arquivos de governo foram vasculhados e as folhas em branco foram rasgadas e utilizadas para escrever. Tudo era escrito no menor pedaço de papel possível. Havia uma prensa no exército, onde o Cabichui era impresso. Os artigos para o Semanario eram lidos por López, e quando aprovados eram enviados para a cidade por telégrafo; aqueles que eram escritos na cidade eram enviados por telégrafo para sua aprovação, sendo que a quantidade de correspondência que ia e vinha pelos cabos era incrível. Pedaços de couro de vaca eram raspados até ficarem brancos, e eram encadernados em livros para escrever diários, etc. Pergaminhos eram feitos de couro de ovelha, e depois de algumas tentativas, eles ficaram iguais aos pergaminhos europeus. Estes eram usados para o comissionamento de oficiais.

Figura 16 - O Cabichui.

A tinta era feita de uma espécie de feijão preto por meio da extração da matéria colorida com cinzas. O sabão era feito por todas as divisões para seu próprio consumo com cinzas, gordura animal e carvão vegetal que eram fervidos de quatro a oito dias dependendo da qualidade dos ingredientes. Constantemente, três homens se ocupavam nas matas queimando as cinzas tendo que selecionar uma árvore em particular chamada de "Yoüwü" para fazer boas cinzas.

Inicialmente, o sal era feito em larga escala em Lambaré da lama do rio, mas as mulheres ficaram muito ocupadas com outras coisas para terem tempo de fazer quantidades suficientes; consequentemente, somente os hospitais eram abastecidos, e mesmo assim de forma insuficiente. As tropas certamente recebiam uma ração quinzenal, mas isso era apenas para constar, pois não havia sal suficiente para uma refeição. Alguns meses depois, os homens descobriram uma árvore no Chaco com folhas muito grossas, das quais eles extraíam, por fervura, uma substância que se parecia com sal, mas o gosto era de giz. Entretanto, eles comiam isso, pois fazia uma falta muito grande.

Os couros eram esticados bem firmemente em grandes molduras quadradas, e raspados com ferramentas de aço até que eles ficavam finos o suficiente, e depois disso, eles eram esfregados com força em toda a parte com a ponta rombuda de uma vara até que eles ficassem com a consistência de um couro macio bem grosso. Então, eles eram cortados e feitos em calças, etc., mas se chovesse em cima deles, eles ficavam tão duros que quem os vestisse não podia dobrar suas pernas. Deste modo, os artigos ficavam inutilizados.

Os tapetes dos salões de baile dos clubes, dos terminais de trem, etc., em Assunção, foram cortados em "ponchos" para os soldados, e eram tão rígidos que era como se eles estivessem vestindo um cartaz de propaganda. Como os invernos no Paraguai são muito frios, quando o vento sul soprava os homens sofriam muito com a falta de roupas.

A pólvora era feita com enxofre obtido de piritas de ferro, as quais existiam em abundância no Paraguai, e o salitre era obtido da urina e de substâncias de animais em decomposição. Entretanto, esta pólvora não era boa.

A princípio as espoletas eram feitas de papel, mas como estas não funcionaram bem, uma máquina foi feita no arsenal que as estampava em cobre da maneira apropriada.

Todos os canhões feitos no Paraguai durante a guerra foram fruto do trabalho de engenheiros ingleses que não tinham experiência anterior neste assunto. Eles tiveram que projetar e construir suas próprias máquinas para raiação, etc., e demonstraram grande habilidade no modo como conduziram estes trabalhos.

Cada divisão tinha seu curtume, onde os couros eram curtidos para fazer coldres, selas, etc. Até mesmo o vinho era feito em pequena escala do suco de laranjas, mas não foi muito bem aceito, pois era horrivelmente doce.

Para incutir o ódio aos aliados em seus homens, López inventou diferentes histórias a respeito deles. Uma delas foi que eles tinham envenenado as águas do Bellaco no Ângulo, e não foi permitido aos homens beber delas por meses. Mas o caso mais estranho foi que os aliados tinham laçado um balão cheio de um horrível veneno que iria matar todo o exército paraguaio. Foi dito que este balão foi encontrado nos postos avançados do Sauce, e que um padre e um capitão da artilharia (Amarilla), que disseram que o examinaram, foram postos em quarentena por duas semanas.

Um oficial da guarda no Passo Vai foi fuzilado por ter confessado ter recebido um presente de 30 dobrões do inimigo. Três oficiais em Curupaiti foram fuzilados por alguma irregularidade na distribuição da ração de carne entre seus soldados.

Todos os prisioneiros capturados e os desertores que vinham do inimigo eram despidos de qualquer boa roupa e pertences nos postos avançados: seus braços eram amarrados nas costas e eles eram levados até o General Resquin que os interrogava. Eles também eram interrogados por uma ou duas pessoas enviadas por López para isto; e quando eles diziam que os aliados tinham mais homens do que López supunha, eles eram espancados até que eles dissessem um número bem baixo. Então, eles eram enviados a prisão, e depois de um tempo que variava bastante, a maioria deles morria de maus tratos ou de fome. Quando López queria notícias do acampamento dos aliados, ele costumava enviar seus espiões para sequestrar uma sentinela, missões que eles eram muito bem-sucedidos.

A primeira ascensão de um balão no acampamento dos aliados causou uma grande sensação. Naquele dia o balão ficou escondido por um tempo atrás de uma nuvem, e o Bispo que o estava observando ficou surpreso como eles eram capazes de torná-lo invisível a hora que quisessem. Com um telescópio, as cordas que o prendiam eram bastante visíveis, assim como os homens que as seguravam. Como conhecia o terreno com grande precisão, e vendo em qual local o balão estava suspenso, eu fui capaz de medir seu diâmetro e a altura de sua ascensão, para dar conhecimento a López. A princípio, ele desconfiou que o balão fosse bombardear o acampamento e ficou perturbado.

CAPÍTULO XV

OS ALIADOS MARCHAM PARA TUIU-CUÊ – OS ENCOURAÇADOS PASSAM PELAS BATERIAS DE CURUPAITI.

Finalmente, em julho de 1867, tudo indicava que os aliados realmente queriam terminar a guerra. Entretanto, esta esperança era ilusória.

No começo de julho, 5 mil homens marcharam de Passo da Pátria ao longo do Rio Paraná por uma distância de 10 km e acamparam naquele ponto. Em meados de julho, Osório chegou com seu exército, e assumiu o comando da vanguarda, e em 22 o exército começou a marchar com 30,5 mil homens, sendo 13 mil deixados guarnecendo Tuiuti que agora contava com grandes fortificações. Porto Alegre foi deixado em comando ali, e Caxias marchou com o exército num longo caminho seguindo a margem do Paraná, cruzando o Bellaco em Passo Frete, e dali marchando em direção a Tuiu-Cuê, onde ele entrou dia 29 quando houve uma escaramuça com a vanguarda paraguaia sob o comando dos majores Medina e Rolon, na qual ambas as partes perderam alguns homens.

Em 27 de julho, enquanto o exército aliado estava em marcha, Mitre chegou e reassumiu como Comandante-Chefe. Um fio telegráfico enterrado foi lançado por onde o exército marchou do mesmo modo como o sistema utilizado na última guerra entre Prússia e Áustria, sendo o cabo isolado com *caoutchouc*[59], e enterrado num sulco raso feito por um pequeno arado.

Chegando a Tuiu-Cuê, algumas das forças avançaram ao alcance dos canhões de Espinillo que tinham sido preparados para isto, mas ao serem bombardeadas, elas se retiraram e acamparam fora do alcance, colocando sua vanguarda no Posto Guayaiví, a 2,4 km de Espinillo. Então, eles

---

[59] N.E.: Palavra deixada como no original de Thompson e que é uma denominação arcaica de borracha.

começaram a se entrincheirar e a erigir baterias, trazendo alguns canhões Whitworth que foram montados nesta nova posição.

Na expectativa do movimento dos aliados, López mandou construir uma nova linha telegráfica de Humaitá através do *carrizal* até a Vila de Pilar, de maneira que quando os aliados cortassem a linha da estrada, suas comunicações não fossem interrompidas. Entretanto, ele sempre reparava a linha para fazer os aliados crerem que aquela era a sua única linha.

Os aliados logo estabeleceram uma guarda em San Solano, uma estância do governo que ficava a apenas 1,6 km da estrada entre Humaitá e Assunção, e eles enviaram grupos de reconhecimento de cavalaria por todo o país, capturando gado, etc. Entretanto, o rio continuava livre para os vapores de López.

Os aliados em Tuiu-Cuê recebiam seus suprimentos por meio de mulas de carga e carroças, que eram despachadas em comboio de Tuiuti uma vez a cada dois dias, indo pela estrada da beira do Bellaco à vista das guardas paraguaias. A escolta dos comboios raramente atacava as guardas paraguaias, de maneira que houve poucos combates na época.

Tão logo os aliados marcharam para Tuiu-Cuê e ameaçaram suas comunicações, López enviou uma tropa de reconhecimento e explorou o Chaco, e uma estrada foi construída de Timbó, 14 km acima de Humaitá, até Monte Lindo, 10 km acima da boca do Tebicuari. Timbó era o local mais perto de Humaitá onde um desembarque poderia ser efetuado, sendo o restante da margem do rio constituído de *carrizal*. Esta estrada através do Chaco era razoavelmente reta, e tinha 87 km. Ela não seguia o curso do Rio Paraguai, mas ia pelo interior do Chaco. A maior parte da estrada atravessava uma lama profunda, e cinco córregos profundos tinham de ser atravessados, além do Rio Vermejo. Por quase todo o caminho a estrada ficava no meio de matas, que longas, estreitas e tortuosas, estão espalhadas por todo o Chaco. O terreno é completamente plano, e é interceptado por inúmeros esteiros. Imediatamente, foram estabelecidos postos de guarda ao longo de toda a estrada.

Dia 15 de agosto, dia de Nossa Senhora da Assunção, o Almirante Inácio hasteou as bandeiras da Tríplice Aliança, e com 10 encouraçados passou pelas baterias de Curupaiti às 7h30. Antes ele tinha emitido a seguinte ordem do dia: "Brasileiros! Os santos protetores deste dia são Nossa Senhora da Vitória, Nossa Senhora da Glória e Nossa Senhora de Assunção. Portanto, com vitória e glória nós iremos para Assunção".

Os vasos receberam um dano considerável durante a passagem. Enquanto passava pelas baterias, o comandante do Tamandaré abriu uma das portinholas para atirar, mas uma bala de canhão imediatamente entrou, ferindo-o, e matando e ferindo 14 tripulantes. Sua máquina a vapor também foi danificada e parou, de maneira que ele teve de ser rebocado pelo Silvado e o Herval. Um pequeno bote de madeira foi carregado atrás de um dos encouraçados.

A passagem de Curupaiti pela frota teve o efeito de fazer os paraguaios verem que eles não podiam fazer nada contra os encouraçados com sua artilharia de pequeno calibre. López divulgou para o exército que ele tinha permitido que a frota passasse Curupaiti para que morresse de fome, pois ela não podia ser abastecida onde estava – entre Curupaiti e Humaitá – e que logo ela teria que repassar Curupaiti, e então ele iria afundá-la.

Os aliados fizeram uma estrada pelo Chaco do Riacho Quiá até a frota entre Curupaiti e Humaitá, e construíram um caminho de bonde de madeira para se comunicar e suprir seus navios.

Cinco dos encouraçados ancoraram à vista da Igreja de Humaitá, e a bombardearam por meses, pois era o único objeto visível em Humaitá, e três vasos ancoraram à vista de Curupaiti, bombardeando-a por trás. Entre Curupaiti e Humaitá, todo o terreno próximo ao rio era um *carrizal* intransponível, havendo apenas uma trilha estreita ao longo da margem do rio, da qual era impossível chegar a terra apenas a Humaitá ou Curupaiti. Neste último lugar, a barranca do rio tem 3 mil metros de comprimento, e na parte norte deste local, no começo do *carrizal* um desembarque poderia ser feito. As tropas poderiam ser enviadas pelo Chaco e desembarcariam ali por meio dos encouraçados com grande vantagem. Para prevenir isto, eu construí nas matas naquele local um pequeno forte armado com três canhões de 24 libras, montados de maneira que eles pudessem atirar tanto para frente quanto para trás e ao mesmo tempo eles flanqueavam os fossos do forte. Este forte foi construído e os canhões montados bem perto dos encouraçados sem que eles suspeitassem de nada.

Humaitá quase não tinha canhões, e quase todos os canhões pesados foram levados de Curupaiti e montados lá, de maneira que a frota com sua miserável lentidão teve que passar pelos mesmos canhões novamente em Humaitá. A mesma coisa aconteceu com eles mais três vezes, de modo que a artilharia que eles deveriam passar apenas uma vez era continuamente carregada à frente deles, e eles tiveram que passar quatro vezes por ela. O Coronel Alen agora tinha sido encarregado de comandar Humaitá, e o Capitão Gill foi deixado no comando de Curupaiti.

O *carrizal* estava nas mãos de López, de Curupaiti à Lagoa Piris, e achava-se que se uns poucos canhões pudessem ser montados secretamente em algum lugar abaixo da frota de madeira, isto poderia alterar o curso da guerra, pois todo o suprimento da frota seria cortado, e ela teria que se posicionar abaixo das baterias, e os encouraçados teriam que repassar Curupaiti. Assim, eu fui enviado junto com o General Bruguez para ver se uma estrada poderia ser aberta por meio da qual canhões pesados, ou mesmo leves, poderiam ser levados até lá. Entretanto, era praticamente impossível realizar isso sem fazer grandes obras, para as quais nós não tínhamos os recursos e nem tempo.

Tão logo os aliados começaram a se entrincheirar em Tuiu-Cuê, López começou um enorme muro de terra para proteger sua casa daquele lado. O canhão mais próximo daquele lado estava a 7 mil metros, e mais tarde os brasileiros se divertiam atirando no muro com seus Whitworth de 32 libras, que algumas vezes erravam feio. Este muro de terra tinha 27 metros de comprimento, 11 metros de largura na base e 5,5 metros de altura. Um telhado foi construído no topo dele, sob o qual foram colocados alguns telescópios.

Mesmo assim, achando que ele não estava seguro (um pedaço de obus uma vez caiu no telhado de sua casa), ele mandou construir uma casamata, na qual ele jantava e ficava quando algum tiroteio acontecia – um tiro era suficiente para fazê-lo sair da cama e ir para lá. Esta casamata era formada por imensas toras de madeira bastante dura, com 2,80 metros de comprimento, cravadas no solo lado a lado, em duas fileiras distantes de 2,80 metros, e fechadas em cima com troncos maiores da mesma madeira. Toda a estrutura era coberta com 2,80 metros de terra, e tinha em cada lado 5,60 metros de terra. Ela tinha um piso de tijolos e ganchos para rede, nos quais López costumava pendurar sua rede. Quando Passo Pucu foi evacuado esta casamata foi completamente demolida, a madeira levada para Humaitá e a terra carregada para longe. Isto tudo foi feito em uma noite, e nem um traço da casamata restou.

CAPÍTULO XVI

PROPOSTAS DE PAZ – INTERMEDIAÇÕES DOS SRS. WASHBURN E GOULD.

S. Ex.ª, o Sr. Washburn, embaixador dos Estados Unidos no Paraguai, como foi dito antes, deixou Assunção no início de 1865, em licença de seu cargo. Em 1º de novembro do mesmo ano, ele chegou a Buenos Aires no seu retorno, e depois de diversas viagens inúteis ao quartel-general do Presidente Mitre para obter permissão para passar o bloqueio e retornar a seu posto, permissão que não lhe foi concedida, ele subiu o rio num vapor de guerra, sendo parado pelo Almirante Tamandaré, mas ele declarou sua intenção de continuar sua jornada, o que fez sob o protesto de Tamandaré, e em 4 de novembro de 1866, ele desembarcou em Curuzú, e com uma bandeira de paz, acompanhado por alguns oficiais brasileiros, se apresentou no posto avançado paraguaio de Curupaiti. Tendo obtido a permissão de López, bandeiras de paz sendo levantadas por ambas as partes beligerantes, ele desembarcou com sua família e sua bagagem e foi para Assunção.

Dia 1º de janeiro de 1867, o General Asboth, embaixador americano em Buenos Aires, ofereceu por ordem de seu governo, uma mediação dos Estados Unidos na guerra paraguaia. Não tendo recebido nenhuma resposta, no dia 26 ele escreveu novamente e, então, recebeu a resposta que o governo de Buenos Aires estava devendo muito a ele, dizendo que quando o governo achasse conveniente, sua mediação seria aceita.

Em março do mesmo ano, o Sr. Washburn ofereceu sua mediação para López, o qual mais tarde aceitou, e o Sr. Washburn veio até o acampamento de López. No dia 11, tendo acertado algumas ideias com López a respeito do assunto, ele foi ver Caxias, então Comandante-Chefe do exército aliado. Ele foi na carruagem americana de López, acompanhado de diversos oficiais, e escoltado por uma guarda de cavalaria até às guardas avançadas dos aliados, onde ele se encontrou com o Coronel Fonseca, Chefe do Estado-Maior, e seguiu com ele a cavalo.

O Sr. Washburn permaneceu três dias no acampamento aliado, e então retornou, não podendo fazer nada em interesse da paz, pois Caxias lhe disse que não entrariam em nenhuma negociação que não tivesse por base a saída de López do governo do Paraguai. Isto López não queria nem ouvir falar, apesar de terem insinuado que haveria dinheiro para ele nesta saída.

O Sr. Washburn era um aliado leal de López até a hora em que este começou suas atrocidades, o que não aconteceu até meados de 1868, mas do momento que a mediação do Sr. Washburn falhou, López se desagradou dele e começou a persegui-lo. Depois disso, muitas calúnias foram levantadas contra o Sr. Washburn, tanto pelos aliados como por López, acusando-o de ter recebido suborno de ambos os lados. Entretanto, não havia como suborná-lo, mesmo se ele quisesse.

Em meados de agosto de 1867, o Sr. Gould, secretário da delegação britânica no Rio da Prata, foi enviado pelo governo de Sua Majestade da Britânia ao Paraguai para tentar levar os súditos britânicos. Ele não estava munido de nenhuma credencial apropriada e não tinha autoridade para fazer nenhuma ameaça, apenas pedir a López que permitisse que eles deixassem o país.

Ele visitou os acampamentos aliados em Tuiu-Cuê e em Tuiuti para conseguir permissão para passar pelas linhas até o acampamento de López. Na sua chegada lá (18 de agosto), López colocou-o em um pequeno quarto no meio de uma comprida cabana em que as repartições eram galhos de arbustos, de maneira que qualquer um nos dois quartos adjacentes podia facilmente ver e ouvir o que se passava em seu quarto. Entretanto, foi permitido aos ingleses do acampamento que o visitassem à vontade, e eles o informaram da situação de todos os ingleses residentes no Paraguai. López não negou diretamente ao Sr. Gould, mas no final tudo o que ele conseguiu foi levar com ele umas três ou quatro viúvas e suas crianças. Mas o Sr. Gould não teve meios de se comunicar com nenhum dos súditos britânicos empregados fora do acampamento. Achando que sua missão não teria nenhum resultado, ele (provavelmente a pedido de López) elaborou algumas condições de paz que ele achava que seriam aceitáveis aos aliados. Essas condições foram formalmente aceitas por López por intermédio de Caminos, seu Secretário para Assuntos Estrangeiros e, com este acordo, o Sr. Gould foi até o acampamento aliado.

O acordo se baseava nas seguintes propostas:

1. Um acerto prévio e secreto irá assegurar às Nações Aliadas a aceitação do Governo do Paraguai as propostas que eles estão dispostos a fazer.
2. A independência e a integridade da República do Paraguai serão formalmente reconhecidas pelas Nações Aliadas.

3. Todas as questões relativas aos limites territoriais em disputa antes da guerra atual serão reservadas para consideração futura, ou submetida para o arbítrio de nações neutras.
4. As forças aliadas irão se retirar do território da República do Paraguai, e as tropas paraguaias irão evacuar as posições tomadas por eles no território do Brasil tão logo a conclusão da paz esteja assegurada.
5. Nenhuma indenização por despesas de guerra será exigida.
6. Prisioneiros de guerra de ambos os lados serão postos imediatamente em liberdade.
7. As forças do Paraguai serão desbandadas com exceção no número necessário para a manutenção da ordem no interior da república.
8. S. Ex.ª, o Marechal Presidente quando da conclusão da paz ou do seu início, irá deixar o governo nas mãos de S. Ex.ª, o Vice-Presidente que, de acordo com a Constituição da República, permanece no cargo em situações similares.

Um grande crédito deve ser dado ao Sr. Gould, tanto por sua paciência em obter a liberdade dos ingleses como pela negociação das condições de paz, que eram altamente favoráveis ao Paraguai, e foram aceitas por ambos os lados. López sairia com distinção, em paz consigo mesmo, e assim aquele grande obstáculo, seu orgulho, estaria superado, pois ele mal teria sido arranhado.

Em 11 de setembro, o Sr. Gould levou os termos para o acampamento aliado onde ele foi recebido favoravelmente, e submetidos à apreciação dos respectivos governos, e o Coronel Fonseca (Chefe do Estado-Maior brasileiro) foi imediatamente despachado num vapor especial para o Rio, para que o acordo recebesse a aprovação do Imperador.

O Sr. Gould retornou depois de dois dias, e depois de informar López do andamento das negociações, recebeu uma carta do Secretário Caminos, dizendo que ele tinha *anteriormente* declarado que o oitavo artigo não poderia nem mesmo ser discutido por ele, e continha o seguinte parágrafo ditado pelo próprio López que o colocava numa posição extremamente ridícula:

"Quanto ao mais, eu posso assegurar a você que a República do Paraguai não irá manchar sua honra e glória consentindo que o seu Presidente e defensor, que contribuiu tanto para sua glória militar, e que tem lutado por sua existência, deva deixar seu posto, e muito menos que seja expatriado da cena de seu heroísmo e sacrifício, pois estes são as melhores garantias para meu país que o Marechal López irá seguir os desígnios que Deus reserva para a nação paraguaia".

O real motivo porque López nesta ocasião recusou os termos que ele tinha previamente aceito foi que, enquanto o Sr. Gould estava no acampamento aliado negociando com eles, ele recebeu notícias de uma nova revolução na Confederação Argentina, que ele acreditava que isto iria forçar os aliados a fazerem paz com ele em quaisquer termos.

É claro que o Sr. Gould não se deu ao trabalho de responder a carta que continha mentiras descaradas, e foi embora na canhoneira inglesa no mesmo dia. O capitão da canhoneira foi condecorado como Cavaleiro da Ordem do Mérito por López. O Sr. Gould não foi tratado por López com o respeito devido ao um agente do governo de Sua Majestade e somente foi recebido por ele durante à noite.

O horrível egoísmo demonstrado por López nesta ocasião é talvez sem paralelo. Os aliados estavam dispostos a conceder aos termos para o Paraguai como se eles tivessem sido ditados a eles por um conquistador, na condição única de que ele deixasse o país, e isto com todas as honras. Mas ele preferiu sacrificar até o último homem, mulher e criança de um povo bravo, devotado e sofredor, simplesmente para se manter um pouco mais no poder. Os sacrifícios e heroísmo que ele fala em sua carta são todos falsos, pois ele nunca se expôs pessoalmente, tendo toda comodidade e luxo que ele quisesse.

CAPÍTULO XVII

OS ALIADOS TENTAM CERCAR HUMAITÁ – DESCRIÇÃO DO TERRENO EM TORNO DE HUMAITÁ – BATALHAS DE ILHA TAYÍ, TATAYIBÁ, OBELLA E GUARDIA TAYÍ – SAQUE E QUEIMA DO ACAMPAMENTO ALIADO DE TUIUTÍ.

Humaitá[60], como Curupaiti, está situada num penhasco plano cerca de 10 metros acima do rio, numa curva em forma de ferradura que representa uma superfície côncava concentrando o poder de fogo de todas as baterias em qualquer ponto da curva. O penhasco tem 2,5 mil metros de comprimento, e está limitado por um *carrizal* em cada extremidade, e a vila é cercada por uma trincheira terminando em ambas extremidades do rio, no começo dos dois *carrizais*. Esta trincheira tem 14,8 mil metros de comprimento, incluindo os redutos que são posicionados a cada 250 metros, ao redor de um terreno plano com pastagem de cerca de 4 mil metros de comprimento e 2 mil metros de largura. Indo rio acima a partir de Humaitá, não há comunicação possível com terra até chegar a Pilar, por causa do *carrizal*, com exceção de um penhasco chamado Tayí, a 24 km de Humaitá, onde há uma trilha que leva para a estrada principal no interior. Este Tayí[61] se tornou um importante ponto estratégico. O *carrizal* entre Humaitá e Tayí tem mais ou menos a forma de um diamante, com as perpendiculares com 11 e 6 km de comprimento, e é chamado de Potreiro Obella. Ele é totalmente intransponível na maior parte, mas tem uma ou duas trilhas por onde pode ser atravessado. No lado da terra ele é completamente fechado devido a uma floresta impenetrável que tem apenas uma abertura por onde o gado foi trazido em grandes quantidades por

---

[60] Humaitá. *Hu* (nasal), preto; *ma*, agora; *itá*, pedra: a pedra que agora é preta.
[61] Tayí. Árvore.

López, e era levado para Humaitá quando requerido. Quando o rio está baixo, tem um caminho ao longo da margem de Tayí até Humaitá, mas o Arroio Hondo tem que ser atravessado em canoas.

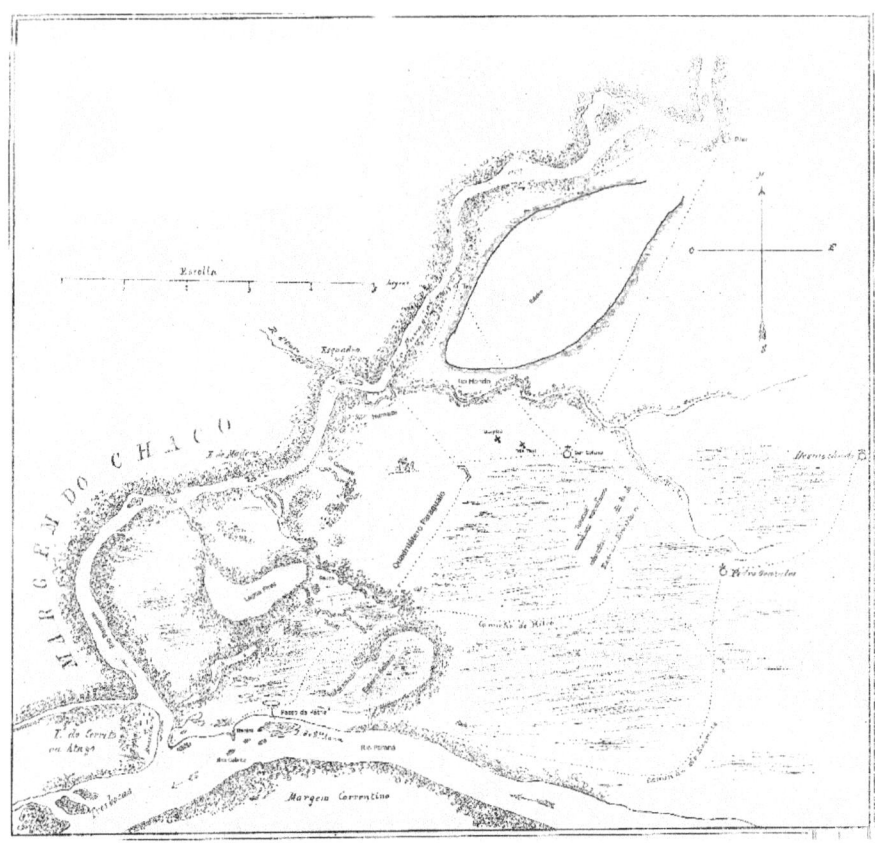

Figura 17 - Teatro de Operações - 1866-1868

Fora da trincheira de Humaitá, o terreno por vários quilômetros é pantanoso, com pequenos trechos de terra seca dispersos no pântano, mais especialmente perto de San Solano e Tuiu-Cuê, mas a maior parte do terreno perto da trincheira é passável.

Em frente à Humaitá, no outro lado do rio, o terreno é totalmente impraticável (apesar de ter sido atravessado pelos paraguaios) até Timbó, que fica completamente debaixo d'água se o rio está cheio; e assim segue até uns 5 km da embocadura do Tebicuari, e nenhum desembarque pode ser efetuado, pois tudo é feito de *carrizal*. Por quase toda a extensão do Rio Paraguai, a margem é mais alta do que o carrizal, tornando possível abrir uma estrada ao longo do rio, mas que não pode se comunicar com o interior.

Mas vamos seguir com o relato da guerra. Os suprimentos para o exército aliado em Tuiu-Cuê eram despachados a cada dois dias sob uma escolta de infantaria, cavalaria e artilharia de Tuiuti. Esses iam ao longo de uma estrada na frente do acampamento paraguaio, mas do outro lado do Bellaco. Ao mesmo tempo, as carroças dos fornecedores seguiam sem comboio por outra estrada, atrás da floresta de palmeiras, e fora da vista dos paraguaios. Entretanto, López costumava sempre ter pequenos bandos rondando por ali, e esses caíam em cima de qualquer companhia isolada e capturavam seus pertences. Uma vez eles fizeram uma captura bastante útil de uma carga de papel que, entretanto, eles não puderam trazer durante o dia para o acampamento paraguaio. Portanto, eles esconderam o papel na floresta levando a carroça para um ponto mais distante, e toda a noite durante uma semana eles iam e traziam umas resmas de papel por meio das patrulhas inimigas.

López determinou que se fizesse um ataque dissimulado sobre o comboio quando ele passasse, e que se armasse uma emboscada para o inimigo que ele supunha que iria seguir seus homens quando estes recuassem. Assim, em 24 de setembro – tendo na noite anterior enviado dois batalhões de infantaria para se esconder atrás de um terreno alto na metade do caminho entre Tuiu-Cuê e Tuiuti, e cerca de 2 km na frente das trincheiras paraguaias – ele enviou um regimento de cavalaria para atacar o comboio assim que este passasse. Um balão inflável estava sendo carregado pelo comboio naquele dia, e se o Coronel Rivarola que comandava os paraguaios tivesse sido mais rápido, ele teria tomado posse dele. Foram capturadas uma ou duas carroças e algumas mulas, e depois o regimento recuou através do esteiro, e parou quando Rivarola surgiu com seus dois batalhões de infantaria, então, as infantarias de ambos os lados começaram um duelo a tiros por algum tempo. Finalmente a cavalaria brasileira, que tinha esplêndidas montarias, assaltou *em coluna* o regimento paraguaio, cujos cavalos esqueléticos mal podiam andar, que em linha esperavam o ataque. Os brasileiros vieram bravamente até cerca de 150 metros dos paraguaios quando esses marcharam com seus cavalos para encontrá-los, fazendo com que os brasileiros imediatamente dessem meia volta da maneira mais desonrosa, e fugissem a galope. Este foi o único movimento feito por ambos os lados, e no final o inimigo se retirou deixando em torno de 200 mortos no campo. Os paraguaios perderam somente 80 entre mortos e feridos.[62]

Um grupo dos homens de López trouxe numa noite uma torre de vigilância completa, composta de quatro árvores novas. Os guardas da torre

---

[62] N.E.: Jourdan (Guerra do Paraguai, p. 92-94, RCMP, 2013) também relata este combate onde os brasileiros tiveram 12 oficiais mortos, 29 feridos e 403 praças fora de combate entre mortos e feridos.

foram degolados.

A cavalaria paraguaia sob o comando do General (então Major) Caballero, costumava todas as manhãs ir em direção de San Solano até um lugar chamada Hermosacué para dar de pastar a seus cavalos. Este local ficava no meio do caminho entre San Solano e as linhas paraguaias. Em 3 de outubro, o Major Caballero com toda sua força (cerca de mil homens), saiu para um reconhecimento até a Ilha Tayí quando o inimigo enviou alguns franco-atiradores para encontrá-lo. Estes foram seguidos por um regimento que foi desbaratado por Caballero, assim como os três seguintes que chegaram para suportar o primeiro. Então, algumas das infantarias inimigas chegaram e começaram a fustigar Caballero por detrás de um grupo de árvores fazendo-o recuar. Quando a cavalaria inimiga novamente começou a avançar, Caballero atacou-o ficando senhor do campo. Os brasileiros perderam em torno de 500 homens e os paraguaios cerca de 300 entre mortos e feridos.[63]

Em 21 do mesmo mês, Caxias preparou uma emboscada com 5 mil cavalarianos, sendo que todos esses se esconderam durante a noite nas diversas matas dispersas na planície. Como de costume, pela manhã Caballero saiu de Humaitá com sua cavalaria e perseguiu um regimento, que estava ali servindo de isca, até uma distância de 5 km de Humaitá num local chamado de Tatayibá, onde ele foi cercado imediatamente pela cavalaria brasileira, a qual havia tanto que nos pequenos espaços entre os esteiros, eles mal podiam operar. Caballero abriu seu caminho de volta até estar ao alcance dos canhões de Humaitá quando o inimigo o deixou. Ele estava completamente cercado pelos 5 km e foi combatendo no corpo a corpo durante o trajeto inteiro. A cavalaria paraguaia sofreu pesadamente, tendo 400 mortos, 138 prisioneiros (feridos), e alguns feridos que foram capazes de cavalgar de volta para Humaitá. Os brasileiros perderam em torno de 150 homens entre mortos e feridos, e cerca de 8 oficiais[64]. O que é de admirar é que alguns paraguaios tenham conseguido voltar. Caballero, que tinha sido promovido a Tenente-Coronel pela ação de Ilha Tayí, agora foi promovido a Coronel, e López deu uma medalha para todos que combateram em Tatayibá[65]. Esta medalha foi cunhada e presenteada no fim do ano.

No mesmo dia um ato diversivo foi criado pelos argentinos contra a vanguarda paraguaia oposta ao Ângulo. Os paraguaios recuaram, atraindo o inimigo até o alcance de seus canhões, os quais sofreram algumas baixas.

López vinha juntando uma grande quantidade de gado no Potreiro

---

[63] N.E.: Jourdan relata um desfecho bastante diferente, com 22 mortos e 142 feridos para o lado brasileiro e 500 mortos e 190 prisioneiros para o lado paraguaio.
[64] N.E.: Jourdan relata que os paraguaios deixaram 583 mortos e 147 prisioneiros, enquanto que os brasileiros tiveram apenas 10 mortos e 85 feridos.
[65] *Tatayibá*, uma árvore, cujo pó de serragem fornece um corante amarelo brilhante.

Obella antecipando um cerco. A abertura para o potreiro através da mata, que foi descrita anteriormente, estava fechada com uma trincheira defendida por cerca de 200 paraguaios. Havia outro caminho para o potreiro, indo de Tayí ao longo da margem do rio que entrava no potreiro por Laurel, onde López mandou fazer uma trincheira, e colocou 14 canhões com uma guarnição de 600 homens sob o comando do Major Franco. Esta trincheira era de frente para Tayí.

Em uma de suas expedições de reconhecimento, o inimigo ficou ciente da trincheira que defendia o Potreiro Obella pelo lado terrestre e ficou determinado em tomá-la. Em 28 de outubro, o General Mena Barreto com 5 mil homens foi enviado para tomá-la. A trincheira ficava no fim de uma abertura estreita na mata, a qual os brasileiros tinham que percorrer antes chegar até ela, e onde ficavam expostos ao fogo direto. Os paraguaios lutaram bravamente, mantendo o inimigo à distância por um longo tempo, mas finalmente foram sobrepujados. De acordo com os números oficiais de Caxias, os brasileiros perderam 370 homens e os paraguaios 80 mortos e 56 feridos.

Depois de tomar esta trincheira, Mena Barreto seguiu até Tayí para reconhecer o terreno e, ao chegar à margem do rio, ele começou a atirar com sua artilharia em dois vapores paraguaios que estavam indo rio abaixo. Estes pararam e o bombardearam fazendo com que ele recuasse. López, sabendo que o inimigo tinha chegado a Tayí, ficou ansioso, pois se o inimigo colocasse uma bateria ali, suas comunicações por meio do rio seriam barradas. Assim, ele me enviou dia 1º de novembro para escolher uma posição e esboçar uma trincheira para impedir o inimigo de tomar o penhasco em frente ao rio, que naquele local tinha apenas 400 metros de comprimento, e era rodeado por *carrizais* em ambos os lados. O mesmo vapor levou o 9º Batalhão de infantaria, com cerca de 400 homens sob o comando do Capitão Rios, e três peças de artilharia de campo, sendo as duas forças sob o comando do Major Villamayor, um ajudante de ordens favorito de López, um homem muito bravo, mas estúpido. Eu deveria dizer a eles o trabalho a ser feito, e retornar imediatamente. Nós chegamos lá no final da tarde, e depois de um reconhecimento, achamos o inimigo por perto, atrás das matas. Guardas avançadas e um reduto traçado, e os trabalhos começaram ao anoitecer em 1º de novembro.

Vendo uma velha casa da guarda em Tayí com uma forte paliçada à sua volta, enviei uma canoa até Laurel (de onde havia uma linha telegráfica até Passo Pucu) com um despacho avisando López que o inimigo e que a paliçada poderia ser melhorada até a manhã jogando terra contra ela, etc., e que a trincheira ao mesmo tempo ainda estaria em construção. Entretanto, ele preferiu que se continuasse com a trincheira.

Na manhã seguinte, Mena Barreto atacou os paraguaios que, vendo sua aproximação, se posicionaram abaixo do penhasco e atiraram por cima dele, mas eles foram imediatamente sobrepujados, e quase todos foram trucidados pelos brasileiros. O Major Villamayor foi morto, e o Capitão Rios, muito ferido, conseguiu escapar com alguns para Laurel.

Os vapores continuaram a bombardear os brasileiros que trouxeram sua artilharia para a beira do rio, e ao mesmo tempo a infantaria descarregava seus rifles sobre os vapores matando a maior parte da tripulação. Dois vapores foram afundados – a saber, o Olimpo e o 25 de Maio – o outro, o Iporá, escapou.

Os brasileiros imediatamente se entrincheiraram fortemente em Tayí, que foi armada com 14 canhões e guarnecida com 6 mil homens. Em San Solano e suas vizinhanças, 10 mil homens eram mantidos prontos para reforçar Tayí, caso López resolvesse atacá-la. Logo depois eles estenderam correntes através do rio para cortar todas as possibilidades de um vapor paraguaio passar. Um desses foi encouraçado com trilhos de trem para passar pelas baterias, mas a armadura não respondeu bem, sendo muito pesada e foi retirada.

Estes acontecimentos foram mantidos em profundo segredo por López, e a maioria das pessoas no exército paraguaio não souber de nada até alguns meses depois quando eles escaparam de Humaitá.

Poucos dias depois da captura de Tayí, um major brasileiro com três outros oficiais se aproximaram de Laurel pela estrada e foram mortos pelos paraguaios.

Quando os aliados marcharam para Tuiu-Cuê, López enviou o Tenente-Coronel Nuñez para o passo principal do Tebicuarí, onde ele tinha um batalhão de recrutas (o 45°), e dois esquadrões de cavalaria, também recrutas. Ele escavou uma trincheira para defender o passo e colocou seis canhões ali. Ele também dispôs guardas em outros passos em direção à nascente do Tebicuarí. Nuñez estava encarregado de enviar gado, suprimentos e correspondência pelo novo caminho pelo Chaco, passando-os pelo Rio Paraguai cerca de 6,5 km acima do Tebicuarí, num ponto chamado Monte Lindo.

O gado atravessava o rio de diversas maneiras. Em Monte Lindo, o rio tinha 560 metros de largura, e a corrente era muito rápida. Um dos métodos era construir uma "manga" – i.e.: duas cercas fortes saindo a partir da margem, separadas em torno de 1,5 metro, e paralelas por uma distância de 20 metros quando elas se abriam como um funil. O gado era tocado pela parte larga do funil, e saía um a um na água, onde algumas vacas amarradas a uma canoa eram levadas imediatamente para o outro lado do rio, sendo que os animais da "manga" seguiam aqueles que iam amarrados à canoa. Entretanto, muitos se afogavam com este método. Outro era amarrar pelos chifres quatro animais em cada lado de uma canoa, e então cruzavam desta maneira. Eles também amarravam as pernas dos animais nos chifres e carregavam quatro assim *dentro* de uma canoa. Mas o melhor plano, e o mais usado, era uma balsa rebocada por um vapor.

Quando o exército aliado se aproximou pela primeira vez do Passo da Pátria, López ordenou que todos os habitantes da costa do Paraná[66] fossem para o norte do Arroio Hondo. Quando ele soube que os aliados iriam marchar para Tuiu-Cuê, ele ordenou que todos os habitantes (i.e.: homens, mulheres e crianças) fossem além do Tebicuarí, arrasando todos os distritos de Ñeembucu e Missiones. A maior parte das pessoas que foi expulsa de suas casas morreu de fome e exaustão.

Portanto, o país entre os aliados e o Tebicuarí estava completamente deserto. Todo o mobiliário e pertences humildes do povo foram deixados nas casas, pois eles somente podiam levar consigo o que podiam carregar sobre suas cabeças. O gado desta parte do país também tinha sido levado embora, e somente alguns pequenos rebanhos restavam para o consumo imediato do exército.

Os aliados enviaram várias expedições de reconhecimento nesta parte do país, e houve algumas escaramuças leves com os paraguaios que podiam ser encontrados por toda parte em pequenos números. Eles tomaram posse duas vezes de Pilar, e uma vez os brasileiros chegaram ao passo do Tebicuarí e trocaram alguns tiros com Nuñez. Uma destas expedições sob o comando do Major Ascona foi até San Juan, capturou algum gado e fez alguns poucos prisioneiros, mas retornando pela mesma estrada, eles foram emboscados pelos paraguaios comandados pelo Capitão Rojas, que lhes caiu em cima, resgatando o gado e os prisioneiros, além de capturar dois oficiais inimigos. Um desses era um paraguaio que há algum tempo tinha desertado para o inimigo. López ficou muito contente em tê-lo capturado. Ele foi trazido (muito ferido) para Passo Pucu, onde ele foi surrado quase até a morte, e depois fuzilado.

Desde que os aliados moveram parte de suas forças para Tuiu-Cuê, López tinha a ideia de atacar Tuiuti, e eu fui encarregado de fazer um mapa das fortificações daquele local. Tendo já feito anteriormente um mapa bastante preciso de todo o terreno ali, fui capaz de completar minha tarefa com bastante sucesso. A maior parte das fortificações de Tuiuti era visível de nossas torres de vigia, para onde eu levei meu teodolito para fazer observações. Também fui ver alguns dos desertores que vieram de Tuiuti, e os interroguei sobre o estado das defesas.

Finalmente López se decidiu a atacá-la em 3 de novembro. Todos os preparativos foram feitos no dia 2. O General Barrios comandaria toda a expedição, que consistia de oito mil homens, divididos em quatro brigadas de infantaria, cada uma consistindo de quatro batalhões, e duas brigadas de cavalaria, cada uma com três regimentos. Barrios deveria seguir com a

---

[66] No Paraguai, a maior parte da população vivia em casas isoladas, espalhadas por todo país, e não em vilas, sendo sustentadas pelos produtos de sua terra.

infantaria pelo caminho de Iataití Corá; o bravo Coronel Ximenez liderando a vanguarda, e o Coronel Luis Gonzalez era o segundo em comando de Barrios. O Coronel Caballero levaria a cavalaria bem à direita do inimigo pelo Passo Satí. O Tenente-Coronel Rivarola era seu segundo em comando. Não era a intenção tomar o local, pois López não tinha homens suficientes para guarnecê-lo. A intenção era capturar alguns dos canhões – especialmente um ou mais dos Whitworth de 32 libras, dos quais López e todo mundo tinha muita inveja – e para fazer com que os inimigos se reconcentrassem naquele ponto que era a base de suas operações.

López juntou todos os oficiais comandantes sobre o mapa e deu as direções a eles. Estas eram que eles teriam de ficar prontos na noite anterior, se posicionando tão perto das linhas inimigas quanto possível, e ao raiar do dia a infantaria deveria correr em direção ao acampamento argentino, e a cavalaria para cima dos redutos brasileiros à direita; sendo que, limpando tudo à sua frente, eles deveriam abrir caminho até o Piris, enviando os canhões de volta a seu acampamento assim que eles fossem capturados, e então deveriam voltar. Entretanto, depois de dar estas instruções ele deu a ordem de que quando eles entrassem nos acampamentos inimigos, deveriam deixar os soldados saquear tudo que pudessem. Quando um general dá uma ordem dessas, ele merece todos os reveses que possam acontecer. O resultado desta ordem foi que ao invés de ser uma vitória brilhante, como foi a princípio, a batalha resultou em perdas pesadas para os paraguaios, assim como para os aliados.

A manutenção das guardas avançadas do inimigo tão perto das linhas paraguaias permitiu que eles chegassem bem perto deles à noite, e mesmo que eles estivessem acordados e tivessem dados alarme, a distância era tão curta que os paraguaios estariam sobre suas trincheiras antes que a guarnição estivesse pronta para eles.

Em 3 de novembro de 1867, López estava de pé antes do amanhecer, observando o ataque. Ao raiar do dia, os paraguaios marcharam em passo duplo silenciosamente, encontrando o inimigo dormindo; uma de suas guardas avançadas disparou contra eles depois que os paraguaios passaram, mas eles não revidaram para manter o barulho no mínimo possível. Justo quando os paraguaios alcançaram a primeira linha de trincheiras, dois canhões dispararam, assim como uns poucos tiros de mosquete, mas o tiroteio imediatamente cessou. A infantaria varreu tudo à frente deles, pondo fogo em tudo que encontravam à medida que avançavam, queimando o acampamento inteiro, e explodindo muitos barris de pólvora. A segunda linha de trincheiras foi tomada com a mesma facilidade; quatro batalhões de brasileiros que estavam de serviço de guarda ali foram tomados de tal pânico que desbandaram e fugiram para Itapiru, onde esperavam se salvar se atirando na água. Na sua fuga, eles foram acompanhados por todos comerciantes e provedores do acampamento. As passagens de translado para Corrientes aumentaram de tal modo que 100 *l*.⁶⁷ foram pagos por uma passagem para atravessar o rio, e 10 *l*. para ser levado a certa distância da margem.

Depois de tomar a segunda linha de trincheiras, os paraguaios, que agora tinham alcançado o "Comércio", onde todos os armazéns e vendas estavam, se desbandaram, como López tinha ordenado, e começaram a saquear, pilhar e queimar. O próprio Porto Alegre se comportou bravamente, mas seu exército não. Ele reuniu algumas tropas para defender a cidadela, que agora estava fácil, pois os paraguaios tinham se desbandado, e dali ficou atirando em cima deles, matando e ferindo muitos. Os feridos se encheram com o saque e imediatamente retornaram ao acampamento paraguaio. Alguns cavalarianos brasileiros que estavam acampados perto do Bellaco do sul não se moveram até que os paraguaios tivessem se desbandado, e então fizeram uma carga em cima deles. Os paraguaios saquearam todo o acampamento até Bellaco do sul na retaguarda da cidadela, bebendo e comendo punhados de açúcar que eles gostavam muito. Finalmente os brasileiros e argentinos saíram da cidadela e massacraram muitos dos paraguaios que estavam ali, e por toda a parte – aqueles que puderam fugiram com seu saque.

A cavalaria paraguaia se comportou muito melhor. Eles chegaram nas trincheiras dos redutos quase sem serem ouvidos, pegando as guarnições de pijamas. Eles saltaram de seus cavalos, e de espada na mão, escalaram as trincheiras. O comandante de um desses redutos, vendo que os paraguaios estavam decididos a tomá-los, levantou uma bandeira branca para se render, e então, Caballero parou seus homens, e ordenou que os inimigos entregassem suas armas. Alguns hesitaram em obedecer, e ele ordenou que seus homens os matassem. O restante largou suas armas, e Caballero parou o massacre. Os prisioneiros, todos brasileiros, em número de 249 praças e 10 oficiais, além do Major Cunha Mattos, e do major argentino Aranda, mais 6 mulheres, foram levados para o acampamento paraguaio sob uma escolta de 6 cavalarianos paraguaios. Os canhões foram imediatamente enviados para o Passo Pucu. Dois outros redutos foram assaltados e tomados por Rivarola e Montiel, sendo as guarnições passadas à espada. As barracas foram então queimadas.

Tão logo chegaram as notícias sobre o que estava acontecendo em Tuiuti, reforços foram despachados de Tuiu-Cuê. O General Hornos com a cavalaria correntina e dois regimentos argentinos, a Legião Paraguaia, e o General Vitorino com a sua divisão e outra divisão de cavalaria brasileira, galoparam até Tuiuti e se engajaram com a cavalaria paraguaia, no momento em que eles tinham liquidado com os redutos. A cavalaria paraguaia lutou bravamente, investindo repetidamente contra o inimigo. O combate corpo a

---

⁶⁷ N.E.: Símbolo de *schilling* que era o equivalente a um vinte avos de uma libra esterlina.

corpo neste momento durou mais de uma hora, depois da qual eles se retiraram, sendo todo o combate terminado por volta de 9 horas. Todo o acampamento inimigo, do centro à direita, era uma massa de fogo e fumaça, ocasionalmente aliviada pela explosão de um barril de pólvora. Recuando de Tuiuti, os paraguaios se reuniram e se reorganizaram em Iataití Corá, sendo que os feridos foram direto para Passo Pucu com o fruto de seu saque.

Três bandeiras foram capturadas – duas bandeiras brasileiras muito enfarrapadas, e uma bandeira argentina com um lindo bordado. Quatorze canhões de diferentes calibres, desde um obuseiro de 7 polegadas até um canhão raiado de 9 libras, foram levados para o acampamento paraguaio. Entre esses estava um Krupp de 12 libras, raiado e alimentado pela culatra que estava carregado, não tendo o inimigo tempo para atirar com ele. Um Whitworth de 32 libras foi enviado de Tuiuti, mas sendo muito pesado, tinha atolado até o eixo das rodas na lama do esteiro, e não sendo possível desatolá-lo, os homens o deixaram ali, a uma distância equivalente a um tiro de fuzil das trincheiras inimigas.

López ficou muito irritado quando ele ouviu que o canhão tinha sido deixado lá, e o General Bruguez que estava com ele, implorou ir para buscá-lo. López disse a ele que levasse dois batalhões de Barrios e que fosse até lá. Também disse para fuzilar no caminho dois paraguaios que tinham sido capturados. Como ordenado, Bruguez foi em frente, fuzilou os dois paraguaios nas costas como traidores, juntou, com alguma dificuldade, dois batalhões e começou a marchar em direção ao canhão com 12 parelhas de bois e muita corda com ele. Quando chegou lá, os brasileiros que temiam que aquele canhão caísse nas mãos dos paraguaios, já estavam tentando levá-lo de volta para suas trincheiras, com homens e bois. Quando Bruguez se aproximou deles, eles se retiraram mantendo um terrível canhoneio e mosquetaria. Entretanto, Bruguez pegou o canhão e o levou embora para longe de suas trincheiras. Ele perdeu alguns homens, incluindo o Major Mendoza da artilharia. Descobriu-se que este canhão estava carregado com dois cartuchos e nenhuma bala, e o fuso de cobre estava quebrado dentro do orifício do estopim de maneira que o cartucho não podia ser perfurado. O canhão só chegou ao acampamento paraguaio ao anoitecer.

Os aliados perderam em torno de 1,7 mil homens, entre mortos, feridos e aprisionados. Porto Alegre sofreu ferimentos leves, e teve dois cavalos mortos enquanto montava. Algumas carroças com roupas, e algumas mulas e cavalos foram capturados. Toda a porção direita do acampamento foi destruída e queimada.

Os paraguaios perderam em torno de 1,2 mil homens no campo, a maioria deles mortos, e quase o mesmo tanto de feridos retornou, de maneira que de 8 mil homens que atacaram, quase um terço deles ficou *hors de combat*. O 40º Batalhão novamente sofreu muitas baixas, tendo sua banda completamente destruída, voltando com apenas 100 homens prontos para outro combate; o 20º Batalhão, que entrou em ação com 460 homens, voltou com apenas 76; e do 3º Batalhão, que tinha 400 homens, apenas 100 voltaram. Além do oficial de campo mencionado, três outros caíram mortos – o Tenente-Coronel Lescano, e os majores Fernandez e Bullo. Os coronéis Gonzalez, Ximenez, e Rivarola, e os majores Duarte e Montiel, foram feridos, mas retornaram.

O Brigadeiro-General Barrios foi promovido a general de divisão, mas como López, apesar de ser marechal, ainda vestia o uniforme de um general de divisão, Barrios foi obrigado a continuar usando o de brigadeiro.

Um ataque diversivo foi feito pelos paraguaios na sua extrema direita, ameaçando atacar a esquerda brasileira.

Quando o inimigo em Tuiu-Cuê percebeu o que estava acontecendo em Tuiuti, ele enviou cinco batalhões para ameaçar Espinillo, mas eles não chegaram ao alcance das trincheiras.

O espólio trazido de Tuiuti pelos paraguaios foi imenso, e consistia de artigos de toda espécie. As únicas alcachofras que eu vi no Paraguai foram trazidas do acampamento aliado naquele dia. Uma remessa de correio recém tinha chegado de Buenos Aires, e foi levada até López que ao ler uma das cartas disse: "Pobre Mitre! Eu estou lendo a carta de sua mulher", e então contou o que dizia na carta. Uma caixa foi trazida até López que recém tinha chegado para o General Emílio Mitre, contendo chá, queijo, café e um par de botas. Novos uniformes de oficiais feitos por um alfaiate. Chapéus, vestidos, crinolinas[68], camisas (especialmente de estilo Criméia), e tecidos foram trazidos em grandes quantidades, cada homem trazendo tanto quanto ele podia. Um telescópio num tripé foi trazido de uma das torres de vigia, e relógios de ouro soberanos e dólares vieram em abundância. Um homem que achou um saco cheio de moedas cortadas de meio e quartos de dólar, jogou fora, pois achou que era de pouco valor para ele.

Os aliados se puseram a trabalhar para melhorar as fortificações de Tuiuti. Os paraguaios se alegraram com a vitória, e López deu a eles uma medalha que foi cunhada em Assunção.

Os prisioneiros trazidos de Tuiuti foram colocados numa prisão feita expressamente para eles, num cercado à volta de um pedaço de terreno que era parcialmente coberto por um telhado. Os oficiais que tinham dado sua palavra, mesmo assim foram enviados para esta prisão junto com os soldados comuns sofreram muito de fome, sujeira e exposição ao tempo, de maneira que um deles (um capitão) tentou escapar, e foi para a mata, mas não foi capaz de atravessar as linhas paraguaias. Depois de três dias, ele foi achado sentado debaixo de uma moita, levado de volta e fuzilado. Para inspirar medo aos restantes com relação à fuga, foi dito que 50 deles foram

---

[68] N.E.: Armação de madeira para dar volume aos vestidos.

fuzilados. A maior parte restante morreu de fome e maus tratos. Entretanto, uns poucos sobreviveram e foram levados para o Tebicuarí.

Os dois majores capturados foram levados ao Estado-Maior, em cujo local eles ocuparam um quarto. López mandou dizer que ele não queria tratar oficiais distinguidos como soldados comuns, fazendo com que eles fossem interrogados, e ficaria satisfeito se eles escrevessem tudo que soubessem sobre a situação dos aliados.

Toda a linha de trincheiras do Ângulo a Humaitá tinha sido bem armada com artilharia desde que os aliados tinham marchado para Tuiu-Cuê, mas eles nunca se aproximaram delas. O "General Diaz" foi trazido de Espinillo e bombardeou o acampamento de Tuiu-Cuê uma ou duas vezes, mas logo ficou *hors de combat*.

O Whitworth de 32 libras que, junto com seu carro de munição tinha sido trazido de Tuiuti, logo teve seu orifício do estopim consertado, e foi levado para Curupaiti uma tarde e colocado à direita da bateria, onde a frota de madeira era visível, e fora do alcance de qualquer artilharia que os paraguaios tinham antes. Entretanto, este canhão maravilhoso, o muito desejado "Ufa", podia alcançar muito além da frota, e fez um exercício fundamental naquela tarde, pondo a frota a se mexer. O Belmonte, entre outros, recebeu um tiro que desmontou seu Whitworth de 150 libras e matou toda a guarnição do canhão. Ao todo, a frota de madeira foi atingida 34 vezes naquela tarde, e saiu fora da vista. O canhão então foi enviado para o Espinillo onde diariamente disparava para o acampamento aliado com algum sucesso. Centenas de balas e projéteis disparados pelo inimigo tinham sido armazenados para este canhão.

Não havia munição para o Krupp de 12 libras, e esta teve de ser feita em Assunção. Então, o canhão foi levado para diferentes partes da trincheira, para divertir os soldados e disparar no inimigo.

Na Batalha de Tuiuti, o exército oriental que no dia tinha 40 homens e um general, ficou reduzido a um general e 20 homens.

CAPÍTULO XVIII

LÓPEZ CONCENTRA SUAS FORÇAS NO PASSO PUCÚ, E ESTABELECE UM ACAMPAMENTO E BATERIA NO TIMBÓ – MITRE DEIXA O COMANDO NAS MÃOS DE CAXIAS – MORTE DO GENERAL FLORES.

Depois da Batalha do Tuiuti, vendo que os aliados continuavam em posse de Tayí e não mostraram nenhuma intenção de reconcentrar suas forças, López decidiu retirar suas tropas para um perímetro menor e fortificar Humaitá.

Portanto, ele pediu urgência no trabalho de uma trincheira que eu tinha começado, e que tendo à sua direita a Laguna López, seguia a parte mais alta do Passo Pucú, juntando-se à velha trincheira no Espinillo. Redutos triangulares foram feitos no Ângulo, e em intervalos ao longo da trincheira até Humaitá, sendo que a própria trincheira servia como um dos lados. Eles foram construídos de forma a flanquear o máximo possível os intervalos das trincheiras entre eles. A velha trincheira do Sauce até o Ângulo foi deixada apenas com guardas, e a artilharia foi removida (150 peças), sendo os canhões maiores levados para Humaitá, e alguns menores colocados na trincheira do Passo Pucú. Espinillo, e o resto da linha até Humaitá ficou apinhada com artilharia. O Capitão Barrios foi deixado com 100 homens e um canhão no Sauce. O Major J. Fernandez, com um regimento de cavalaria, guarnecia o centro antigo e a esquerda. O General Bruguez, cuja residência agora estava no Espinillo, comandava toda a nova linha.

No começo de dezembro, foi iniciada a construção de uma trincheira no Timbó, no Chaco, escondida na mata à beira do rio. Primeiramente, ela foi guarnecida com seis batalhões de infantaria e três regimentos de cavalaria, e foi armada com 30 canhões de campo[69]. Era comandada pelo Coronel

---

[69] N.E.: *Fieldpiece* no original. São canhões de menor calibre e alta mobilidade.

Caballero, que estava encarregado da comunicação pelo Chaco.

Informaram a todas as mulheres do acampamento que aquelas que desejassem ir para Assunção deveriam fazer pelo Chaco. Por mais de um ano a nenhuma tinha sido permitido vir ou ir embora, e agora muitas se valeram da oportunidade, tendo que caminhar todo o caminho, uma distância de cerca de 400 km.

O Hospital Geral foi removido para Humaitá, onde os doentes sofreram algumas perdas devido aos bombardeios contínuos. O Dr. Fox, um dos cirurgiões do exército, foi ferido na perna por uma cápsula que explodiu numa das enfermarias.

As correntes de Humaitá eram visíveis do ponto onde os encouraçados ancoraram. Essas consistiam de três correntes lado a lado, das quais a mais pesada tinha elos de 19 cm, suportados por algumas canoas e por três mourões. Os encouraçados atiraram por três meses nesses mourões, afundando todos eles e, é claro, levando as correntes para o fundo do rio, pois naquele ponto o rio tinha 700 metros de largura, e as correntes não podiam se sustentar sem suportes intermediários. Dessa maneira, as correntes ficaram enterradas uns 60 cm na lama do rio, não oferecendo nenhum obstáculo a navegação. Foram feitas algumas tentativas de colocar boias e alçar as correntes nelas, mas elas falharam. De agosto a fevereiro, os encouraçados bombardearam a igreja, quebrando alguns tijolos e cortando uma ou duas vigas pela metade.

No começo de outubro, M. Cochelet, o cônsul francês, foi substituído por M. Cuverville. M. Cochelet estava no livro negro de López porque ele não visitava a Sra. Lynch. Quando chegou de Assunção, ele foi colocado com sua família em um quarto em Humaitá exposto aos bombardeios contínuos dos brasileiros, permanecendo lá até que o vapor francês chegou para buscá-lo.

No começo de dezembro, o governo italiano enviou um cônsul que após ficar alguns dias sob fogo em Humaitá, foi enviado para Assunção pelo Chaco.

Toda vez que uma bala de canhão fazia um buraco na casa de López em Humaitá, ele era imediatamente reparado e caiado de maneira a não deixar traços do dano, pois era suposto que sua casa não podia ser atingida pelo inimigo. Dois ou três pequenos canhões colocado nas matas opostas aos encouraçados em Humaitá importunavam os brasileiros toda vez que eles apareciam no convés.

Em 26 de dezembro, os encouraçados avançaram até o alcance de Humaitá para reconhecer, e então retornaram ao seu ponto de ancoragem.

Os vapores Taquari e Igurei que ficaram entre Humaitá e Tayí, fizeram todo o trabalho de transporte entre Timbó e Humaitá, embarcando e desembarcando suas cargas do lado oposto à igreja e fora da vista dos encouraçados.

O canhão "Acá-Verá" tinha sido completado e trazido para Humaitá, onde ele foi colocado em posição. O "Cristiano" também foi trazido de Curupaiti, e montado em Humaitá.

Pequenas incursões eram continuamente feitas pelos homens de López em lugares onde eram menos esperados. Num dia de dezembro eles trouxeram 800 bois detrás das linhas inimigas entre Tuiu-Cuê e Tuiuti. Em outra ocasião, eles trouxeram 1,8 mil cabeças de gado de um local próximo a Pedro Gonzalez, e outra vez carregaram do mesmo local o Capitão Silva, um paraguaio que tinha desertado para o inimigo há algum tempo, e que estava servindo de guia para eles. Ele foi jogado na prisão, e depois de muitos interrogatórios, foi chicoteado até a morte.

Uma das principais diversões tanto do acampamento paraguaio quanto dos aliados era bombardear um ao outro com os Whitworth de 32 libras. Depois que isto começou com os paraguaios de Espinillo, os brasileiros trouxeram três destes canhões para suas linhas em Tuiu-Cuê, e costumavam atirar tanto no nosso 32 libras, para tentar desmontá-lo, quanto no quartel-general de López. Depois que López jantava e se retirava para a paz de sua casamata, ele ordenava que Espinillo iniciasse um bombardeio. Ele sempre tinha uns oficiais com telescópios no topo de sua casamata que lhe relatavam tudo o que se passava – todos os disparos do inimigo, de onde vinham, onde caíam, e se eles explodiam ou não; assim como todos os disparos de Espinillo, onde estavam indo, e onde estava caindo e explodindo. Para fazer isto corretamente, os oficiais dos canhões de Espinillo tinham algumas letras pretas pintadas em couro, e essas letras representavam diferentes partes do acampamento inimigo. Assim, T era para Tuiu-Cuê, C para o quartel-general de Caxias, etc. Quando o canhão estava sendo mirado, os telescópios em Passo Pucú eram informados pelas letras de Espinillo que eram mostradas, para observar o tiro, e os telescópios eram apontados para aquela direção, e López imediatamente informado. Quando o canhão era disparado, o local exato onde o tiro caía era visto e reportado a ele. Um dos alvos favoritos era a casa de Osório. Esta tinha uma pequena proteção de terra na frente, e depois que seu teto foi perfurado repetidas vezes, ele colocou uns fardos de feno em cima da proteção de terra. Entretanto, esses eram desmontados repetidas vezes pelos disparos paraguaios.

Durante um dos bombardeios, os brasileiros incendiaram uma carreira de casas no Espinillo, queimando a munição de todo um batalhão de infantaria (240 tiros por homem), e incendiando também uma torre de vigia que estava por perto. Isto aconteceu pouco antes do anoitecer, e os aliados viram as casas queimarem. Na manhã seguinte, eles ficaram espantados ao ver (assim eles pensaram) que todas as casas tinham sido reconstruídas exatamente como estavam antes do incêndio, o que eles consideraram como outra prova da onipotência de López. Na realidade, entretanto, o fato foi que as casas que queimaram ficavam exatamente atrás daquelas que os aliados viram, que não tinham pegado fogo. A maioria dos generais aliados tinha carruagens próprias, e López era sempre informado quando eles saíam, se estavam a cavalo ou em uma carruagem.

Em 11 de janeiro de 1868, as bandeiras no acampamento aliado ficaram a meio-pau, e a cada meia hora um tiro era disparado de um canhão no acampamento argentino, que era imediatamente respondido por outro no acampamento brasileiro. López ficou muito animado com isto, que evidentemente era um sinal de luto no acampamento argentino. Também naquela manhã, todas as tropas argentinas em uniforme de parada, saíram todas, aparentemente para uma missa, e López concluiu que era Mitre quem tinha morrido. Entretanto, para ter certeza, naquela noite ele ordenou que raptassem duas sentinelas argentinas que foram interrogadas, mas que não tinham ouvido nada sobre a morte de Mitre. Eles foram chicoteados até que eles dissessem que ele estava morto. Por algum tempo, todos os prisioneiros e desertores foram interrogados e chicoteados até que dissessem que ele estava morto. López estava decidido que ele deveria estar morto, e ele publicou sua morte por meses em seus diferentes jornais. Ai de quem falasse alguma coisa ao contrário! Entretanto, foi o Vice-Presidente da República Argentina, Dom Marcos Paz, quem morreu no dia 2 de janeiro, e López soube disso depois de alguns dias. Esta foi uma de suas birras inexplicáveis.

General Flores, que estava em Montevidéu, foi assassinado em sua carruagem enquanto andava pelas ruas no dia 20 de fevereiro de 1868 pelas mãos de uns revoltosos.

Em consequência da morte do vice-presidente, o Presidente Mitre foi obrigado a se retirar do comando da guerra, e ir para Buenos Aires. Ele saiu dia 14 de janeiro e delegou o Comando-Chefe para o Marquês de Caxias para a tristeza dos argentinos. O próprio Mitre provavelmente estava contente em sair, pois ele não podia dizer nada aos brasileiros. Quando ele propunha qualquer movimento, Caxias dizia que era impossível, pois de 43 mil brasileiros, 13 mil estavam nos hospitais. Entretanto, tão logo Mitre saiu, descobriu-se que apenas 2,5 mil estavam nos hospitais, e que o Marquês se preparava para ganhar fama imortal tomando alguma atitude. Ele não tinha ideia do que seria, mas com 50 mil homens fortes, que o exército aliado contava agora, era lógico que ele conquistaria López que tinha apenas 15 mil. Portanto, ele fez uma parada militar de Tuiu-Cuê a San Solano e de volta novamente, com grande parte do exército aliado para impressionar os paraguaios com o número de sua força.

Entretanto, quanto mais inimigos, mais os paraguaios riam. Eles costumavam incomodar os guardas brasileiros a noite de todas as formas, atirando neles com arco e flecha e com bodoques. Esses projéteis eram feitos de argila, secas ao sol, na forma de esfera com cerca de 2,5 cm de diâmetro. Elas são disparadas com uma forquilha que tem uma corda presa nas duas extremidades. A bola é colocada num pedaço de couro fixado às cordas e é atirada segurando a bola com o indicador e o polegar, como uma flecha, só que a corda tem que ser puxada meio de lado para a bola não bater na forquilha. Esta arma era usada no Paraguai pelos garotos para caçar papagaios.

Os brasileiros tinham um batalhão sempre de guarda numa trincheira no Passo Poi[70]. O Coronel (então Major) Rivarola uma noite foi com 50 cavalarianos a pé, de espada na mão, cruzaram o esteiro, e caíram na traseira do batalhão, matando muitos. O batalhão não pôde usar suas armas de fogo, pois se o fizessem, poderiam ter atingido outro batalhão brasileiro que estava vindo em seu auxílio.

Em outra ocasião, os paraguaios raptaram um cabo da guarda de um batalhão argentino enquanto ele estava fazendo a ronda. Eles o levaram pelo meio de duas sentinelas que estava 80 passos à parte, enquanto o comandante do batalhão estava no momento fazendo sua ronda. Isto foi feito tão rápida e silenciosamente, que ele tinha desaparecido antes que eles percebessem qualquer coisa.

Todas as manhãs, os argentinos costumavam reconhecer além de suas linhas em Tuiu-Cuê na direção do Ângulo. Dia 17 de fevereiro, López preparou uma emboscada para eles, comandada pelo Capitão Urbieta. Assim que os argentinos passaram pelo local, os paraguaios caíram em cima deles, matando e ferindo 80 homens e quatro oficiais. O Coronel Giribone, comandante dos argentinos, foi morto e seu segundo em comando ferido. O Capitão Urbieta teve seu fêmur quebrado por uma bala de rifle, e cerca de 30 de seus homens foram postos fora de ação, mortos ou feridos.

López tinha ideia de atacar tanto Tuiu-Cuê como Tayí, mas era patente que ele não poderia ganhar, pois as fortificações de ambos os locais eram muito extensas, e tinham muitos homens.

Com o objetivo de enganar o inimigo, ele ordenou a construção de um reduto em Cierva, 3,5 mil metros ao norte de Humaitá, armado com nove canhões de campo. Foi guarnecido com cerca de 500 homens, sob o comando do Major Olabarrieta. O inimigo naturalmente supôs que este era um ponto importante, e uma abertura para o Potreiro Obella, parte do qual eles já tinham tomado, e ao sul deste López ainda mantinha seu gado. Entretanto, tal posição não era importante, pois ela não tinha uso para López.

No começo de fevereiro, López me enviou para iniciar uma bateria no Chaco em Timbó. Inicialmente ele enviou seis canhões de 8 polegadas e oito de 32 libras. Todos esses foram montados rapidamente na margem do rio, não havendo tempo de fazer nenhum parapeito ou local para a pólvora

---

[70] *Poi*, estreito: o passo estreito.

e munição antes deles serem colocados em ação. A margem do rio ali era baixa e sujeita a inundações pelo rio. Consequentemente, as plataformas foram levantadas 90 cm acima do chão. O Capitão Ortiz foi enviado de Curupaiti para comandar a bateria.

Nesta época o General Porto Alegre deixou o exército, e o General Argollo foi colocado no comando de Tuiuti.

CAPÍTULO XIX

OS ENCOURAÇADOS PASSAM POR HUMAITÁ – CAPTURA DO REDUTO CIERVA – EVACUAÇÃO E BOMBARDEAMENTO DE ASSUNÇÃO – ATAQUE AOS ENCOURAÇADOS COM CANOAS – LÓPEZ RECUA PARA O CHACO – ATAQUE NAS LINHAS PARAGUAIAS DO ESPINILLO E DO SAUCE – EVACUAÇÃO DOS MESMOS PELOS PARAGUAIOS.

Quando os encouraçados passaram Curupaiti eles não tentaram encarar Humaitá dizendo que seria impossível enfrentar suas baterias sem os monitores que estavam vindo do Brasil. Naquela época, havia apenas 3 canhões de 8 polegadas, mais uns 4 de 32 libras em Humaitá. Agora havia 18 canhões de 8 polegadas entre esse local e Timbó, 9 dos quais os encouraçados tinham enfrentado em Curupaiti, e além desses, havia um de 130 libras e um de 150 libras.

Em 13 de fevereiro, três monitores que tinham sido construídos recentemente no Rio de Janeiro, e tinham recém-chegado em Curuzú, passaram por Curupaiti à noite, sofrendo muito poucos dos pouquíssimos canhões que foram deixados lá, e se incorporaram ao esquadrão de encouraçados entre Humaitá e Curupaiti.

Esses monitores construídos no Rio de Janeiro, eram vasos com hélice dupla, e blindados com placas de 4 polegadas no convés que ficava a apenas um pé da linha d'água. Sua única torre giratória era coberta com uma placa de 6 polegadas, e armada com um único canhão Whitworth. A portinhola deste canhão era circular, e pouco maior que o cano do canhão, de maneira que quando ele era usado, quase que preenchia toda a portinhola, e assim, não havia nenhuma parte do monitor exposta. A elevação e depressão do canhão era obtida com uma engrenagem dupla que elevava ou baixava os suportes do canhão a vontade – o cano ficava sempre na altura da portinhola. Muita pouca coisa ficava acima da linha d'água, de maneira que eles eram muito difíceis de atingir.

Figura 18 - Placa de aço do monitor *Alagoas*[71]

---

[71] N.E.: Foto do Editor. Peça atualmente exposta no Museu Militar Conde de Linhares, Rio de Janeiro.

Em 13 de fevereiro de 1868, às 3h30 da madrugada, o esquadrão de encouraçados começou a bombardear furiosamente, assim como o esquadrão de madeira em Curuzú, e uma ou duas canhoneiras fora para a Laguna Piris e bombardearam de lá. Tuiu-Cuê bombardeou Espinillo tão forte quanto podia, e então enviou vários batalhões para disparar com seus rifles tão rápido quando possível na direção de Espinillo. Tudo isto foi uma distração para a passagem de Humaitá, apesar de ser difícil saber o seu objetivo, pois os canhões de 8 polegadas não podiam ser levados rapidamente para Espinillo.

Os grandes encouraçados Bahia, Barroso e Tamandaré, cada um com um monitor preso ao seu lado, passaram pelas baterias de Humaitá. Os três monitores eram o Alagoas, o Pará, e o Rio Grande. O Alagoas, depois de passar pelas baterias, se desprendeu de seu consorte, e estando numa parte rápida da correnteza, foi levado para trás por um bocado, e teve que passar novamente pelas baterias sozinho. Ao amanhecer, ele estava fora do alcance dos canhões de Humaitá. O fogo de Humaitá foi constante e no alvo, mas as balas se despedaçaram nas placas dos encouraçados. Depois de passar por Humaitá, eles seguiram em frente e passaram pelas baterias do Timbó, em direção a Tayí.

Estando as baterias do Timbó numa elevação mais baixa do que as de Humaitá, os encouraçados sofreram mais delas do que de Humaitá. O Alagoas, o Tamandaré e o Pará foram os mais danificados, tendo o primeiro recebido 180 tiros, e o segundo 120. Esses danos consistiram principalmente de amassões e rachaduras nas placas e parafusos frouxos.

O Taquari e o Igurei entraram no Arroio Hondo para ficar fora do alcance dos encouraçados. A guarnição de Laurel que ficava exposta na margem do rio se escondeu quando os vapores passaram, e ordenou-se que ela se retirasse para Timbó, o que foi feito.

Se um ou dois encouraçados tivessem permanecido entre Timbó e Humaitá, isto não poderia ter acontecido. O próprio López também não poderia escapar, e Humaitá teria sido realmente cercada que era o objetivo em fazer os encouraçados passarem pelas baterias.

Desde que Tayí tinha caído nas mãos dos aliados, as comunicações de López com Assunção tinham sido feitas por telégrafo até Tebicuarí, e dali elas eram levadas a cavalo até Timbó, onde novamente havia um telégrafo até Humaitá. Um telégrafo foi iniciado através do Chaco, mas não foi terminado até março.

Tão logo os encouraçados passaram por Humaitá, López deu ordens ao vice-presidente em Assunção para evacuar cidade de TODOS seus habitantes, dentre de vinte e quatro horas, e declarar Assunção "uma posição militar". É claro que o vice-presidente emitiu o decreto. Permitiu-se que as pessoas levassem o que eles quisessem, o que na maioria dos casos era somente o que eles podiam carregar consigo, e elas não poderiam retornar por nada sem um passaporte do Juiz de Paz do distrito para o qual eles foram. O assento do governo foi transferido para a Luque, uma vila no caminho da estrada de ferro cerca de 14 km de Assunção. Para ali foi a maior parte das pessoas, muitas delas tendo que viver a céu aberto, e muitas famílias apinhadas nas ruas, entre as poucas casas da vila. Elas sofreram muito com isto, assim como da falta de comida.

Ordenou-se que toda a população que vivia a beira do rio fosse para o interior para ficar fora do caminho dos encouraçados.

Tão logo López soube que os encouraçados tentariam passar por Humaitá, ele enviou a Sra. Lynch para Assunção para levar para o interior todos os bens de valor de suas respectivas casas. Isto foi feito à meia-noite para que ninguém ficasse sabendo.

O Bahia, o Barroso e o Rio Grande navegaram em direção a Assunção no mesmo dia em que passaram Humaitá, com ordens de destruir tudo que achassem e bombardear Assunção. Em Monte Lindo, próximo ao rio, havia algumas cabanas, nas quais estava depositado tudo que tinha que ser enviado pelo Chaco para o exército. Apenas havia alguns poucos homens em Monte Lindo, e quando se soube que os encouraçados estavam vindo, seus oficiais deram permissão para eles saquearem estas cabanas, de maneira que nada ficasse para os brasileiros. Eles assim o fizeram e levaram tudo para a floresta, onde eles se empanturraram com melado, sal e milho destinado aos hospitais, deixando o resto ali para um futuro banquete. Eles até mesmo levaram engradados com cápsulas de canhão, pensando que eles tivessem algo comestível. Quando os encouraçados chegaram lá, eles desembarcaram alguns homens que puseram fogo nas cabanas, que agora continham apenas alguma carne seca cheias de vermes. Então eles continuaram, e logo avistaram o Pirabebé, que estava rebocando uma escuna para Assunção. Ele não estava esperando esses visitantes, e estava sem lenha, que era o único combustível utilizado pelos vapores paraguaios desde o começo do bloqueio. Ele teve que queimar todo seu costado e os baús da tripulação para alimentar as caldeiras e escapar, e ele teve que afundar a escuna, a qual os brasileiros dizem ter capturado e afundado. Ele conseguiu passar por Assunção em tempo. Quando os três encouraçados avistaram Assunção no dia 22 de fevereiro, começaram a atirar sobre a cidade, mas não chegaram perto o suficiente para causar qualquer dano ao arsenal que estava em pleno funcionamento, porque quando eles estavam se preparando para se aproximar mais, o Criolo disparou três tiros neles, nenhum deles conseguindo acertar. Mas os encouraçados tinham visto o suficiente e retornaram rio abaixo. Eles fizeram cerca de 60 disparos sobre Assunção. No seu caminho de volta, eles pararam novamente em Monte Lindo, onde nenhuma viva alma era avistada, mas eles dispararam alguns tiros de metralha nas matas, e então retornaram a Tayí. No seu caminho de volta, Nuñez montou uma emboscada com dois canhões e alguns infantes nas matas, causando um pequeno dano a eles.

Os aliados tinham que transportar por terra até Tayí todos os suprimentos e munição para seus encouraçados. Eles tinham que pagar 2*l*. 10*s.* pelo transporte de uma bala de 150 libras, e 33*l.* por uma carreta de uma tonelada de carvão.

Na mesma manhã que os encouraçados forçaram Humaitá, Caxias atacou o reduto de Cierva[72] com 8 mil homens. Seu objetivo declarado era isolar a guarnição de Laurel, o que mostra que ele não tinha aprendido muito sobre a topografia do local, apesar dos brasileiros já terem tomado posse das vizinhanças há algum tempo. Não havia possibilidade de ir de Laurel a Cierva sem passar por Humaitá ou Tayí.

Ao raiar o dia, Caxias enviou seu primeiro ataque, liderado pelos famosos fuzis agulha. Esses não causaram muitos danos, pois os paraguaios estavam atrás dos parapeitos, e descarregavam nas colunas brasileiras tal fogo de metralha à queima-roupa que os homens dos fuzis agulha, a esperança do exército brasileiro, foram rechaçados e completamente desbandados. Outra coluna foi enviada à frente imediatamente, assim como uma terceira e uma quarta, sem melhor sorte que a primeira. Enquanto a quarta coluna estava recuando, ouviu-se um paraguaio no reduto gritar para seu oficial que a munição de artilharia tinha acabado, o que encorajou os brasileiros a se reorganizar e voltar a atacar. Enquanto eles estavam fazendo isso, o Major Olabarrieta recuou com seus homens a bordo do Taquari e do Igurei que estavam próximos e tinham ajudado com seu fogo. Depois de trocar alguns tiros por algum tempo com os brasileiros, os dois vapores foram para Humaitá, e desembarcaram as tropas ali.

Os brasileiros perderam cerca de 1,2 mil homens entre mortos e feridos[73], e os paraguaios cerca de 150 homens e 9 canhões. A defesa foi heroica, pois os brasileiros vieram direto contra a escarpa e muito caíram no fosso.

Depois que o terceiro ataque tinha sido rechaçado, López recebeu um telegrama de Olabarrieta contando a ele os fatos. Ao receber notícias da queda do reduto, ele decidiu retomá-lo, e foram dados reforços a Olabarrieta em Humaitá para isto. Entretanto, desistiu-se da ideia antes de colocá-la em execução.

Ao ouvir que o Alagoas tinha ficado entre Timbó e Humaitá, López decidiu enviar seus dois vapores para capturá-lo. Entretanto, enquanto eles estavam se preparando para isto, chegou a notícia de que ele tinha passado por Timbó.

Após isto, López imediatamente decidiu tomar medidas para se retirar pelo Chaco com a parte principal de seu exército, e toda a artilharia que ele

---

[72] N.E.: Este reduto era conhecido como Estabelecimento nos documentos brasileiros.
[73] N.E.: Jourdan reporta 607 homens fora de combate, sendo 80 oficiais.

pudesse levar. Assim, a artilharia de todas as trincheiras foi levada para Humaitá, deixando seis peças de campo em Curupaiti, uma no Sauce, e 12 do Ângulo até Humaitá. Um batalhão foi deixado no Espinillo com guardas em outros pontos das trincheiras. Os dois vapores fizeram um excelente serviço transportando homens, artilharia, etc. Os primeiros carregamentos consistiram dos pertences particulares de López. Depois foi o Whitworth de 32 libras, e o Krupp de 12 libras. E logo após, 8 canhões de 8 polegadas, e então, todo o resto, de doentes até peças de campo, foi transportado pelo Chaco o mais rápido possível. Grandes quantidades de munição foram enviadas para o porto em Humaitá para serem transportadas para o Chaco, e uma imensa pilha explodiu dia 25 de março, sendo uma grande perda para López, pois a pólvora estava ficando escassa.

Tendo sido enviado por López ao Tebicuari para examinar uma posição e reportá-la, descobri que poderia se montar rapidamente uma bateria em Monte Lindo, de maneira que os canhões não ficassem muito tempo desmontados, mas que na boca do Tebicuari uma bateria seria de muito mais valia, pois ela fecharia a navegação daquele rio, pelo menos de vasos de madeira; entretanto, ela tomaria muito mais tempo para construir.

Descobri que o terreno ao norte do Tebicuari a uma distância de 48 km do Rio Paraguai era cercado por esteiros de mais de 5 km de largura que ligavam o Tebicuarí à grande Laguna Ipoá, que segue paralela ao Paraguai até a latitude de Villeta. Nesses 48 km do Tebicuarí havia quatro passos, mas as águas eram profundas e eram necessários botes para atravessá-lo. Como as estradas eram muito ruins, e não havia cavalos, reforços demorariam a chegar a qualquer ponto. Não havia perigo de ser flanqueado por um inimigo, mas a linha a ser defendida seria muito longa e, portanto, muito exposta.

Ao receber este relatório, López decidiu logo montar uma bateria em Monte Lindo, e novamente eu fui enviado para marcar o terreno e começar as fundações imediatamente.

A jornada através do Chaco era muito cansativa. Havia vários córregos que tinham de ser cruzados em pelotas, pois as pontes ainda não estavam prontas. Os pobres e miseráveis cavalos mal podiam andar, e os 80 km que separavam de Timbó levaram 35 horas, isto sem parar! Cerca de meia hora era perdida em cada posto enquanto eles procuravam por cavalos descansados.

López sabia muito bem que se ele pudesse capturar apenas um encouraçado, e tripulá-lo com seus homens, isto seria suficiente para botar para correr toda a frota brasileira para fora do rio; portanto, sua grande ambição era tomar um ou mais, e por algum tempo ele escolheu alguns homens para nadar e treinar remo em canoas com o objetivo de abordar os encouraçados.

Sete encouraçados tinham ficado entre Curupaiti e Humaitá, dois desses, o Herval e o Cabral, faziam guarda na vanguarda a alguma distância dos outros. Na noite de 1º de março, estes dois foram subitamente atacados pelos paraguaios em canoas. Havia 24 canoas, cada um contendo 12 homens, armados principalmente com sabres, e carregando granadas de mão e foguetes para jogar dentro dos encouraçados. As canoas foram amarradas duas a duas por uma corda de cerca de 20 metros de comprimento, de maneira que as canoas remando lado a lado em direção ao encouraçado, a corda iria por cima do convés e levaria as canoas para o seu costado. A expedição era comandada pelo Capitão Xenes, um ajudante de ordens de López. A noite estava muito escura e eles somente puderam ser vistos no momento que estavam ao lado dos encouraçados quando pularam a bordo. Muitas canoas perderam seus alvos, pois a correnteza estava muito forte, e essas foram levadas rio abaixo e capturadas pelos navios adiante. Ao perceber o que estava acontecendo, a tripulação dos encouraçados imediatamente se encerrou dentro das cabines, e começaram a atirar com metralha de suas casamatas nos paraguaios no convés. Mais dois encouraçados chegaram para ajudar, e mandaram descargas de metralha nos homens que estavam nos conveses dos outros encouraçados causando uma matança terrível. Os paraguaios pegaram o comandante da divisão dos encouraçados e alguns de sua tripulação antes que eles tivessem tempo de se abrigar dentro dos navios e os mataram. Eles também fizeram um pouco de dano com suas granadas de mão, atirando-as para dentro do Cabral no momento em que os outros encouraçados começaram a disparar contra seu convés, e falharam em tomar posse dele.

Os paraguaios perderam mais de 200 homens, mais de 100 corpos foram deixados nos conveses dos vasos; os brasileiros perderam cerca de 40[74]. Os brasileiros atiraram nos paraguaios na água, enquanto eles nadavam para a margem.

Na noite de 2 de março, tendo dado ordens para os generais Barrios, Resquin e Bruguez, López saiu ao anoitecer de Passo Pucú para Humaitá onde permaneceu dando instruções para o comandante até a meia-noite quando embarcou com a Sra. Lynch num bote e seus ajudantes em canoas, e remaram até Timbó aonde chegaram ao amanhecer. O rio estava tão cheio que os botes ficaram a alguma distância da terra. Os canhões em Timbó ficavam em pequenas ilhas formadas pelas plataformas, sobre as quais a munição ficava embalada em couros. Um encouraçado estava ancorado no lado oposto a Laurel bem à vista da bateria, mas não notou nada.

Dia 21 de março, Caxias ordenou um ataque sobre as linhas paraguaias

---

[74] N.E.: Jourdan relata 113 mortos e 15 prisioneiros do lado paraguaio e um número desconhecido de afogados. Do lado brasileiros morreram o Capitão de Mar e Guerra Rodrigues Costa mais 11 praças e 59 feridos.

no Sauce e no Espinillo. O primeiro lugar era guarnecido com 100 homens e um canhão, e foi assaltado pelo General Argollo que o tomou depois de uma hora de luta, perdendo 260 homens. Os paraguaios perderam 20 homens e seu canhão, e o restante recuou para o Passo Pucú.

O General Osório atacou o Espinillo com sua divisão, mas foi rechaçado quando estava chegando à escarpa. Os argentinos fizeram uma demonstração no lado oposto ao Ângulo.

No dia seguinte (22 de março), todas as linhas antigas, incluindo Curupaiti, foram evacuadas pelos paraguaios que levaram sua artilharia com eles para Humaitá, que agora era o único local ocupado por eles naquela parte do país.

Dois encouraçados forçaram a bateria de Timbó no mesmo dia, e se posicionaram entre ele e Humaitá, tornando deste modo muito difícil a comunicação entre estes dois lugares, pois a estrada por terra entre eles era quase intransitável. Eles acharam o Igurei no meio do rio, e o afundaram, sendo que sua tripulação escapou pelo Chaco. O Taquari estava no Riacho Guaycurú, desembarcando sua artilharia, o que ele fez sob o fogo de um dos encouraçados, e então foi posto a pique pelos paraguaios. Estando os encouraçados entre o Timbó e Humaitá sem nenhuma comunicação com o resto das forças aliadas, enviavam seus relatórios em garrafas que eram pescadas pelo esquadrão abaixo de Humaitá se elas não encalhassem naquele local.

Os generais Barrios, Resquin e Bruguez cruzaram o rio em Humaitá e tiveram que seguir pela margem, às vezes sob a vista dos encouraçados que atiravam sobre eles. Eles prosseguiram e se juntaram a López, ficando Humaitá apenas com seus comandantes.

CAPÍTULO XX

A MARCHA PELO CHACO – BATERIAS EM FORTIM – LÓPEZ SE ESTABELECE NO TEBICUARY – EVACUAÇÃO DE MATO GROSSO.

O Marechal López chegou em Timbó vindo de Humaitá ao raiar do dia 3 de março de 1868, e imediatamente seguiu em frente cerca de 4 km, onde ficou por um dia inteiro promovendo muitos dos oficiais que ficariam em Humaitá e em Timbó, e dando instruções para os comandantes. O Coronel Martinez, um ajudante de ordens favorito, recebeu seu título de Coronel, e foi enviado para Humaitá como segundo comandante, o primeiro sendo o Coronel Alen, e o terceiro e quarto, os capitães navais Cabral e Gill com postos de Tenentes-Coronéis.

Todos os cavalos foram deixados em Humaitá para serem passados pelo rio mais tarde, e juntou-se uma tropa de cavalos dos postos das guardas ao longo da estrada para o cortejo de López. Esses cavalos eram aqueles descritos anteriormente.

Depois do anoitecer da mesma noite, nós partimos para Monte Lindo, sendo que a estrada ia pelo meio da mata, e a maior parte dela numa lama profunda. Na maior parte do caminho, López foi a cavalo, com seus próprios cavalos, e suas carruagens e carroças com provisões também eram puxadas por bons animais. Nós jantamos em Sanjita, o primeiro posto da guarda, e López convidou muitos oficiais a se juntar a ele. Então prosseguimos e dormimos naquela noite nas margens do Rio Vermejo aonde chegamos em torno de uma hora da madrugada, a 19 km de Timbó – aqueles que tinham cavalos em pior estado chegaram uma hora ou mais depois. Nós tivemos que passar por várias lagoas profundas, onde algumas tinham pontes iniciadas, mas ainda não terminadas. Algumas destas pontes eram feitas jogando arbustos sobre troncos colocados na água, e a intenção era cobri-las com terra quando elas estivessem altas o suficiente. Uma destas pontes inacabadas nos divertiu muito, pois os arbustos serviam como uma armadilha para as patas dos cavalos, e atiraram muitos deles, junto com seus cavaleiros, na água. López montou sua rede numa casa ali, e nós nos cobrimos com nossos ponchos e dormimos pesadamente até a manhã, quando a maioria de nós teve apenas mate por café da manhã. Entretanto, alguns poucos que estavam nas mãos do departamento médico tiveram sopa com um pouco de arroz. Então, tivemos que cruzar o Vermejo, um rio tortuoso com águas muito avermelhadas devido ao barro vermelho de seu leito. Ele é profundo e tem cerca de 200 metros de largura com uma correnteza bastante rápida. Suas margens são baixas e com muita mata. Quando ele se encontra com o Rio Paraguai, pode se distinguir suas águas pela cor avermelhada por vários quilômetros que se mantêm no lado direito do Paraguai. Nós o cruzamos em canoas, com três cavalos nadando em cada lado de uma canoa, e então cavalgamos colina acima pelas das matas até alcançarmos novamente o nível geral do Chaco. Este parece ser perfeitamente plano, exceto nos vales dos diferentes rios. Logo depois tivemos que cavalgar por 5 km de mata numa lama de 90 cm de profundidade. Uma das carruagens atolou, e quase todo mundo teve de puxá-la com seus cavalos para desatolá-la. Meu pobre matungo também atolou e eu tive que desmontar e caminhar através da lama, puxando-o, e finalmente tive de usar minha espada para estimulá-lo a andar. Depois de um tempo, nem isto funcionou, e eu tive de andar na lama mais 5 km até o próximo posto da guarda, onde peguei outro cavalo e fui buscar minha sela. Então encontrei López com sua família tirando uma sesta debaixo de umas árvores. Nós comemos um pouco de rosbife, e meu próprio cavalo, junto com outros três de López nos alcançou ali, sendo trazidos com sua permissão de vapor um dia depois que nós deixamos Humaitá, de maneira que novamente eu estava bem montado. À tarde nós continuamos e jantamos no Posto Timbó, tendo os cozinheiros e sua parafernália ido à frente e preparado o jantar. Então, nós prosseguimos e alcançamos o Passo Palenque[75], onde alcançamos uma divisão do exército que estava marchando na mesma direção. A ponte sobre este riacho não estava terminada, e López mandou fazer uma cabana de galhos para ele, e nós dormimos na grama. As tropas tiveram que trabalhar toda a noite para terminar a ponte para que López atravessasse o riacho, e eles estiveram na água à noite na maior boa vontade. Assim que a ponte pôde aguentar a carruagem, López entrou nela e os homens a arrastaram pela ponte, e os cavalos foram nadando.

Depois de 9,5 km de cavalgada, nós chegamos a Passo Puente, onde os primeiros 4 canhões de 8 polegadas tinham chegado e estavam esperando

---

[75] López sempre nomeava todos lugares que não tinham nome. Isto facilitava muito a conversação e as ordens sobre qualquer lugar.

para atravessar. López parou e conversou com os homens um pouco, dizendo a eles que gostaria de ver como eles iriam atravessar os canhões, e esperaria enquanto eles cruzavam dois dos canhões. Os homens ficaram maravilhados, e empurraram com vontade, atravessando os canhões pelo riacho em pouco tempo. Estes eram muito pesados e muito difíceis de levar pelas pontes frágeis.

Então, durante alguns quilômetros cruzamos uma floresta de bambus, e depois cruzamos o Passo Ramirez em canoas e jantamos ali, alimentando nossos cavalos com folhas de Pindó, uma palmeira alta sem espinhos. Os cavalos gostam muito destas folhas, que contêm tantos nutrientes quanto milho. Depois do jantar continuamos com aqueles que podiam acompanhar López, que começou a galopar até chegarmos a Seibo, a cerca de 6 km de Monte Lindo, onde López ficou por algum tempo, e então fomos para Monte Lindo aonde chegamos à noite. Lá, a maioria de nós achou um teto para dormir.

No dia seguinte, três encouraçados apareceram em reconhecimento, e López voltou para Seibo. Começou-se a construir a bateria em Monte Lindo, mas os homens cobriram os trabalhos com moitas e os brasileiros não suspeitaram de nada e foram embora poucas horas depois.

Então, López estabeleceu seu quartel-general numa clareira circular das matas em Seibo, ficando todas as tropas que tinham vindo de Passo Pucú acampadas à sua volta, mas em posições onde elas não podiam ser vistas de nenhum lado.

Havia certa razão em acreditar que nesta época López tinha a ideia de marchar pelo Chaco até a Bolívia e de lá partir para a Europa. Ele não enviou nenhuma das tropas para o Paraguai para defender o Tebicuarí; ele trouxe cavalos pelo rio para Seibo, e cinco carretas de dólares de prata também foram trazidas para Seibo de Assunção. Os canhões pesados foram montados em Monte Lindo, e por vários dias ele não cogitou em levá-los até Tebicuarí.

Enquanto estava em Seibo, López ordenou secretamente que seu irmão Benigno fosse trazido em ferros de Assunção, e colocado sob guarda. José Berges, o Ministro de Assuntos Estrangeiros, e Saturnino Bedoya, o tesoureiro, estavam em Seibo com seus nomes inscritos no livro negro, mas não eram prisioneiros.

Depois de alguns dias, ele resolveu remover a bateria para a boca do Tebicuarí, e eu fui encarregado de executar esta ordem.

No local onde o Tebicuarí desagua no Paraguai, ele tem cerca de 500 metros de largura, e o Rio Paraguai lá tem exatamente 330 metros. Juntos eles fazem um ângulo de cerca de 60° na parte norte do Tebicuarí que tem terreno firme por uma distância de cerca de 2 mil metros ao longo do Paraguai e de cerca de 200 metros ao longo do Tebicuarí, formando uma ilha chamada de Fortin. Devido aos *carrizais*, esta ilha é acessível somente de um ponto do lado terrestre onde as canoas ficavam estacionadas para cruzar a água.

Fortin, como Curupaiti e Humaitá, apresenta uma superfície côncava numa curva do Paraguai, que a mil metros abaixo de Fortin faz uma curva reversa virando para a esquerda. O terreno à volta em ambos os lados do Tebicuarí e do Paraguai é um carrizal, de maneira que não é possível para um inimigo colocar baterias terrestres para ameaçar Fortin. Quando o rio está alto, sua margem em Fortin é cerca de um metro acima, mas em cheias extraordinárias Fortin ficaria totalmente sob as águas.

Quando eu cheguei lá pela primeira vez, a ilha inteira estava coberta com uma planta alta florida chamada de "aguaráruguai", ou rabo de raposa, em razão do formato das flores. Essa planta tinha cerca de 1,80 metro de altura, e eu tinha um bom bocado à esquerda próximo ao rio para esconder nossos trabalhos, caso os encouraçados aparecessem antes que os canhões estivessem montados. Depois de demarcar o terreno, eu retornei a López e mostrei a ele o esboço do meu projeto, e ele me enviou de volta para dar início aos trabalhos o mais rápido possível, ordenando que naquela mesma noite dois canhões de 8 polegadas fossem desmontados em Monte Lindo e levados para o Tebicuarí. Eu fui até o Coronel Nuñez no Tebicuarí perguntar de quantos homens poderia dispor. Consegui somente 200, dos quais 80 eram adultos e o resto meninos. Toda a madeira para as plataformas tinha de ser cortada nas matas um pouco distante do Tebicuarí, pois não havia nenhuma por perto, e as plataformas tinham de ser elevadas em torno de 1,80 metro, caso o rio subisse e inundasse tudo. Com um bom gerenciamento dos homens e sem forçá-los muito, em três dias eu montei quatro canhões de 8 polegadas em condições de combate. Eu não fechei os olhos todo este tempo, e eles pesavam como placas de chumbo. Aconteceu que não havia necessidade de toda essa pressa, pois os encouraçados não apareceram até que as baterias estivessem terminadas. A da boca do Tebicuarí com 7 canhões de 8 polegadas e 2 de 32 libras, e a outra, 2 mil metros Paraguai acima, na mesma ilha, com 2 canhões de 8 polegadas e 3 de 32 libras. Eu também trouxe 2 dos meus obuseiros raiados de 32 libras, e os coloquei numa bateria separada na direção do Tebicuarí, caso um desembarque fosse tentado por lá.

Depois que as baterias ficaram prontas, os trabalhadores foram enviados de volta, e o 18º Batalhão com 300 homens foi enviado para guarnecer a ilha sob meu comando, sendo o Tenente Abalos o meu segundo ficando sempre por lá, pois eu frequentemente tinha de ir a outras posições projetar trabalhos ou reportar a respeito desses.

Quando os canhões estavam todos montados, quatro encouraçados apareceram e ancoraram à vista das baterias, chegando à noite. Eles bombardearam a noite toda, mas sem causar nenhum dano, e na próxima manhã prosseguiram em reconhecimento.

A bateria na boca do Tebicuarí teve de ser construída de maneira que seus canhões pudessem atirar tanto naquele rio, como no Paraguai, pois não havia canhões suficientes para ter baterias separadas. Devido a isto, e ao formato do terreno, as baterias ficaram flanqueadas do lado do Rio Paraguai, mas havia cercas entre os canhões para protegê-los. Entretanto, na direção do Rio Paraguai, apenas um canhão (o que apontava para aquele lado) podia disparar.

Um monitor avançou até uma distância de 100 metros daquele ponto, e começou a disparar em direção àquele único canhão somente com metralha na guarnição que estava bastante exposta, pois não havia parapeito. Nós respondemos com munição comum, o que teve pouco efeito nele. Os suportes deste canhão caíram duas vezes, com a estrutura toda saindo do lugar, e o canhão teve de ser removido com perdas. Os outros três navegaram um pouco mais abaixo, e depois de uma hora todos voltaram para o Tayí.

Poucos dias depois eles voltaram, e ancoraram à vista das baterias, bombardeando continuamente. Então, eu comecei a fazer um ou dois disparos a cada hora, pois a nossa munição era pouca, e eles logo recuaram para trás da curva do rio. Entretanto, ali eles não ficaram numa posição muito melhor, pois por sorte nossos tiros muitas vezes caíam em seus conveses, e eles foram embora.

Um telégrafo foi estabelecido até San Fernando, onde López estava a 6 km de Fortin.

Como os materiais de qualquer espécie para fazer cartuchos estavam muito escassos, nós tivemos que curtir as membranas das entranhas dos bois que nós matamos. Isto formava uma espécie de couro, com uma espessura da uma folha de papel pardo, e dava excelente cartuchos.

Assim, como em Curupaiti, dava-se uma caneca de milho por cada bala de canhão ou um poncho cheio de fragmentos de cápsulas, que eram levados para a forja de Assunção.

Uma vez, um projétil de 68 libras dos encouraçados caiu na entrada de um paiol de pólvora, e ao invés de ricochetear para dentro, ele parou ali e explodiu. A porta estava aberta, e os cartuchos ficaram cobertos de terra que foi deslocada pela explosão, mas nenhum dano adicional foi causado.

Gado era muito escasso no Tebicuarí, e todos aqueles que caíam para morrer de fraqueza, eram mortos e comidos.

Por algumas conversas veladas que ouvi, deduzi que algo extraordinário estava ocorrendo em San Fernando, e que muitas pessoas estavam aprisionadas lá. Eu tinha um quarto no quartel-general de López, e ocasionalmente ficava lá, mas apenas vi dois padres e dois oficiais que iam e vinham todo dia falar com ele, aparentemente com relatórios. Por cerca de duas semanas antes do dia 24 de julho (seu aniversário), López ficou me dizendo todo o tempo que os encouraçados iriam forçar as baterias naquele dia, o que eles realmente fizeram. Eles chegaram no dia 23 à noite, e no dia 24 o Bahia, com um monitor amarrado no seu bombordo, e o Silvado passaram rio acima a toda velocidade. O rio estava profundo em toda sua largura, mas o canal era próximo à bateria. Eu disparei alguns poucos tiros a longa distância, e então reservei minha munição para garantir que pelo menos um tiro de cada canhão atingisse a couraça perpendicularmente, tendo colocado todos os canhões à frente para que cada um disparasse nos vapores quando eles passassem. A princípio, parecia que os encouraçados iriam pelo canal, mas quando estavam bem perto dos canhões eles viraram como se fossem para o lado do Chaco e imediatamente eu aumentei a elevação dos canhões, e nisto eles voltaram para o canal, e a tempo posicionamos os canhões novamente para atirar à queima-roupa no local em que eles se dirigiram. Eles passaram a cerca de 18 metros dos canhões, fazendo com que todos os disparos fossem certeiros. A maior parte das balas se partiram em milhares de pedaços, mas elas causaram grandes danos, e nós pegamos um pedaço de uma das placas do Bahia, de 25 cm de comprimento que voou para a praia com a força do impacto.

Quando estava passando pelas baterias, três pessoas puseram suas cabeças para fora da torre do Bahia, e uma delas acenou com um lenço e gritou algo. Assim que eles passaram, eu telegrafei para López o número de encouraçados que tinha passado, e comecei a escrever outro despacho contendo detalhes quando recebi um telegrama dele dizendo: "Que sinal o primeiro encouraçado fez quando estava passando pela bateria?". O operador do telégrafo já o tinha informado. Então, eu escrevi contando tudo a ele, e o que os homens disseram que foi o paraguaio Recalde que tinha anteriormente desertado do exército de López. Então, ele escreveu um terrível anátema contra traidores, se perguntando como, quem tinha permitido que ele tivesse passado em silêncio, e conseguido abrir sua boca corrupta para os patriotas honestos que lutavam por seu país. Eu escrevi de volta que todos gritaram com raiva para eles, o que tinha sido um fato; então, ele retornou dizendo que agora ele "estava satisfeito com minha explicação". Decididamente ele me considerou responsável pelo fato de Recalde ter posto sua cabeça para fora da torre do encouraçado. Entretanto, ele se sentiu satisfeito com os danos causados aos vasos, um dos quais teve que ficar o dia inteiro sendo consertado próximo a Monte Lindo. Os outros dois bombardearam os vapores paraguaios que estavam no Riacho Recodo onde eles sempre carregavam e descarregavam. Eles não eram visíveis do Rio Paraguai, e não sofreram muitos danos com o bombardeio, e nem os brasileiros fizeram menção de ir atrás deles.

Como era um grande dia festivo, em Fortin havia uma banda de música, e os homens estavam dançando à tarde, e os encouraçados rio abaixo bombardeavam lentamente, quando subitamente veio o aviso de que os encouraçados estavam retornando. Eles vieram a todo vapor e a favor da correnteza, numa velocidade que nós mal tivemos tempo para nos prepararmos para eles, de maneira que nós disparamos apenas um tiro de cada canhão, mas à queima-roupa e perpendicular às placas. Eles passaram reto, e cerca de 8 km rio abaixo, tiveram de ancorar por três dias para reparos antes que pudessem voltar para Tayí.

Os encouraçados voltaram várias vezes para bombardear, mas não tentaram passar novamente.

Como sempre, este ano o aniversário de López foi comemorado com grandes festas, mas elas foram mais planejadas do que anteriormente. Todas as mulheres viviam juntas numa vila construída para elas, e estavam sob a superintendência do Chefe de Polícia. Elas tinham seus próprios sargentos, e eram organizadas em divisões. Quando algum comandante de uma divisão do exército queria dar um baile, ele tinha de pedir permissão a Resquin, que ordenaria ao Chefe de Polícia que enviasse uma certa quantidade de mulheres. Ele então ordenaria que tal e tal sargento fosse com suas divisões e se apresentasse para o baile. Em geral, Resquin enviava uns garrafões de bebida, e permitia que um boi extra fosse morto para a festa.

Tão logo as baterias em Fortin foram construídas, López cruzou o Rio Paraguai, e estabeleceu seus aposentos em San Fernando, uma casa pertencente a uma estância do governo, cerca de 6,5 km de distância de Fortin, e a 1,5 km do Passo do Tebicuarí.

Todo o terreno entre o Rio Paraguai, o Tebicuarí, a Laguna Ypoá e Angostura, é perfeitamente plano e pantanoso, e é atravessado por muitos esteiros. Ao longo dos rios Paraguai e Tebicuarí, entre os *carrizais*, há uma faixa de mata de cerca de 5 km (também pantanosa), ao longo da qual a estrada principal segue, mas fora isto, o interior é totalmente aberto, sem uma árvore ou colina por muito quilômetros. Parece o oceano. Em um ou dois locais, uma palmeira solitária serve como ponto de referência. É claro que toda esta parte do país é inabitada, pois é pantanosa, mas é considerada muito boa para criar gado. Há poucas casas ao longo da estrada, em porções de terreno um pouco mais elevadas do que o geral, mas quando chove forte, mesmo estas partes ficam debaixo d'água.

São Fernando fica num pequeno pedaço de terreno seco, cerca de 30 m², e o exército, com cerca de 8 mil homens, tinha que acampar à volta na lama. Entretanto, o terreno foi drenado rapidamente, e cabanas foram construídas de imediato, de maneira que logo se tornou uma vila. López mandou construir uma casa grande para ele, com corredores por toda a volta. Ele mandou trazer o Sr. Charles Thompson do arsenal, e montou oficinas com tornos, etc., para reparar canhões, ou o que quer que fosse necessário.

Ele construiu linhas telegráficas para Recodo (o porto dos vapores), para Passo Portillo (até o Tebicuarí), para Fortin, e para o Passo do Tebicuarí. O telégrafo entre Monte Lindo e Timbó estava em pleno funcionamento, e os despachos tinham que ser atravessados pelo Paraguai em canoas, entre Recodo e Monte Lindo.

Uma graciosa igreja ortogonal foi construída próxima à casa de López, pois ele estava com a mania de ir à igreja todos os dias sem falta, ficando lá por algumas horas. Aparentemente, todo esse tempo ele estava cometendo os mais horríveis assassinatos em massa sob o pretexto de existir uma conspiração contra ele. Foi dito depois, que os conspiradores iriam se juntar ao inimigo, com seu exército e encouraçados, no dia 24 de julho, o que esclarece os despachos de López para mim naquela data.

Ainda irei me referir a isto mais tarde, mas relatarei mais dois pontos importantes agora. Meu quarto no quartel-general de López era próximo ao do General Bruguez, e nós éramos muito amigos. Uma noite, ao chegar de Fortin, eu fui a seu quarto para vê-lo, e descobri que todos seus pertences tinham sumido, e tinha outras coisas no seu lugar. Havia um menino no quarto, e eu perguntei a ele sobre o General Bruguez, mas ele não sabia. Então, eu perguntei se ele tinha se mudado. "Sim". "Para onde?". "Eu não sei". Então, eu imaginei que algo errado deveria ter acontecido e não perguntei mais nada. Eu já tinha perguntado muito. No dia seguinte, eu jantei com López. Barrios, Bruguez e o Bispo sempre costumavam jantar com ele, mas Bruguez não estava lá. O filho pequeno de López perguntou onde ele estava, e todos disseram a eles, com sorrisos, "que ele tinha ido embora". Depois eu soube que ele foi executado a baionetadas.

Poucos dias depois disso Barrios foi posto em prisão domiciliar, e tentou se suicidar cortando a garganta, mas não conseguiu. Tudo isto foi mantido em segredo absoluto.

Enquanto estas coisas estavam acontecendo, o vice-presidente foi chamado, e ficou em segredo, apesar de López ir vê-lo várias vezes. Foi permitido que ele retornasse. A mãe de López veio vê-lo, provavelmente para implorar pela vida de seus dois outros filhos, que estavam acorrentados, e pela de suas duas filhas que estavam na prisão. Antes ela estivera em Passo Pucú, depois da batalha de 24 de maio de 1866, e dizia-se que ela fora implorar a seu filho para desistir da guerra com potências tão grandes, e para se retirar para a Europa. Entretanto, ela não tinha influência sobre ele.

O Sr. Washburn, o embaixador americano, também o visitou em San Fernando, mas ele não foi bem recebido. Entretanto, o Sr. Cuverville, o cônsul francês, foi muito homenageado durante sua visita em San Fernando.

A vanguarda no Tebicuarí estava sob as ordens do Tenente-Coronel Rolon, e estava baseada na Estância Jacaré[76], cerca de 6 km ao sul do Passo Tebicuarí, e onde havia grupos de cavalaria paraguaia continuamente

---

[76] *Jacaré*, crocodilo em guarani. N.E.: *Yacaré* no original.

percorrendo o país, até Pilar.

Dia 8 de junho, o inimigo enviou pela primeira vez uma força de reconhecimento de 3 mil homens em direção ao Tebicuarí. Foram enviados para descobrir a posição de López e seu exército. Eles chegaram ao Jacaré, um riacho estreito mas profundo, que desagua no Tebicuarí, e começaram a cruzá-lo. Quando um regimento tinha cruzado, o Major Rojas com 200 cavalarianos, caiu em cima deles, cortando sua retirada, matando a muitos, e capturando muitas armas. O restante imediatamente retornou à Tuiu-Cuê.

Uma força de 400 homens ficava no Passo Portillo para defendê-lo, e uma guarnição no Passo Recalde, mais acima do Tebicuarí.

López organizou seus vapores para um ataque aos encouraçados a qualquer momento que surgisse uma oportunidade. Quando não estavam navegando, os vapores eram sempre mantidos no Riacho Recodo, e seus mastros e conveses eram cobertos com moitas verdes para que eles não pudessem ser facilmente distinguidos às matas à sua volta. Todos foram equipados com ganchos de abordagem, e com foguetes para mandar para dentro das portinholas do inimigo.

Mato Grosso foi completamente evacuado, e os vapores e as tropas de lá foram trazidos para o Tebicuarí, sendo deixado um esquadrão de cavalaria próximo ao Rio Apa. Quatrocentos cavalarianos, 100 infantes, e quatro canhões que tinham sido deixados em Encarnacion, foram trazidos de volta, com a exceção de um esquadrão de cavalaria que foi deixado de guarda, que posteriormente capturou e afundou um navio à vela no Paraná pertencente aos brasileiros.

Em Tebicuarí, López formou o Cuerpo de Bogabantes, ou Corpo de Remadores, que consistia de homens escolhidos e treinados para remar canoas com o objetivo de abordar os encouraçados.

CAPÍTULO XXI

O CERCO DE HUMAITÁ.

INVESTIDA SOBRE HUMAITÁ – RESISTÊNCIA DOS PARAGUAIOS NO CHACO – ATAQUE AOS ENCOURAÇADOS NO TAYÍ – ATAQUE A HUMAITÁ – BATALHA DE ACAYUASÁ – EVACUAÇÃO DE HUMAITÁ – DUROS COMBATES NO CHACO – RENDIÇÃO DO RESTANTE DA EX-GUARNIÇÃO DE HUMAITÁ – EVACUAÇÃO DO CHACO.

Tão logo Passo Pucú foi evacuado, os aliados tomaram posse, e sua frota de transporte agora chegava a Curupaiti, onde seus transportes desembarcavam ao invés de fazerem a volta por Itapiru. Eles fecharam o cerco por toda parte, os brasileiros ocupando de Cierva até Espinillo, e os argentinos de lá até Passo Pucú. Todos os canhões disponíveis, mesmo os de 68 libras foram trazidos e montados contra Humaitá, e o lugar foi bombardeado. Algum dano foi causado, mas nada que ameaçasse as defesas do lugar.

Humaitá estava guarnecido com 3 mil homens, e tinha quase 200 canhões (dos quais seis eram de 8 polegadas), incluindo as baterias no rio.

Tinha grandes armazéns de milho e farinha, além de muita bebida, vinho, conservas, etc., que não tinham sido removidos a tempo. Havia algumas ovelhas e gado vivos, e uma grande quantidade de carne seca. Um pouco de gado também era passado pelo rio do Chaco à noite, pois os encouraçados tinham se posicionado entre Timbó e Humaitá.

Portanto, apesar de ser muito difícil havia uma estrada aberta até a guarnição de Humaitá, através da qual chegavam suprimentos até eles, e os aliados decidiram acabar com este caminho.

Assim, o General Rivas foi comissionado para atravessar o Riacho de Oro com 1,2 mil argentinos. Ele iria se encontrar com 2,5 mil brasileiros que desembarcariam abaixo de Timbó, e forçariam seu caminho por meio das matas até que se incorporassem a ele, fazendo assim uma linha através da península em frente a Humaitá, cortando completamente sua comunicação.

Rivas partiu no dia 30 de abril, e teve que abrir uma picada pela mata em todo o caminho. Ele foi atacado em 2 de maio por um pequeno corpo de paraguaios que cruzaram de Humaitá com este propósito, mas foram repelidos. No mesmo dia, Caballero de Timbó atacou os brasileiros que marchavam para se juntar a Rivas, causando uma perda de 300 homens entre mortos e feridos. No dia 3, os dois corpos se amalgamaram sob o comando de Rivas, e começaram a construir um reduto nas margens do Rio Paraguai, num lugar chamado Andaí. Este reduto era protegido na frente por um esteiro intransponível, e somente podia ser assaltado pelos dois flancos que terminavam no Rio Paraguai. Enquanto esses trabalhos começavam, a Legião Argentina (Voluntários), enviada à frente para reconhecimento, encontrou uma guarnição paraguaia que fugiu e levou os Voluntários para uma emboscada feita por 200 paraguaios que caíram sobre seus flancos e sua retaguarda, eliminando-os completamente. Somente o comandante retornou ao General Rivas para contar a história, e alguns poucos que voltaram depois foram distribuídos em outros batalhões, sendo os oficiais levados presos para Buenos Aires por covardia.

No dia seguinte, o reduto de Andaí foi atacado por Caballero com quatro batalhões de infantaria e dois regimentos de cavalaria desmontada no flanco próximo a Timbó, que era defendido por brasileiros. Os paraguaios foram repelidos com a perda de 300 homens entre mortos e feridos. Os brasileiros perderam 80 homens[77]. Depois disso, Rivas foi deixado em relativa paz por algum tempo. Uns poucos mensageiros conseguiram passar entre Humaitá e Timbó, mas alguns destes foram capturados junto com seus despachos.

Descobriu-se que o lago que protegia a frente do reduto Andaí comunicava-se com o Riacho de Oro, e provisões foram carregadas para lá em botes. Este lago era chamado de Yberá, ou "as águas brilhantes".

Em 11 de abril, os aliados fizeram um reconhecimento em Humaitá, mas não descobriram nada a respeito das fraquezas do lugar que consistia em 15 mil metros de trincheiras defendidas por menos de 3 mil homens. Poderia ter sido tomada facilmente em um ataque noturno.

Eles fizeram grandes preparativos para um assalto, construindo gabiões, sacos de areia, faxinas e escadas. Entretanto, desistiu-se da ideia de assaltar, pois esperava-se que eles logo iriam se render. Eles frequentemente enviavam cartas ao comandante de Humaitá, aconselhando-o a se render, mas elas não eram recebidas e não havia sinais de que o lugar iria se render.

---

[77] N.E.: Neste combate lutou o Tenente-Coronel Hermes da Fonseca que vários anos depois seria Presidente do Brasil.

No final de junho, López começou a ficar ansioso com Humaitá, e fez vários planos para aliviar o cerco sobre a praça. No entanto, Rivas estava tão fortemente posicionado que parecia não haver esperança, e ele decidiu fazer outra incursão contra os encouraçados, o que teria acabado com o cerco caso ele tivesse obtido a posse de um único encouraçado.

Havia dois encouraçados acima de Timbó, o Barroso e o Rio Grande, e ambos ancoravam sob a proteção dos canhões de Tayí. Foram enviadas pelo Rio Vermejo 24 canoas, onde elas foram tripuladas com 10 homens cada, levando oficiais da marinha e engenheiros para fazer os vapores funcionarem caso eles o capturassem. Eles iriam em duas divisões: cada uma de 12 canoas iria atacar um encouraçado, se possível ao mesmo tempo.

Em 9 de julho, eles partiram do Vermejo à noite, e desceram a correnteza do Paraguai, alcançando os encouraçados sem serem notados no meio da noite. A divisão que iria abordar o Rio Grande conseguiu, mas aquela destinada ao Barroso passou por ele e o deixou livre. O capitão do Rio Grande estava no convés com parte de sua tripulação, e todos eles foram mortos pelos paraguaios, sendo que o restante da tripulação se trancou dentro do navio. Os canhões de Tayí começaram a atirar em cima dos paraguaios, e o Barroso se aproximou e disparou com metralha de maneira que quase todos foram mortos e o restante feito prisioneiro. Alguns da outra divisão chegaram a Timbó, e outros, indo mais além, foram capturados pelos outros encouraçados.

As provisões estavam ficando escassas em Humaitá, e era evidente para os comandantes que eles teriam que evacuar antes que fosse tarde demais. O Coronel Alen, provavelmente com medo do que López pudesse fazer se ele deixasse o lugar sem ordens, tentou cometer suicídio com um revólver. Entretanto, ele ficou apenas muito ferido, e o comando principal ficou com o Coronel Martinez. Eles tinham um reduto oposto a Humaitá, com umas poucas peças de artilharia, e vendo algumas canoas passarem entre os dois locais, os encouraçados reportaram a Caxias que os paraguaios estavam evacuando Humaitá. Ao receber esta notícia, dia 15 de julho, Caxias preparou tudo para o local na manhã seguinte, para ter a glória de tomá-la pela força das armas.

O General Osório com 12 mil homens liderou o ataque na frente de San Solano, os argentinos prontos para atacar em outro ponto. Depois do amanhecer, Osório galantemente liderou suas tropas, e com sua cavalaria alcançou o abatis, que não era grande coisa, e começou a forçá-lo. No entanto, a artilharia paraguaia à queima-roupa fez tanta mortandade com metralha que os brasileiros recuaram completamente desorganizados. Osório pediu a Caxias por reforços, mas o pedido foi recusado. Ele teve seu cavalo morto, e três de seus ajudantes de ordens a seu lado também tombaram. Não foi feita outra tentativa de assalto às trincheiras. Os brasileiros tiveram 2 mil homens *hors de combat*, e os paraguaios apenas 47[78].

Com o objetivo de assediar o General Rivas – que diariamente era bombardeado em Andaí por Humaitá com grande efeito – e fazer com que sua posição ficasse insustentável, os paraguaios avançaram com redutos de Timbó. O que foi feito mais perto de Rivas ficava no único caminho de Timbó a Andaí, a meio caminho entre os dois, e era chamado de reduto Corá. Ele era guarnecido com um batalhão de infantaria, e 200 espadachins a pé. Dia 18 de julho, o General Rivas ordenou que este reduto fosse atacado, e enviou os Coronéis Martines de Hoz e Campos com seus batalhões e alguns brasileiros. Os últimos fugiram rapidamente, mas os argentinos alcançaram o abatis, e neste momento foram forçados a recuar, e os 200 espadachins foram enviados atrás deles e os liquidaram. Os dois coronéis foram tomados prisioneiros, e 400 argentinos foram postos *hors de combat*. Os paraguaios perseguiram os fugitivos até quase Andaí, quando o General Rivas os atacou e os empurrou de volta.

O sargento porta-bandeira de um dos batalhões argentinos foi morto, mas salvou sua bandeira atirando-a no rio, que então foi recolhida por um encouraçado. Esta foi a chamada Batalha da Acayuasá[79], nomeada pelo local onde os coronéis foram feitos prisioneiros, e López deu uma condecoração a todos os envolvidos nela, consistindo de uma cruz de Malta de prata.

Agora as provisões de Humaitá estavam quase no fim, e era necessário evacuá-la. Eles tinham 30 canoas, e nestas eles passaram todos os feridos e as mulheres para o Chaco na noite de 23 de julho. No dia 24 (aniversário de López) foram feitas danças e tocadas músicas para enganar o inimigo, e naquela noite a guarnição cruzou o rio, as bandas de música permanecendo até o fim e tocando. O inimigo não suspeitou de nada, e não fez nada até a metade do dia seguinte quando fizeram um reconhecimento e tomaram posse de Humaitá.

Dia 21, três encouraçados forçaram as baterias de Humaitá, subiram e se juntaram a frota acima de Humaitá. Esses foram o Cabral, o Silvado, e o Piauí[80]. A frota não percebeu os paraguaios cruzando o rio em Humaitá, e a passagem foi efetuada sem problema algum.

Uma vez no Chaco, os paraguaios carregaram suas canoas por terra até a Laguna Verá, que eles tinham que cruzar para chegar a Timbó, pois Rivas com seu exército e fortificações ocupavam a estrada ao longo do rio. O General Caballero com as forças de Timbó esperava a guarnição de Humaitá no outro lado do lago, e sua retaguarda estava protegida pelo reduto oposto a Humaitá, comandado pelo Tenente-Coronel Vallovera. Deste reduto, vários pântanos tinham de ser atravessados para chegar a

---

[78] N.E.: Jourdan reporta 1.329 homens fora de combate do lado brasileiro.
[79] *Acá*, cabeças ou ramos; *yuasá*, se cruzando: ramos cruzados.
[80] N.E.: No original Thompson errou a ortografia deste monitor e grafou-o de *Pinhay*.

Laguna Verá, sendo que o último pedaço de terra estreito antes de chegar ao lago era a chamada Ilha Poi. Todo o terreno tinha muito mato, de maneira que os combatentes mal podiam ver uns aos outros.

Os comandantes de Humaitá imediatamente começaram a mandar as mulheres e os feridos nas canoas através do lago para o General Caballero, e eles tiveram que cruzar sob um terrível fogo. Tão logo os aliados notaram o que estava acontecendo, eles reforçaram o General Rivas, aumentando sua divisão para 10 mil homens. Eles também enviaram 60 botes, alguns com canhões dentro, para a Laguna Verá, para cortar a retirada dos paraguaios quando eles cruzavam. Seus encouraçados foram estacionados de forma a varrer a Ilha Poi, e uma força com artilharia foi enviada para o lado ocidental do lago. Todas essas forças mantiveram um fogo terrível, tanto de artilharia como de rifles: dia e noite, com trocas regulares, 2 mil rifles e 11 canhões atiraram incessantemente, de todos os lados nos paraguaios. Em uma semana, 10 mil cápsulas foram disparadas contra eles.

Apesar dos botes inimigos no lago, as canoas paraguaias continuaram a passagem à noite, com uma luta corpo a corpo acontecendo toda a vez que eles passavam. É claro que muitos foram mortos e feridos, e muitas canoas afundadas pela artilharia que disparava sobre eles até que eles alcançassem a linha dupla de botes de guarda. Tão logo as canoas passavam pela provação e chegavam no outro lado do lado, os remadores davam um grito de alegria, e tendo desembarcado seus passageiros, retornavam novamente pelo terrível tiroteio para pegar novos passageiros.

Dia 28, os brasileiros atacaram Martinez, mas foram repelidos com perdas. Ele tinha alguns poucos canhões raiados de 3 libras, mas a munição estava terminando, e ele teve que quebrar os mosquetes daqueles que tinham morrido para fazer metralha dos gatilhos e peças metálicas. Uma noite houve uma confusão entre os brasileiros, causada por um batalhão que retornava de uma missão e se encontrou com outro batalhão. Eles pensaram que fossem inimigos, e atiraram por um tempo, matando e ferindo mais de 100 homens.

Por fim, todas as canoas paraguaias foram afundadas ou capturadas, e a única estrada para Timbó era através dos fortes e exército do General Rivas. Tinham deixado Humaitá 2,5 mil homens e, destes, 1,2 mil tinham tentado cruzar a Laguna Verá, e quase mil conseguiram, muitos deles feridos. O Coronel Alen tinha sido enviado entre os primeiros numa maca, os outros três comandantes ficando até o fim. Cada homem ao deixar Humaitá levou um pequeno saco de milho seco com ele, mas estes logo terminaram, e eles sofreram muito de fome, e tiveram de comer dois ou três cavalos que trouxeram com ele de Humaitá.

Dia 2 de agosto, o General Rivas enviou ao Coronel Martinez uma intimação para rendição. Entretanto, a bandeira de paz foi recebida a tiros, mas dois dias depois retornou com a mesma missão. Desta vez, Martinez concordou com um encontro com Rivas que aconteceu no dia 5, e terminou com a rendição dos remanescentes da guarnição de Humaitá, com os oficiais mantendo suas espadas. O Coronel Martinez estava tão fraco de falta de comida que ele mal podia falar, e 200 de seus homens tinham se deitado para morrer de fome. A maioria deles estava a 4 dias sem comer.

Por se render, depois deste mal exemplo de lealdade a López, todos foram declarados traidores por ele, e a esposa do Coronel Martinez que viveu no quartel-general com a Sra. Lynch durante toda a guerra, foi jogada na prisão, era surrada frequentemente, e foi finalmente fuzilada.

Foi dada comida aos homens famintos que logo após foram levados para Humaitá. Seu número era de 4 oficiais de alto escalão, 95 oficiais, e 1,2 mil praças, dos quais 300 estavam feridos. Os aliados capturaram 5 canhões e 800 mosquetes com eles. Em Humaitá os troféus consistiram de 144 canhões, dos quais 8 eram de 8 polegadas, e um de 150 libras danificado; 36 canhões de bronze, sendo um de 130 libras; 600 mosquetes e 400 baionetas.

O tiroteio em Humaitá era ouvido distintamente em Tebicuarí, e a noite, os relâmpagos dos canhões pesados eram vistos, e todos sabiam que algo estava acontecendo por lá.

Quando López ouviu da evacuação de Humaitá, ele dirigiu uma mensagem para todos os comandantes de divisão do exército, dizendo que ele tinha deixado em Humaitá provisões para durarem até outubro, mas que os comandantes não tiveram muito cuidado com elas, e acrescentou que apesar dele ter sido obrigado a ordenar a evacuação, ela não teria influência em seus planos. Ele imediatamente ordenou a evacuação de Timbó, sendo que a artilharia pesada deveria sair em primeiro lugar. Quando não havia mais esperança que mais homens cruzassem a Laguna Verá, Caballero com seus homens e aqueles de Humaitá que conseguiram cruzar, marcharam até Monte Lindo e se juntaram a López no Tebicuarí, trazendo toda artilharia e munição com ele; e os aliados foram deixados a sós nas vizinhanças de Humaitá, onde eles descansaram por três semanas, tendo requerido 13 meses de cerco para conquistar Humaitá, a posição mais fraca que os paraguaios tiveram até o momento.

CAPÍTULO XXII

LÓPEZ ABANDONA O TEBICUARY, E SE FORTIFICA EM ANGOSTURA E PIQUISSIRÍ – OS ALIADOS SE ESTABELECEM EM PALMAS.

Assim que Humaitá caiu, López pensou em se preparar para outro recuo do Tebicuarí, e ordenou que fosse feito um mapa do país nas vizinhanças do Esteiro Poi[81], cerca de 15 km ao sul de Villeta. Este Esteiro Poi é um pântano parecido com o Bellaco, e é um ramo do vasto esteiro chamado Laguna Ypoá[82], juntando esta ao rio. Só pode ser atravessado pela estrada que liga Humaitá a Assunção, e ali tem quase 5 km, e cerca de 1,20 m de profundidade. Era ideia de López fortificar o lado norte deste esteiro, mas posteriormente obteve melhores informações sobre o terreno, e me enviou no meio de agosto para examinar, esboçar e relatar sobre o Piquissirí[83] como uma posição defensiva. Esta fica a 5 km ao norte do Esteiro Poi.

O Piquissirí é a parte mais ao norte do dreno do Lago Ypoá, donde ele surge na forma de um largo esteiro que gradualmente diminui à medida que se aproxima do Rio Paraguai, e se torna um riacho estreito quando penetra nas matas que tem cerca de 2 mil metros de largura. Ele deságua no Paraguai em Angostura, onde tem cerca de 20 metros de largura e é muito profundo. Ele também é o limite das planícies que começam no Tebicuarí, e que são todas pantanosas com exceção de poucos locais. Por cerca de 10 km ao sul do Piquissirí, o terreno é coberto com matos e florestas de palmeiras, sendo quase intransponível em qualquer lugar a não ser pela estrada que também é muito ruim.

Imediatamente ao norte, pode se dizer que começa a região habitável do

---

[81] *Poi*, estreito.
[82] Y, água ou lago; poá, sorte: lago da sorte.
[83] Pikysyry (N.E.: grafia do original): *piky*, camarão; *syry*, riacho: o riacho do camarão.

Paraguai, pois as primeiras colinas são vistas aqui, e crescem a partir daquele riacho. A distância a ser coberta pelas forças até o ponto de passagem do Piquissirí era de 10 km, o que era bastante difícil, e a estrada era o único ponto por onde o inimigo poderia ser esperado. A posição não poderia ser flanqueada, sem que tivesse de dar a volta através de Missiones, ou pelo Chaco, o que os levaria à retaguarda. Também, Angostura era o único lugar por vários quilômetros onde as baterias do rio poderiam ser colocadas, pois novamente ela ficava no lado côncavo de uma ferradura do rio, assim como poderiam ser posicionadas para flanquear as linhas terrestres. O rio era muito largo, 600 metros, mas não havia jeito para isto.

O exército também ficaria muito mais perto das linhas de suprimento, e os parentes dos soldados poderiam chegar até o exército e levar mandioca, laranjas, etc., o que iria fazer muito bem à saúde, e consequentemente, a moral da força.

Assim, eu reportei tudo isto ao Presidente López, e dei minha opinião que o Piquissirí seria uma posição muito mais vantajosa que o Tebicuarí. Ele então me enviou ao Fortin para arranjar as coisas ali para a mudança, deixando as baterias a cargo do Major Moreno, levando o Tenente Abalos comigo. Os canhões da menor bateria deveriam ser imediatamente embarcados e levados para Angostura. Novamente, eu fui despachado para Piquissirí para delinear as baterias, e para dar instruções ao Tenente Pereira, que era o comandante por ali há algum tempo. Ao retornar para reportar o começo dos trabalhos, eu fui promovido de Major a Tenente-Coronel, e López me presenteou com uma espada. Ele me enviou de volta na mesma noite para comandar as tropas que seriam colocadas ali, para montar o acampamento, para posicionar a artilharia, marcar e apressar o término das trincheiras e baterias, para pegar tudo que era necessário com o ministério da guerra em Assunção, e ter tudo pronto para a defesa para quando ele chegasse, pois provavelmente ele traria o inimigo atrás dele. O Major Caballero foi enviado como meu segundo.

Todos os meios de transporte foram requisitados, terrestres e marinhos, e tropas e canhões estavam constantemente chegando por barcos e por terra. Grandes quantidades de munição foram trazidas, e não havia onde armazená-las, apenas debaixo de couros a céu aberto. A margem do rio logo ficou cheia com mantimentos de toda a espécie.

A mata teve de ser derrubada tanto para as baterias do rio como para abrir uma conexão entre elas e as trincheiras, e para deixar um espaço aberto na frente delas. Era um trabalho muito difícil cortar e deixar esta selva baixa de maneira que nenhum infante poderia se esconder atrás de uma árvore. Entretanto, sua madeira fez um excelente abatis.

O grande canhão "Crioulo" foi trazido de Assunção num vapor e montado na bateria da esquerda. Todos os outros canhões foram trazidos da cidade, assim como a guarnição.

Dia 26, López deixou San Fernando e viajou por terra vagarosamente com o exército, deixando o Coronel Rivarola no comando da retaguarda, e encarregado da evacuação final.

No mesmo dia que López partiu, a vanguarda dos aliados sob o comando do Barão do Triunfo, cruzou o Yacaré, depois de uma escaramuça com a guarda paraguaia, e no dia 28 atacou e tomou um pequeno reduto com três canhões, que defendia o recuo através do rio no momento em que a última guarnição o estava evacuando a caminho da passagem do Tebicuarí em botes, o que eles o fizeram com muito pouca perda.

Enquanto isso, três encouraçados subiram o rio, e depois de muito reconhecimento, descobriram que apenas restavam três canhões velhos de 32 libras – o restante dos canhões já tinha sido levado para Angostura, mas seus antigos lugares tinham sido preenchidos com coberturas parecidas com aquelas que tinham os verdadeiros canhões. O 18º Batalhão ainda estava em Fortin com artilheiros suficientes para manejar os três canhões, e os encouraçados se aproximaram da praia, cercaram a bateria pelo lado do Paraguai e do Tebicuarí, e descarregaram metralha em cima de metralha. Entretanto, havia muita cobertura para proteger os homens enquanto eles não estavam manejando os canhões, e eles sofreram pouco, atirando nos encouraçados quando esses estavam carregando seus canhões. Isto continuou do dia 26 ao 28, quando Moreno recebeu ordens de se retirar e atirar seus três canhões no rio, recuando a noite – os encouraçados ficando muito surpresos na próxima manhã ao descobrir que seus oponentes tinham ido embora. A esta hora Caxias deve ter notado que López tinha intenção de se fortificar rio acima, mas ele estava tão eufórico com a queda de Humaitá e a evacuação do Tebicuarí que nunca teve a ideia de enviar a frota rio acima para investigar o que estava acontecendo por lá e impedir a construção das baterias que estavam sendo construídas lá.

Consequentemente, foi nos permitido trabalhar em paz, e foi um trabalho muito árduo. O clima estava muito ruim, e a lama na bateria era tão profunda que quase tapava os canhões de 8 polegadas, pois não tínhamos tido tempo para drenar o local. Esta lama era tão escorregadia que todas as cordas e paus que ela tocasse ficavam como se estivessem ensaboados, e os homens não tinham onde se segurar por causa disso. Seus pés descalços ficaram em bolhas de andarem sempre sobre a lama.

López chegou no começo de setembro, e montou seu comando em Cumbarity[84], uma colina alta, certa de 6 km do rio e das trincheiras. Em pouco tempo foi construída para ele uma grande casa em Itá Ivaté[85;86], uma

---

[84] *Cumbari*, uma espécie de pimenta; *ty*, uma plantação: uma plantação de pimenta.
[85] Itá, pedra; yvaté, alta: pedra alta.
[86] N.E.: Mais conhecida nos documentos brasileiros como Lomas Valentinas.

colina cerca de 3 km das trincheiras, e 6 km do rio. Dali ele podia ver o terreno inteiro à sua volta por muitos quilômetros.

Para proteger o porto de Angostura, para que os nossos vapores pudessem carregar e descarregar até que os encouraçados forçassem as baterias, este foi dividido em duas seções separadas de 700 metros, chamada de baterias direita e esquerda. Os encouraçados não podiam ver o que estava acontecendo na bateria direita onde estava o porto, a menos que ficassem opostos à bateria esquerda. Eles não apareceram até o dia 8 de setembro, quando três chegaram em reconhecimento. O Silvado chegou sozinho e passou as baterias, recebendo dano considerável do "Crioulo" que o atingiu com um projétil de aço próximo a linha d'água. Ele passou novamente em meia-hora, e foi atingido por outro projétil de 150 libras no outro lado no mesmo local. Daquele dia em diante alguns encouraçados vinham diariamente bombardear Angostura retornando algumas horas depois a seu ponto de ancoragem que era fora de vista perto de Palmas.

Enquanto isso, o exército aliado marchava para o norte, e a 23 de setembro sua vanguarda alcançou o Surubiy[87], um riacho a cerca de 10 km de Piquissirí. Aqui López tinha preparado uma emboscada com 200 cavalarianos e 150 infantes, que estavam escondidos ao norte do Surubiy. Uns poucos franco-atiradores foram enviados para atiçar o inimigo, no que foram bem-sucedidos; e quando uma força considerável tinha atravessado o riacho, os paraguaios caíram em cima deles e os liquidaram, muitos se afogando na água que era funda, e um batalhão inteiro de brasileiros foi aniquilado. No dia seguinte, o exército principal chegou e acampou em Palmas, uma casa de guarda no rio, com muito pouco terreno seco, ficando quase todo o exército na lama.

Os aliados fizeram vários reconhecimentos nas linhas de Piquissirí, mas consideraram elas muito fortes para atacar, e desistiram da ideia. As águas do Piquissirí tinham sido represadas em dois lugares, de maneira que havia acima 1,80 metro de água na estrada.

Havia ao todo mais de 100 canhões nas linhas paraguaias, incluindo aqueles de Angostura, que tinha 12 canhões de 8 polegadas, um de 150 polegadas, dois canhões de alma lisa de 32 libras, e o Whitworth de 32 libras que tinha sido capturado em Tuiuti.

O exército paraguaio estava formado em cinco divisões, a saber: as baterias de Angostura com mil metros de trincheiras, comandada por mim, a direita comandada pelo Coronel Hermosa, o centro pelo Coronel Gonzalez, Timbó (assim chamada por ser formada pelas forças que tinham guarnecido Timbó) comandada pelo Coronel Montiel, e a esquerda pelo Coronel Rivarola. Ao todo o exército tinha cerca de 10 mil homens, a grande maioria apenas meninos.

---

[87] *Surubi*, uma espécie de peixe; *y*, riacho: o riacho do Surubi.

Grandes quantidades de munição de todos os tipos tinham se perdido no recuo do Tebicuarí, e nenhum dos canhões tinha mais de 100 tiros, e muitos apenas 20 ou 30. A infantaria também, na sua maioria tinha apenas de 60 a 100 tiros. Toda a pólvora e cartuchos dos armazéns tinha sido trazida, e mal tinha para a artilharia 100 tiros por canhão, e para a infantaria 24 pacotes de 10 tiros cada, que era o número que cada soldado foi ordenado a carregar a tiracolo em bolsas de couro para no caso de uma marcha súbita, eles tivessem munição suficiente com eles.

Como todos os regimentos musicais foram completamente destruídos, os músicos restantes foram reunidos de todo o exército com os instrumentos podiam, e foram divididos entre cinco bandas para as cinco divisões. Seus instrumentos estavam em muito mal estado e desafinados, e eu tive que abolir meus músicos e pô-los a trabalhar nas trincheiras, pois não dava para ouvi-los.

Para diminuir a exposição dos artilheiros nos canhões pesados, caso os encouraçados ficassem opostos às baterias e lutassem, mandei construir umas carruagens transversais altas que elevavam os canhões acima das cabeças dos homens, de maneira que um parapeito alto pode ser construído, e toda a guarnição dos canhões, exceto o homem que manejava o pavio, estava protegida. Estas carruagens também eliminaram a dificuldade causada pelos pivôs que saltavam fora, pois apesar dos canhões serem leves, eles eram usados com cargas muito fortes, e saltavam muito durante seu recuo. Desta maneira foram montados os 6 canhões de 8 libras, e o de 150 libras, e eles responderam muito bem, sendo muito menos problemáticos de se trabalhar do que das vezes anteriores. Depois que os encouraçados passaram as baterias, e eu não pude receber mais nada de Assunção, pois nossas comunicações por água foram cortadas.

CAPÍTULO XXIII

OS ALIADOS SE PREPARAM PARA OPERAÇÕES – ESTRADA ATRAVÉS DO CHACO – OS ENCOURAÇADOS PASSAM ANGOSTURA – VASOS DE GUERRA NEUTROS – LÓPEZ FORMA UMA FORÇA RESERVA.

Quando Caxias desistiu da noção de atacar a frente das defesas paraguaias em Piquissirí, ele concebeu a ideia de fazer uma estrada através do Chaco, da parte oposta a Palmas até a parte oposta a Villeta, tencionando passar suas tropas pelo Paraguai, e marchar na retaguarda de López. Para isto ele comissionou o General Argollo a explorar o Chaco com uma força e fazer a estrada. Isto começou no dia 11 de outubro.

Em 1º de outubro, antes do amanhecer, quatro encouraçados forçaram as baterias de Angostura, recebendo quase tanto dano quanto se o tivessem feito durante o dia. Eu costumava posicionar todos os canhões todas as noites na direção de um tiro frontal nos encouraçados, o que sempre dava certo, cada tiro que atingia os encouraçados produzia um clarão de luz. Era muito difícil ver os vapores à noite, pois o Chaco em frente tinha um mato muito alto, e isto fazia uma sombra em metade do rio, escondendo os encouraçados que sempre buscavam esta proteção. Algumas vezes eles apenas podiam ser vistos pelo movimento do reflexo de suas chaminés na água. Depois do nascer do sol no mesmo dia, mais oito encouraçados se aproximaram em reconhecimento, e depois deles o Belmonte, canhoneira de madeira, com o Almirante a bordo. Entretanto, tão logo ele apareceu além da ponta do Itapiru[88], nós disparamos um projétil de Whitworth de 150 libras nele na linha d'água, e ele imediatamente recuou.

Os encouraçados que tinham passado fizeram um reconhecimento das margens do rio, e um deles, um monitor pequeno, entrou Buey Muerto

---

[88] Uma curva do rio abaixo de Angostura.

acima de Angostura, e saiu em frente a Villeta. O Buey Muerto é um ramo do Paraguai formado por uma grande ilha, e antes os brasileiros não sabiam se era navegável. Estes encouraçados chegaram e ancoraram acima de Angostura, atrás do ponto formado pelo Chaco. Então, eu enviei 20 homens sob o comando do Tenente Fleitas para incomodar a tripulação dos vasos com seus rifles, e ele fez uma emboscada para um grupo que tinha desembarcado para cortar lenha, e caiu em cima deles matando em torno de 25. Ele perdeu apenas dois homens. Uma pequena trincheira foi cavada durante a noite para proteger os infantes, e depois de dois dias atirando em todos que apareciam no convés, os encouraçados subiram mais o rio.

Dia 8 de outubro, um encouraçado passou pelas baterias a noite, e no dia 10 mais dois passaram por elas amarrados um no outro. Era a ocupação principal procurar por estes vapores a noite. Eles costumavam apagar todas as luzes a bordo, e quando iam a favor da corrente, somente usavam toda velocidade quando eram detectados. Dia 15, oito encouraçados se aproximaram à luz do dia, e cinco deles passaram pelas baterias. Eles sempre perdiam alguns homens nessas ocasiões, pois apesar das balas de canhão não os perfurarem, elas faziam voar estilhaços de madeira dentro dos encouraçados. Em 22 de novembro, às duas da manhã, o Brasil passou de volta, e retornou dia 26 com mais dois encouraçados, levando a seu bombordo uma pequena lancha a vapor e uma chata carregadas com provisões. Desta vez o Brasil se saiu muito mal, sendo atingido por 31 balas, cinco delas de 150 libras, sendo seu comandante ferido, e três oficiais mais o piloto mortos, além de alguns de sua tripulação. Os vapores chegaram até Villeta para reparar seus danos do lado do Chaco, e quando chegaram lá eles começaram a limpar as lascas de madeira e jogá-las no rio. E nós as vimos passarem flutuando por quatro ou cinco horas, e entre pequenos pedaços de madeira vinham pedaços de portas e outras peças do interior, o que mostrava que eles tinham sido perfurados.

Todo esse tempo, vasos de guerra neutros continuavam chegando para negociar a liberdade de seus respectivos cidadãos. O primeiro a chegar foi o vapor norte-americano Wasp no meio de setembro, para levar embora o Exmo. Sr. Washburn, o embaixador americano, que tinha apresentado sua renúncia muito tempo atrás. Foi feito um pedido para que ele passasse por Angostura, e este foi concedido, e ele foi até Villeta onde deveria esperar pelo Sr. Washburn. Depois de vários dias de protelação, ele desceu o rio a bordo do Pirabebé, e embarcou no Wasp que partiu rio abaixo com o Pirabebé acompanhando-o com uma bandeira de paz até os encouraçados, retornando após isto. A bordo do Wasp, o Sr. Washburn enviou uma carta a López que provavelmente teria resultado em ordens de atirar no Wasp, caso ele tivesse recebido antes da passagem deste por Angostura. Mais adiante contarei mais sobre isto.

Em 20 de setembro, três vasos – um inglês, um francês e outro italiano – navegaram rio acima e ancoraram abaixo de Angostura. Cada um enviou uma carta para López, e se retiraram para ancorar a noite na ponta oposta de Itapiru, onde suas luzes eram visíveis da bateria. Confiando que nós acreditaríamos que nada seria tentado durante a aproximação dos vasos neutros, que nós todos estaríamos dormindo, os encouraçados se aventuraram a passar naquela noite, e o Almirante apareceu na manhã seguinte. Entretanto, nós não fomos pegos cochilando nem nessa nem naquela ocasião.

O vaso inglês era o H.B.M.S. Linnet que trazia o Sr. Gould para tentar novamente ver se conseguia fazer algo pelos súditos britânicos. Ele enviou uma carta a López dizendo seu objetivo, e recebeu uma resposta que ele poderia se comunicar com o Secretário de Assuntos Estrangeiros, e que López ficaria feliz em vê-lo se ele quisesse ir até ao quartel-general. Isto provou que López estava disposto a apenas enrolá-lo com uma longa correspondência que não teria resultado, e o Sr. Gould vendo isto foi embora novamente, pois não seria digno, depois de tanta balela, entrar novamente numa longa e inútil correspondência.

Figura 19 - HBMS Cherub - Navio da mesma classe do Linnet

O navio H.B.M.S. Beacon, comandado pelo Capitão Parsons, foi enviado e chegou dia 4 de novembro com a missão de levar embora os ingleses. Quando López ouviu a respeito da chegada de um capitão inglês, ficou furioso e quase o mandou de volta sem ouvir o que ele tinha a dizer. Entretanto, ele permitiu que o Capitão Parsons subisse até o quartel-general, e ao invés de tratá-lo com formalidade, como o fez com os capitães franceses e italianos, ele abriu sua casa e deu ordens para que o Capitão Parsons fosse onde ele quisesse no quartel-general. Ele também o convidou para comer uns pudins de ameixa ingleses que a Sra. Lynch tinha feito, e disse a ele que podia falar com todos os súditos ingleses, e que nenhum deles queria ir embora. No entanto, ele manteve à distância os poucos súditos ingleses que estavam próximo ao quartel-general, e somente permitiu que um deles o visse, e mesmo assim quando López estava por perto. Tudo foi arranjado para dar a entender ao Capitão Parsons que ele podia ir onde quisesse e ver todos que quisesse. Permitiu-se que ele levasse embora o Dr. Fox, e uma dúzia de mulheres e crianças inglesas. O marido de uma dessas mulheres foi permitido ir a bordo do Beacon com ela e ficar até a meia-noite. Ele era um mecânico que devido às sucessivas mortes de seus superiores no arsenal, tinha se tornado chefe do mesmo, e estava ganhando um alto salário. Ele não queria ir embora, e disse ao Capitão Parsons que nenhum dos ingleses desejava partir.

Quando o Beacon se aproximou ao invés de ancorar a alguma distância rio abaixo, como os outros vasos neutros tinham feito, ele navegou lentamente em direção à bateria. Vendo isto, eu imediatamente acordei meu segundo, o Tenente-Coronel Carrillo, que estava tirando uma sesta e num sono profundo. Eu disse a ele que o vapor inglês estava se aproximando e que ele sabia das ordens a respeito de qualquer vaso que tentasse passar a bateria, e que eu estava passando o comando para ele no momento, mas que no instante que um tiro fosse disparado contra o navio de Sua Majestade, eu não me consideraria mais a serviço do Paraguai (isto era uma coisa muito perigosa de se dizer no Paraguai). Carrillo deu um pulo, meio dormindo, correu para a bateria, e começou a preparar o canhão para atirar, quando neste momento o Beacon ancorou um pouco abaixo da bateria. No mesmo momento eu recebi um despacho de López, que podia ver o rio do seu quartel-general, dizendo que ele estava surpreso por eu ter permitido que o vapor tivesse chegado tão perto, e me ordenando a atirar se ele tentasse passar pelas baterias. Eu dei o despacho para Carrillo, e respondi a López, dizendo que eu tinha permitido.

Quando o Capitão Parsons estava embarcando no Beacon, ele foi muito gentil me enviando um recado dizendo que gostaria de me ver. Eu imediatamente telegrafei pedindo permissão a López, que respondeu: "Dê a desculpa que você quiser". Assim, eu tive que enviar um recado dizendo que estava ocupado e não poderia ir. Mais tarde naquela noite, um dos oficiais do Beacon que estava esperando em um bote na bateria enviou-me seu cartão, e telegrafei duas vezes para López, pois da primeira vez não tinha obtido resposta. Ele me disse para enviar um recado dizendo que era muito tarde. Teria custado minha vida ter ido falar com estes cavalheiros sem a permissão de López, apesar de ser o comandante e tudo que se passava em Angostura passasse pelas minhas mãos.

Durante os meses de outubro e novembro, os vapores franceses e italianos quase que diariamente iam e vinham entre Palmas e Angostura, e os comandantes frequentemente visitavam López no seu quartel-general. Finalmente o vaso italiano levou embora 52 mulheres e crianças, e o francês um número menor e o Sr. Libertat, o chanceler do consulado francês, que estava acorrentado na prisão por uma suposta conspiração contra López, e que sob tortura foi obrigado a confessar que tinha recebido 40 mil dólares (8 mil *l.*) dos cabeças da conspiração por sua cumplicidade. Ele foi enviado até mim, juntamente com seus documentos, com ordens de entregá-lo ao capitão francês como um prisioneiro, o que eu fiz. Alguns desses vapores levaram embora alguns baús tão pesados que foram necessários de seis a oito homens para levantá-los. Provavelmente eles continham as joias das senhoras que tinham sido coletadas em 1867, assim como uma grande quantidade de dobrões.

Em 3 de dezembro, o navio dos Estados Unidos, o Wasp, apareceu novamente carregando a bandeira de um almirante e de um embaixador. O novo embaixador era o General MacMahon, enviado para substituir o Sr. Washburn a quem ele tinha encontrado no Rio de Janeiro. Como o Sr. Washburn tinha sido submetido a algumas humilhações ao deixar o Paraguai – especialmente tendo sido presos e acorrentados à força dois membros de sua delegação quando estavam a caminho do embarque, e sendo levados ao exército para serem julgados – determinou-se que o Almirante Davis deveria ir com um esquadrão de vasos de guerra demandar a entrega desses prisioneiros, e que até que eles tivessem sido entregues, o General MacMahon não deveria desembarcar. Na manhã que o Wasp chegou, o Capitão Kirkland foi até López no seu quartel-general, e arranjou um encontro de López com o Almirante naquela mesma noite em Angostura. O encontro teve lugar na minha casa, e López foi tão amigável e plausível que ele encantou o Almirante Davis, e fez com ele realmente acreditasse que Masterman[89] e Bliss, os dois prisioneiros exigidos, eram culpados de uma horrível conspiração. Ele disse ao Almirante Davis que ele próprio queria entregá-los, mas que os tribunais não permitiam. Entretanto, o Almirante Davis tinha uns argumentos com ele na forma de canhões de 11 polegadas, que seriam aplicados de uma forma mais persuasiva do que os brasileiros usavam os deles. E, assim, na noite de 10 de dezembro,

---

[89] N.E.: Depois de ser libertado, Masterman publicou um livro "Seven Eventful Years in Paraguay", RCMP, 2014, relatando suas aventuras e desventuras no Paraguai.

Masterman e Bliss foram enviados a mim com ordens para entregá-los ao Capitão Kirkland como prisioneiros. Eu fiquei muito contente com esta ordem, pois eu sabia que era apenas uma farsa. É claro que eu não pude ver nem o Capitão Kirkland, nem o Almirante Davis para lhes contar a eles a minha opinião sobre o caso. No dia 12, o General MacMahon desembarcou e foi para o quartel-general onde ele permaneceu algum tempo com López.

Enquanto esses vasos neutros estavam conduzindo suas negociações, os encouraçados brasileiros diversas vezes se aproximaram e os insultaram, chegando até mesmo a atirar nas baterias por cima do casco do vapor italiano. A canhoneira inglesa foi o único que eles respeitaram.

Enquanto isso, a estrada pelo Chaco estava sendo construída. Foi um grande trabalho, sendo quase que totalmente feita de palmeiras, colocadas transversalmente, lado a lado no chão que era lamoso e sujeito a inundações quando o rio subia. Várias pontes tiveram que ser construídas. Todo o terreno ali, assim como no restante do Chaco, é perfeitamente plano. Cerca de 2 km abaixo de Villeta no Chaco, um riacho chamado de Aracuay deságua no Paraguai. A boca deste é estreita e mal admite um pequeno vapor de rodas, mas pouco depois ele se torna mais largo e se divide em vários ramos, um dos quais vai em direção de Palmas, mas não é navegável até lá. Foi enviado para o Aracuay, a lancha a vapor que os encouraçados tinham passado por Angostura com eles, e ela prestou um bom serviço transportando provisões, etc. – primeiro apenas para os encouraçados, e depois para todo o exército.

A estrada brasileira seguia ao longo do lado leste deste riacho, e uma linha telegráfica foi feita ao longo dela. Quatro acampamentos de guardas com dois batalhões cada um estavam estacionados ao longo da estrada, e um reduto foi feito na parte norte dela, numa mata. Nós tínhamos forças no Chaco que variavam de 100 a 800 homens, mas o terreno era tão cruzado por esteiros que era quase impossível para mais de dois ou três homens ao mesmo tempo andarem lado a lado em qualquer parte. Entretanto, por duas ocasiões estas forças entraram em combate com o inimigo resultado em muitas poucas perdas de ambos os lados.

Inicialmente López não acreditava que os brasileiros realmente quisessem marchar pelo Chaco, mas achava que era apenas uma diversão, mais especialmente porque nossos espiões reportavam que as tropas durante o dia marchavam de Palmas para Villeta, e retornavam à noite. No entanto, finalmente não pode haver mais dúvidas quanto às suas intenções, e ele ordenou que se fizesse uma trincheira em torno da vila de Villeta onde se esperava que eles desembarcassem, e que os encouraçados bombardeavam continuamente. Ele também formou uma força reserva móvel consistindo da maior parte do exército, deixando nas trincheiras apenas os "indispostos" e a maior parte da artilharia. Eu tive que enviar cinco batalhões para esta reserva, ficando com apenas um e uns poucos do contingente pertencentes aos outros batalhões. Esta reserva ficou acampada próximo ao quartel-general de López, de maneira que ele podia despachar para eles a qualquer momento.

Os homens tiveram uma melhora significativa na saúde devido a comida que eles estavam comendo desde que chegaram a Piquissirí, pois seus parentes chegavam continuamente trazendo comida, e muitas pessoas enviavam de presente cargas de laranjas, mandioca, etc.

CAPÍTULO XXIV

OS BRASILEIROS DESEMBARCAM EM SAN ANTONIO – BATALHAS DO ITORORÓ E AVAÍ – CAPTURA DAS TRINCHEIRAS DE PIQUISSIRÍ – SETE DIAS DE COMBATES EM ITÁ IVATÉ, RESULTANDO NA DERROTA DE LÓPEZ, A DESTRUIÇÃO DE SEU EXÉRCITO, E A CAPITULAÇÃO DE ANGOSTURA.

Para o fim de novembro, todo o exército brasileiro, com 32 mil homens, tinha atravessado o Chaco, e dia 27 foi o próprio Caxias. Os brasileiros embarcaram em seus encouraçados, desembarcando não em Villeta, mas em San Antonio, uma vila cerca de 6 km rio acima onde eles não eram esperados, no dia 5 de dezembro. Uma pequena força esperava-os em Villeta, e na noite do dia 5, López enviou sua reserva, consistindo de cerca de 5 mil homens e 12 canhões sob o comando do General Caballero, sendo seu segundo o Coronel Serrano, para defender o passo do Itororó[90]. Este é um riacho profundo que tem uma ponte, que era necessária para cruza-lo para ir de San Antonio a Villeta, e o terreno à sua volta é coberto com capões de mato, e que em um destes, próximo a ponte, os paraguaios depois de marchar toda a noite se esconderam.

Pela manhã a ponte foi atacada pelos brasileiros. Osório, com a 3ª Divisão do Exército, foi enviado para contorna-la pela esquerda por uma estrada muito ruim, para atacar os paraguaios pela retaguarda, enquanto o General Argollo atacava-os pela frente. Entretanto, ele não conseguiu chegar a tempo por causa do péssimo estado da estrada. O General Argollo liderou o ataque com a 2ª Divisão, mantendo a 1ª Divisão em reserva. E depois de encontrar um fogo terrível vindo da artilharia paraguaia, que era comandada pelo Major Moreno, ele atravessou a ponte, mas foi

---

[90] *Y*, água; *tororó*, cascata. N.E.: No original a grafia é *Ytororó*.

imediatamente atacado e empurrado de volta por Caballero. Então, um combate corpo a corpo teve lugar, e a ponte foi tomada e retomada três vezes, finalmente permanecendo de posse dos paraguaios. Então Caxias investiu com a 1ª Divisão, que junto com a 2ª atacou e tomou a ponte, bem como seis canhões, e os paraguaios se retiraram com os outros seis. Os brasileiros perderam mais de 3.000 homens entre mortos e feridos. Entre os mortos estava um de seus melhores coronéis, Fernando Machado, e entre os feridos estavam os generais Argollo e Gurjão. Os paraguaios tiveram 1.200 homens *hors de combat*, e perderam seis canhões. López depois de receber notícias da batalha, telegrafou para mim que depois de cinco horas de duros combates, Caballero tinha permanecido de posse do campo de batalha, e ordenou que decorasse as baterias com bandeiras em honra da vitória.

Os encouraçados ainda faziam visitas diárias a nós, mas eles pareciam muito temerosos de chegaram a um alcance razoável. Eles costumavam passar Itapiru e se esconder atrás do ponto do Chaco oposto a Angostura, dali bombardeavam, se mostrando ocasionalmente além daquele ponto que ficava a cerca de 1.000 metros, quando eles quase sempre eram atingidos, pois nós tínhamos acertado a distância de forma bastante precisa. No entanto, havia um dos encouraçados que por uma boa sorte deles, nós nunca tínhamos conseguido atingir. Ele era o único que o comandante se mostrava, e ele costumava, junto com outro oficial, ambos de casacos brancos, ficar em pé no topo de sua casamata, enquanto trocávamos tiros. Eles encontraram seu fim desta maneira. Na noite de 8 de dezembro, pensando em atrair os encouraçados para mais perto das baterias, eu camuflei a da esquerda completamente com galhos de árvores, de maneira que nada podia ser visto. Por sorte, foi divulgado na frota que Angostura tinha sido evacuada, e naquela mesma noite o Comodoro enviou seus melhores oficiais que retornaram e reportaram ao Comodoro dizendo que eles tinham estado bem próximo das baterias e que não havia canhões nem homens por lá (eu soube disso pelo diário pessoal de um oficial que temporariamente comandava um dos encouraçados capturado por uma expedição que eu enviei depois ao Chaco). Na manhã seguinte, os casacos brancos e um monitor vieram reconhecer, mas não havia nenhuma bandeira hasteada e eu não mostrei nenhuma. Eles chegaram mais perto do que de costume, e depois de examinar com seus binóculos por algum tempo, e depois de algumas descargas de metralha foram embora. Então, eu cavalguei até o quartel-general de López para vê-lo, e no momento que eu cheguei lá, vi todas os canhões da bateria dispararem. Os encouraçados reportaram a evacuação da bateria da esquerda e receberam ordens de passa-la, e ir reconhecer a da direita, e ao fazer isto, o Mariz e Barros, dos casacos brancos, tinha ido na frente, e ao passar pelas baterias, os oficiais na casamata foram feitos em pedaços. O vaso também ficou muito danificado. O monitor recuou tão rápido quanto podia, mas o Mariz e Barros passou pela bateria da direita também, pois não conseguiu (assim dizia o diário) virar em tempo e retornar.

Todo este tempo, o exército argentino, que tinha permanecido em Palmas, costumava fazer algum barulho todas as noites nas matas, para nos manter acordados na espera de um ataque, e eles costumavam tocar os "turututús", como os nossos homens tinham feito anteriormente. De vez em quando um barco a remo tentava vir furtivamente a noite em reconhecimento, mas era na maioria das vezes escutado de uma longa distância e um tiro ou dois eram suficientes para manda-lo embora.

Depois da Batalha do Itororó, os brasileiros marcharam e acamparam em Ypané, um velho posto da guarda no Rio Paraguai, onde sua frota estava passando a artilharia e a cavalaria do Chaco. E a 11 de dezembro, eles novamente marcharam para o sul, tendo que lutar outra batalha no Avaí, um riacho que a estrada cruzava, e que era defendido pelos paraguaios. Eles tinham sido reforçados por López com seis canhões e uns poucos homens, chegando a cerca de 4.000 homens e 12 canhões ao todo. Novamente os paraguaios eram comandados pelo General Caballero, e todos lutaram como leões. Eles seguraram o terreno debaixo de uma chuva torrencial por quatro horas contra os assaltos contínuos dos brasileiros até que a cavalaria os cercou, e eles foram atacados por todos os lados. Eles foram completamente destruídos e quase nenhum homem escapou. O General Caballero foi derrubado de seu cavalo, e seu poncho e suas esporas de prata tomados, mas ele não foi reconhecido pelo inimigo, e no dia seguinte se apresentou a López. Os coronéis Serrano e Gonzalez foram feitos prisioneiros, e de fato, todos que não foram mortos, foram capturados. Admiravelmente, os brasileiros tinham pouco cuidado com seus prisioneiros, de maneira que vários oficiais de campo escaparam em um dia ou dois, e voltaram para López. Entre esses estavam o Major Moreno (ferido), comandante da artilharia, o Major Mongelos, etc. Ao todo, cerca de 200 homens escaparam. Os brasileiros capturaram os 12 canhões e 700 prisioneiros sãos, além de 500 feridos. Eles também capturaram 300 mulheres pertencentes ao exército paraguaio, e não as trataram bem.

Entretanto, os brasileiros perderam mais que os paraguaios nesta ocasião, tendo cerca de 4.000 homens *hors de combat*, e o General Osório foi ferido gravemente. Eles acamparam na altura de Villeta, a vista de Angostura, apesar da distância ser em torno de seis quilômetros.

No dia seguinte a esta batalha, López me escreveu dizendo que não

---

[91] N.E.: Foi morto nesta ocasião o comandante do Mariz e Barros, o Capitão de Fragata Neto de Mendonça, que era um dos casacos brancos mencionados por Thompson.
[92] *Y*, água; *pané*, torto: um riacho tortuoso.
[93] *Avá*, um índio; *y*, água: o riacho do índio.

tinha ido tão bem para nós quando a anterior, mas que o inimigo tinha sofrido severamente e que os generais só tinham conseguido manter seu exército junto assegurando a eles que o General Caballero tinha sido morto.

López viu que ele iria ser atacado pela retaguarda, e por sugestão minha, começou a construir uma trincheira de Angostura em direção ao quartel-general, com sua frente em direção a Villeta, e flanqueada da mesma maneira pela bateria da direita, pois a trincheira antiga era flanqueada pela bateria da esquerda. No entanto, logo ficou aparente que nós não tínhamos homens suficientes para executar um trabalho tão grande como este, e desistiu-se dele, e um forte em formato de estrela foi iniciado numa colina a 2.000 metros no caminho, com a intenção de ser um de uma cadeia de fortes, mas o inimigo não deu tempo para isto também. Então, López juntou todos os homens que ele podia no seu quartel-general, cerca de 3.000, assim como um grande número de canhões, incluindo o Whitworth de 32 libras. Ele mandou cavar um fosso de sessenta centímetros de largura por sessenta centímetros de profundidade, jogando a terra para a frente do fosso, de maneira que sentados na borda interna do fosso os homens teriam alguma proteção contra balas de rifle. Esta trincheira foi guarnecida com todas suas tropas – sua escolta, que agora estava bem montada, foi mantida em reserva – e canhões foram colocados por toda a volta. Com o objetivo de manter sua casa fora do alcance dos rifles, a trincheira tinha um raio enorme, de maneira que ela era escassamente povoada na frente. Não havia tempo para cavar este fosso por toda a volta, e a traseira, voltada para Cerro Leon, estava completamente aberta, e não tinha homens para defende-la. Entretanto, não era um problema para um general como Caxias que com certeza acharia qual era o ponto forte e o atacaria. Se ao invés de guardar todos seus homens para defender Itá Ivaté, López os tivesse enviado para lutar em campo aberto, ele poderia ter destruído o exército brasileiro neste mês.

Deixou-se apenas 1.500 homens, a maioria inválidos e meninos, e cerca de quarenta canhões de diferentes calibres para defender toda a trincheira de Piquissirí. Eu converti cada uma das baterias num pequeno reduto cavando uma trincheira a volta delas de uma forma especial para que os homens que as defendiam não pudessem ser feridos pela metralha, pois no caso de um ataque os canhões iriam atirar por cima de suas cabeças. Não havia tempo para fazer coisa melhor. Eu também coloquei cabos e correntes em volta dos redutos para parar a cavalaria caso fosse tentada uma carga, pois um cavalo poderia pular nossas trincheiras.

Na noite do dia 16, dois encouraçados passaram pelas baterias, e dia 19 mais cinco passaram, levando jangadas carregadas com eles. Com isto, agora tinha ao todo doze encouraçados acima das baterias e seis abaixo,

---

[94] Veja Ilustração IV do Apêndice V.

além de dezessete vasos de guerra de madeira que não foram lançados em combate. Os encouraçados, tanto acima como abaixo das baterias, nos presenteavam com seus eternos e inúteis bombardeios que até este momento tinha nos custado em Angostura apenas um oficial e dez homens mortos, e um oficial e doze homens feridos. Entretanto, durante os últimos dias, as perdas foram maiores porque nós estávamos mais apinhados.

Em 17 de dezembro, a cavalaria brasileira fez um reconhecimento em nossas posições, mas sem chegar muito perto para ver alguma coisa. Eles surpreenderam um regimento de cavalaria paraguaio (o 45º), que foi completamente destruído, sendo que apenas o comandante e dois ou três escaparam.

Dizia-se que Caxias tinha sido impelido a ação por ordens incisivas do Imperador para arriscar até o último homem para levar a guerra a uma conclusão. Tendo levantado acampamento em Villeta, embarcando todas as tendas, e etc., durante o dia anterior, todo o exército brasileiro, com 25.000 homens, marchou em duas colunas na manhã de 21 de dezembro. Tendo reconhecido as posições frontais de López em Itá Ivaté, se posicionou diante da parte forte delas para almoçar, enquanto o General Mena Barreto, com a cavalaria, uns poucos canhões e alguma infantaria tomou as trincheiras do Piquissirí pela retaguarda, e varreu os paraguaios delas, matando 700 e capturando 200 prisioneiros, a maioria deles feridos, e toda artilharia que estava além de um quilometro e meio de Angostura, que agora estava completamente isolada de López, e a estrada de Palmas por terra ficou aberta para os suprimentos inimigos. Alguns dos paraguaios derrotados na parte esquerda da trincheira de Piquissirí acharam um caminho até López e o reforçaram. As três da tarde, os brasileiros atacaram o quartel-general de López, e depois de três horas de luta, tornaram-se donos de quatorze de seus canhões, incluindo o Whitworth de 32 libras. Eles também penetraram em outro ponto, e alcançaram a casa de López quando sua escolta contra-atacou e os repeliu. As perdas brasileiras foram imensas, pois eles escolheram os únicos dois pontos que levavam diretamente até as linhas de López, ao invés de dar a volta onde eles poderiam em qualquer formação que quisessem, e sua infantaria tinha tão pouco brio que pouquíssimos paraguaios eram capazes de derrotar uma grande quantidade deles. Neste dia, além das perdas nas trincheiras de Piquissirí, López perdeu a maior parte das forças que ele tinha com ele em Itá Ivaté. Os brasileiros perderam neste dia cerca de 3.500 homens entre mortos e feridos, estando o Barão do Triunfo entre os últimos. Naquela noite, López enviou mensageiros à Cerro Leon e à Caapucu, onde ele ainda tinha alguns poucos homens, para chama-los, e no dia seguinte, ele escreveu uma carta endereçada a mim e a meu segundo, sendo a primeira vez que ele enviava uma ordem para Angostura que não fosse apenas para mim, dizendo que nós combatêssemos através do exército aliado naquela noite e se juntasse a ele com nossos homens em Itá Ivaté. A carta foi dada ao Tenente Roman, e López lhe entregou seu próprio cavalo. Ele correu pelo meio do exército principal dos aliados, e chegou a 2.000 metros de Angostura quando foi completamente cercado pelo inimigo, e teve que galopar de volta pelo meio deles, chegando novamente naquela noite no quartel-general de López. Ele foi enviado novamente na próxima noite junto com outro oficial com uma ordem duplicada, e eles deram a volta por caminhos diferentes, e ambos chegaram quase pela manhã em Angostura. Quando nós estávamos começando os preparativos para nossa marcha, chegou outro mensageiro com uma contraordem, na qual López dizia: "A situação mudou; Eu estou me sustentando muito bem, e o inimigo só me ataca com pouca força, estando completamente desmoralizado. Vocês têm que se aguentar a todo custo se esta ordem chegar a tempo. O principal problema do inimigo é a imensa quantidade de feridos que ele tem e que não pode cuidar, pois a estrada que ele abriu através de nossa trincheira mal lhe permite transportar os feridos mais ilustres. Portanto, a ordem de ontem não deve ser executada, a menos em caso extremo que eu espero que não haja, pois eu pretendo levar logo provisões para vocês.

Figura 20 - Assalto às trincheiras de Lomas Valentinas (Ita Ivaté)

Nos dias 22 e 23, os brasileiros se ocuparam em atirar dia e noite com rifles no quartel-general de López, e os argentinos se juntaram a Caxias que também trouxeram a artilharia de campo de Palmas. Dia 23 um batalhão de paraguaios chegou de Cerro Leon, com cerca de 500 homens, e dia 25 mais reforços chegaram de Caapucú, consistindo de um batalhão de infantaria e um regimento de cavalaria. O 40º Batalhão foi completamente destruído no dia 21, assim como o famoso Batalhão de Rifles, e os reforços foram divididos em quatro batalhões, um dos quais foi novamente chamado de 40°. Também foram trazidos os marinheiros dos vapores, deixando-os apenas com homens suficientes para navega-los. Quase todos os artilheiros tinham morrido dia 21, e López libertou o Capitão Saguier – que estava sob tortura na prisão acusado de cumplicidade na conspiração desde que o General Bruguez foi baionetado – e o enviou para comandar a artilharia.

Na manhã do dia 25, foi enviada a López uma intimação assinada pelos generais aliados para que ele depusesse as armas, à qual López retornou a seguinte resposta:

Quartel-General em Piquissirí,
25 de dezembro, 3 p.m.

"O Marechal Presidente da República do Paraguai talvez devesse ter declinado de enviar uma resposta escrita a V. Ex.ªs, os Generais em Comando do exército aliado em guerra com a nação que ele preside, por causa da linguagem e do tom incomum, incompatível com as honras militares e com a magistratura suprema, que V. Ex.ªs acharam que era apropriado para me enviar uma intimação para depor armas dentro de 12 horas, para terminar a prolongada luta, ameaçando me responsabilizar pelo sangue já derramado, e por aquele ainda por ser derramado se eu não obedecesse a ordem, fazendo minha pessoa responsável perante meu país, as nações que V. Ex.ªs representam, e o mundo civilizado. Entretanto, eu desejo fazê-lo, ofertando um holocausto a este sangue tão generosamente derramado, tanto por meu povo quanto de seus inimigos, bem como aos sentimentos de religião, humanidade e civilização que V. Ex.ªs invocam em sua intimação. Estes são precisamente os sentimentos que mais de dois anos atrás, me levaram a me colocar acima de toda descortesia oficial com que os eleitos de meu país têm sido tratados durante esta guerra. Em Iataití Corá, eu então procurei, numa reunião com S. Ex.ª o General em Comando dos exércitos aliados e Presidente da República Argentina, o General Bartolomeu Mitre, a reconciliação de quatro estados soberanos da América do Sul, que já tinham começado a se destruir mutuamente de uma maneira notável, mas minha iniciativa não encontrou uma resposta além do desprezo e do silêncio dos governos aliados, e mais batalhas sangrentas por parte de seus representantes armados, como V. Ex.ªs se nomeiam. Então, eu vi mais claramente que a intenção da guerra dos aliados era contra a existência da República do Paraguai, e que apesar de deplorar o sangue derramado em tantos anos de guerra, eu não podia dizer nada, e colocando o destino da pátria e seus generosos filhos nas mãos do Deus das Nações, eu lutei contra seus inimigos com lealdade e consciência, e estou disposto a continuar a lutar até que Deus e nossas armas decidam o destino final da causa.

"V. Ex.ᵃˢ acharam por bem me informar do conhecimento que possuem sobre meus atuais recursos, pensando que eu tenho o mesmo conhecimento numérico das forças aliadas, e do seu aumento diário de recursos. Eu não tenho este conhecimento, mas eu tenho mais de quatro anos de experiência para saber que estes números e recursos nunca influenciaram a abnegação e coragem do soldado paraguaio, que luta com a resolução de um cidadão honrado e cristão, e que prefere cavar uma grande cova em seu país do que vê-lo humilhado. V. Ex.ᵃˢ acharam por bem me informar que o sangue derramado em Itororó e Avaí deveria ter decidido que eu evitasse o sangue derramado do último dia 21, mas V. Ex.ᵃˢ sem dúvida esqueceram que aquelas ações anteriores deveriam ter mostrado antes de tudo o quão verdadeiro é o que disse sobre a abnegação dos meus compatriotas, e que toda gota de sangue derramado que cai ao chão é uma nova obrigação para aqueles que sobreviveram. Depois de tais exemplos, minha pobre cabeça carregará o fardo da ameaça indecente (se me permitirem usar esta expressão) que V. Ex.ᵃˢ consideraram seu dever me notificar. V. Ex.ᵃˢ não tem o direito de me acusar perante a República do Paraguai, minha Pátria, pois eu a defendi, eu a defendo, e eu continuarei a defendê-la.

"Meu país impôs este dever sobre mim, e eu terei a honra de cumpri-lo até o fim. Quanto ao resto, eu deixarei meus feitos para a história, e eu devo contas deles somente a meu Deus.

"Se ainda deve ser derramado sangue, Ele irá colocar na conta daqueles que são responsáveis. De minha parte, eu ainda estou disposto negociar o fim da guerra em bases igualmente honradas para todos os beligerantes, mas eu não estou disposto a ouvir um ultimato para depor minhas armas.

"Portanto, convidando V. Ex.ᵃˢ a negociar a paz, eu considero que estou por meu lado cumprindo um dever imperioso diante da religião, humanidade e civilização, assim como devo ao clamor unânime de meus generais, chefes, oficiais, e praças, a quem eu comuniquei o ultimato de V. Ex.ᵃˢ, e também como devo a meu próprio nome.

"Eu peço a V. Ex.ᵃˢ perdão por não citar a data e hora da notificação, pois elas não constavam do documento, mas ela foi recebida em minhas linhas 15 minutos depois das 7 desta manhã.

"Deus preserve V. Ex.ᵃˢ por muitos anos!
FRANCISCO S. LÓPEZ."

"Para S. Ex.ᵃˢ o Marechal Marquês de Caxias, Coronel-Major Don Enrique Castro, e Brigadeiro General Don Juan A. Gelly y Obes."

Quando a luta começou em Itá Ivaté, López abandonou sua casa e ergueu uma tenda cerca de 1,5 km mais atrás no meio da mata. Entretanto, quando o inimigo estava realmente atacando, ele ficou a cavalo, abrigado pelas grossas paredes de barro de sua casa, e todo seu Estado-Maior a cavalo com ele. Eles não estavam abrigados, e foram caindo um a um, atingidos pelas balas. De vez em quando, López enviava um deles para lutar, apenas dizendo "Vá e lute". Aqueles que eram prudentes davam um jeito de retornar logo, mas a maioria deles sucumbiu. O Coronel Toledo, um velho de 70 anos, comandante de tempos imemoriais da Escolta do Governo, foi enviado para lutar com uma lança, e poucos minutos depois seu corpo foi trazido de volta. Quase todo o Estado-Maior e os principais oficiais foram mortos ou severamente feridos. Os feridos que López via se retirando do combate eram parados por ele e interrogados a respeito de seus ferimentos. Eles ficavam muito orgulhosos com isto e diziam, "Ah, isto não é nada". "Então volte novamente e lute: aqui, dê a este homem um pouco de bebida". O homem voltava novamente muito animado, mesmo que ele tivesse apenas uma mão ou uma perna que conseguisse usar.

As mulheres tiveram que fazer os enterros durante aqueles dias, assim como cuidar dos feridos, pois nenhum dos homens podia ser poupado. As balas de rifles, aos milhares, não cessaram de 21 a 27 de dezembro, tanto de dia como de noite, e todos os feridos estavam expostos a este fogo, assim como todos os combatentes.

O General MacMahon, o embaixador dos Estados Unidos, esteve todo este tempo no quartel-general de López, e junto com os Srs. Burrell e Valpy, engenheiros civis, esteve debaixo deste tiroteio terrível até o dia 23 quando López os enviou para Peribebuí[95], para onde tinha sido transferido a sede do governo. O General MacMahon levou com ele os filhos de López, mas a Sra. Lynch permaneceu com ele. López fez uma escritura de doação de suas propriedades, fazendo o General MacMahon seu procurador, e encarregando-o de cuidar de seus filhos, neste curioso documento capturado pelos aliados no dia 27 de dezembro:

"*Major-General MacMahon, Embaixador dos Estados Unidos da América.*

"Piquissirí, 23 de dezembro de 1868.

"Prezado Senhor, como representante de uma nação amiga, e em precaução contra qualquer coisa que possa ocorrer, eu me permito deixar a seus cuidados a escritura de doação na qual eu transfiro à Sra. Eliza Lynch todas minhas propriedades particulares de qualquer natureza.

"Eu peço que o senhor tenha a bondade de manter este documento em sua posse até que possa entregá-lo com segurança à dita dama, ou que retorne ele a mim caso aconteça qualquer imprevisto que o impeça de fazer isto.

"Permita-me pedir ao senhor para fazer tudo que estiver ao seu alcance para cumprir as disposições feitas no documento mencionado, agradecendo-lhe antecipadamente por tudo que o senhor fizer neste sentido, do seu servo à disposição,

---

[95] *Piré*, pele; *vevui*, claro: pele clara.

"FRANCISCO S. LÓPEZ."
(Anexo)

"Eu, abaixo-assinado, Marechal Presidente da República do Paraguai, por este presente documento, declaro formal e solenemente que, em agradecimento pelos serviços e ações pessoais da Sra. Eliza A. Lynch, eu dou de presente a ela todos meus bens e direitos, e é minha vontade que esta declaração seja fiel e legalmente cumprida. Assim, eu assino junto com testemunhas no meu quartel-general em Piquissirí no dia 23 de dezembro de 1868.

FRANCISCO S. LÓPEZ."

O outro documento é uma carta para o General MacMahon encarregando de suas crianças, em especial o mais jovem, Leopoldo, de cerca de 3 anos.

De manhã bem cedo no dia 25 de dezembro, os brasileiros começaram um bombardeio violento com 46 canhões. Este foi o canhoneio mais preciso de toda a guerra, e resultou na quebra do mastro da bandeira no quartel-general de López e a uma viga de sua casa. Como sempre, as espoletas não tinham seu tempo bem calculado, e o ar ficou repleto de cápsulas que explodiam. Muitos foguetes também foram lançados. Depois deste bombardeio os brasileiros atacaram novamente e mais uma vez foram rechaçados, apesar de López ter menos de seis canhões que não estavam desmantelados. Sua munição também estava quase terminando. Na mesma noite, López viu uma porção da cavalaria inimiga se dirigindo a sua retaguarda, e para combatê-los, enviou seu regimento de dragões que tinha sofrido poucas baixas até o momento. No início eles levaram vantagem contra os brasileiros, mas foram rapidamente cercados por grandes quantidades de cavalaria, e foram completamente aniquilados – apenas cerca de 50 retornaram a López que os observava, mas não tinha forças reservas para resgatá-los. Enquanto isso, a mosquetaria não cessava. As forças de López estavam reduzidas a menos de mil homens, enquanto os brasileiros tinham menos que 20 mil homens restantes dos 32 mil que eles tinham no início de dezembro. Os argentinos ainda não tinham entrado em ação, e novamente eles estavam destinados a virar a maré contra López.

Na manhã do dia 27, depois de outro bombardeio, os aliados marcharam contra as linhas de López, com os argentinos à frente. Os poucos paraguaios que restavam fizeram uma resistência desesperada, e lutaram individualmente contra batalhões inteiros até que foram liquidados. Toda a artilharia foi desmontada, e os únicos dois ou três canhões que restavam, estavam no chão apoiados em pilhas de terra. Alguns paraguaios feridos, mas ainda em ação, mais uns 200 ou 300 soldados ilesos, se posicionaram nas matas atrás da casa de López, e logo foram cercados pelo inimigo, e pouco depois foram todos feitos prisioneiros. O próprio López tinha fugido para Cerro Leon com um ou dois companheiros no momento em ele viu que os aliados estavam marchando por uma estrada que ele tinha feito recentemente pelas matas.

Ele partiu apressadamente, deixando por conta própria a Sra. Lynch que seguiu no meio do tiroteio. Ela o seguiu e conseguiu escapar, assim como os generais Resquin e Caballero, e algumas dezenas de seus homens de cavalaria que estavam montados e sem ferimento.

Toda a bagagem de López foi capturada. Suas carruagens, roupas, documentos, chapéu, o poncho de franjas douradas, etc., e até mesmo algumas de suas escravas. Uns poucos prisioneiros sortudos foram salvos pelo avanço dos aliados, pois eles capturaram um ajudante de ordens de López que ele tinha enviado de volta com ordens de fuzilá-los. Ele tinha fuzilado seu irmão Benigno, o Bispo, Berges, Coronel Alen, a esposa do Coronel Martinez, e o General Barrios no dia 25. Ele levou consigo suas irmãs, Inocência e Rafaela, para Cerro Leon, depois delas terem sido chicoteadas repetidas vezes por soldados rasos, e vivido debaixo de uma lona de couro por meses.

López nunca esteve sob fogo antes destes dias da guerra, e mesmo assim, mal se pode dizer isso, pois ele sempre esteve fora de alcance ou protegido pela grossa parede de barro de sua casa. Durante os últimos dias de dezembro, ele repetidas vezes jurou às suas tropas que ele ficaria e venceria ou morreria com eles ali. Na sua fuga, quase sem sentir o cheiro de pólvora, os homens ficaram revoltados com ele, apesar de serem bem treinados para pensar que tudo que ele fazia era perfeito, e eu ouvi a respeito de sua covardia por muitos que foram capturados.

Na sua Ordem do Dia, Caxias afirma que López em seu recuo, "foi acompanhado por uns 90 homens, e que destes somente 25 chegaram com ele em Cerro Leon". Apesar disso não ser muito preciso, certamente chegou muito perto. E sabendo disso por que Caxias, o Comandante Supremo do exército aliado – *estando em guerra não com a nação paraguaia, mas sim com seu governo* –, e tendo à sua disposição 8 mil cavalarianos magnificamente montados, não fez nada para perseguir López, a quem ele poderia ter capturado sem a perda de nem um único homem? Foi por imbecilidade, ou por desejo de ganhar mais dinheiro com contratos do exército? Foi para ter uma desculpa para manter um exército brasileiro no Paraguai, ou houve um entendimento entre Caxias e López? Ou foi feito com o objetivo de permitir que López reorganizasse o restante dos paraguaios para extermina-los numa "guerra civilizada"? Qualquer que seja o motivo, o Marquês de Caxias é responsável por cada vida perdida no Paraguai depois de dezembro de 1868, e por todo o sofrimento dos pobres homens, mulheres e crianças em poder de López.

Agora Angostura era o único ponto sob controle dos paraguaios. Antes dos brasileiros terem marchado para Itá Ivaté, imaginando que eles pudessem cortar os suprimentos (apesar de ter pensado isto, eu não me arrisquei a falar, pois o menor indício de achar que o inimigo era capaz de fazer qualquer coisa era punível com a morte), pedi a López para fazer um estoque de provisões. Ele me disse que pegasse o que fosse necessário com o General Resquin. Entretanto, eu somente pude pegar com ele o equivalente a 3 dias de carne, e cerca de 12 pequenos sacos de milho. A guarnição das 2 baterias consistia de 3 chefes (oficiais de campo), 50 oficiais, e 684 homens, dos quais 320 eram artilheiros, e nós só tínhamos munição para cerca de 90 disparos por canhão. Depois que as trincheiras do Piquissirí foram tomadas no dia 21, nós tivemos o reforço de 3 chefes, 61 oficiais, e 685 soldados, a maioria sem armas, e grande parte deles sendo apenas garotos. Além desse, nós recebemos 13 oficiais e 408 homens, todos muito feridos, que nós tivemos que acomodar nos alojamentos dos soldados, e cerca de 500 mulheres. Assim, ao invés de 700 bocas para alimentar, eu tinha que manter 2,4 mil, dos quais alguns dias eu consegui manter distribuindo uma quantidade muito pequena de rações. Todas essas pessoas estavam amontoadas e sofreram bastante com os bombardeios contínuos da frota.

Entre os dias 22 e 23, eu enviei grupos de atiradores para trazer qualquer ferido que eles pudessem encontrar nas trincheiras de Piquissirí, e vários deles foram trazidos, assim como alguns poucos canhões e mosquetes, e tudo estava pronto para repelir um assalto que teria custado aos aliados milhares de homens, e López enviaria uma força contra sua retaguarda ao mesmo tempo, de maneira que nada foi tentado.

Vendo que não havia esperança de chegar suprimentos, eu decidi tentar capturar algum. Para este propósito, eu reuni todos os homens sãos, exceto os artilheiros, 50 dos quais eu também enviei, e constituí uma força de apenas 500 homens. Todo o restante estava incapacitado. Estes 500 eu enviei durante a noite de 24 para o Chaco, sob o comando dos capitães Frete, López e o Tenente Freitas, em três divisões – uma das quais marchou em direção a Itapiru, outra para Villeta, e a terceira reta em direção ao centro da estrada do inimigo no Chaco. A primeira e a segunda eram para dar a volta rapidamente em direção a do centro, que podia atuar como reserva de qualquer uma das outras. Isto foi feito, e as três divisões se encontraram perto do Aracuay, onde uma delas tinha capturado cinco botes com 120 caixas de clarete[96], assim como um baú pertencente ao comandante *pro temp.* do encouraçado Brasil, contendo seus diários até o dia 21, e uma porção de objetos – tais como espadas, sextantes, etc. O Tenente Freitas capturou 27 mulas e 3 cavalos, os quais ele imediatamente enviou para nós. Quatro prisioneiros foram feitos (remadores dos botes), que

---

[96] N.E.: *Claret* no original. Denominação que os ingleses davam a vinhos rosé vindos da região de Bordeaux.

disseram que os brasileiros tinham evacuado o Chaco na noite anterior. Portanto, nós não conseguimos provisões daquele local, mas as mulas nos ajudaram a chegar em outro canto. Os homens quebraram as caixas de clarete com as coronhas de seus mosquetes, e muitos deles ficaram bêbados. Eu enviei uma parte do diário para López por um espião, que deu a volta pelas matas e chegou a salvo.

Assim, foi necessário tentar outro método para obter provisões, e novamente juntou todos homens disponíveis, incluindo os 50 artilheiros com sabres, eu reuni uma força de 550 homens, dos quais eu enviei 100 fuzileiros e 3 pequenas peças de campo cerca de 3 km ao longo da velha trincheira de Piquissirí para efetuar uma diversão e fazer tanto barulho quanto eles pudessem na noite do dia 26. Enquanto isto, o Capitão Ortiz com os restantes 450 homens, 60 dos quais estavam montados em mulas e cavalos, foram rápida e silenciosamente até uma grande área cercada a meio caminho de Villeta, onde por meio de espiões eu sabia que o inimigo mantinha algum gado à noite. Tudo funcionou perfeitamente, sendo que apenas uma pequena força com três canhões se opôs ao Major Orihuela a longa distância, enquanto Ortiz seguiu em frente passando por algumas guardas que atiraram nele, mas que ele não retornou e entrou no cercado levando embora todo o gado. Quando ele estava retornando, um regimento de cavalaria do inimigo o atacou, mas foi imediatamente repelido, e teve de ficar olhando enquanto Ortiz levava o gado embora. Ele teve apenas um homem ferido, e o Major Orihuela um desaparecido. Nossa comida tinha quase acabado, e isto elevou nosso moral novamente. O gado foi conduzido entre as correntes à volta das baterias, e na manhã seguinte foi contado, tendo 248 cabeças, além de 14 cavalos.

Eu concebi um sistema de sinais telegráficos por meio de bandeiras para me comunicar com López quando o fio do telégrafo foi cortado. Na noite do dia 26, a noite anterior antes dele ter sido desbaratado, López nos escreveu dizendo: "Aqui está tudo indo bem, e não há o que temer. O inimigo está agonizante e desesperado, e nada incomoda mais ele do que a grande quantidade de feridos que ele tem". Em Angostura, nós não sabíamos da derrota de López. Devido à mata, somente sua casa era visível, e nós vimos com um telescópio uma tenda na frente dela que não deveria estar lá, a não ser que López tivesse ido embora. Entretanto, é claro que ninguém se atreveu a mencionar a possibilidade de López ter sido derrotado, e nós realmente não sabíamos de nada.

O exército aliado marchou de Itá Ivaté com sua artilharia no dia 28, e tomou posições para nos atacar, enquanto que os encouraçados bombardeavam continuamente acima e abaixo das baterias. À tarde, eles enviaram uma bandeira branca com um despacho. Eu respondi a eles que eu não poderia recebê-los, pois eles poderiam se dirigir a López cujo quartel-general ficava perto. Ao mesmo tempo, um monitor pertencente ao esquadrão acima das baterias levantou uma bandeira de paz e veio flutuando com a corrente. Nós gritamos para ele parar, e eu enviei o Capitão Ortiz num pequeno bote a remo ver o que eles queriam. Entretanto, o encouraçado continuou vindo, e eu disparei um tiro de festim, que fez com que o monitor começasse a navegar a todo vapor diante das baterias. Então, eu chamei o Capitão Ortiz de volta, e disparei contra o monitor com os canhões de 8 polegadas, fazendo o inimigo baixar a bandeira de paz rapidamente. Sendo muito tarde da noite, eu escrevi na próxima manhã o seguinte protesto, e o enviei com uma bandeira de paz para os generais aliados:

"Às S. Ex.ᵃˢ, os generais do exército aliado em guerra contra a República do Paraguai.

"Ontem, cerca de 17h30, um dos monitores estacionados acima das baterias de Angostura levantou sua âncora e flutuou rio abaixo com a correnteza com uma bandeira de paz hasteada em seu maestro. Ao se aproximar da bateria, ordenou-se várias vezes que ele ancorasse, e também foram feitos sinais para isto com um lenço branco da bateria. Dois oficiais foram enviados num pequeno bote para receber a bandeira de paz.

"Apesar disto, o monitor continuou sua jornada, e acionou suas caldeiras quando foi disparado um tiro de festim sinalizando que ele parasse. Como ele não tomou conhecimento destes sinais e continuou se aproximando da bateria a pleno vapor, quando ele se encontrou diante dela nós tivemos que atirar nele com munição viva que fez com ele virasse e retornasse.

"Nós protestamos vigorosamente contra este abuso da bandeira de paz, colocando toda a responsabilidade no comandante do monitor que tentou se aproveitar do uso da bandeira sem respeitar as leis que a tornam inviolável.

"Nós pedimos as S. Ex.ᵃˢ que se tiverem uma resposta a este comunicado, irão enviar ao quartel-general.

GEORGE THOMPSON.
LUCAS CARRILLO.
Angostura, 29 de dezembro de 1868."

Os oficiais que levaram esta carta foram apresentados a todos os generais aliados que o abuso seria investigado e o comandante do monitor punido. Eles também aproveitaram a oportunidade para enviar uma mensagem verbal dizendo que López tinha sido desbaratado e perdido todos seus homens, etc.; que nós não teríamos auxílio dele e que seria um banho de sangue inútil resistir; e que se nós não capitulássemos neste dia, o ataque começaria no seguinte – adicionando que se nós desejássemos poderíamos enviar uma comissão para examinar o quartel-general de López. Os oficiais também trouxeram uma carta particular de um inglês que tinha testemunhado tudo em Itá Ivaté, e que tinha sido capturado pelos aliados no dia 27, na qual ele me relatou o verdadeiro estado das coisas. Portanto, eu decidi enviar uma comissão a Itá Ivaté, e despachei cinco oficiais com uma carta aos generais aliados dizendo que assim o fazendo não lançava nenhuma dúvida sob sua respeitável palavra.

A comissão retornou no final da tarde e relatou que tinham visto nossos feridos e conversado com eles, e que as tropas de López tinham sido completamente derrotadas. Assim, eu vi que nenhum socorro poderia ser esperado dele. Nós tínhamos apenas 90 cargas de munição para cada canhão, o que em caso de um ataque teria durado apenas 2 horas; nossas provisões só poderiam durar mais 10 dias; nós só tínhamos 800 homens em condições de combate, e estávamos cercados pela frota no rio, e por 20 mil homens no lado terrestre. Portanto, a posição era insustentável, e eu convoquei os chefes, os oficiais, e por último as tropas, e expliquei a situação a eles, perguntando-lhes se não era melhor capitular e salvar suas vidas que poderiam ser de algum uso a seu país, do que morrerem todos ali, com certeza matando muitos dos inimigos, mas com a certeza de que todos iriam perecer. Com exceção de um oficial, o Tenente Fleitas, todos estavam de acordo com a rendição, e nós escrevemos e enviamos a seguinte carta[97]:

"Às S. Ex.ªˢ, os generais do exército aliado em guerra contra a República do Paraguai.

"Tendo considerado a proposta de S. Ex.ªˢ, e tendo consultado os chefes e oficiais desta guarnição, nós resolvemos evacuar Angostura, condicionados que nós saiamos com as honras de guerra, que todos mantenham os postos que tem, e seus ajudantes, assistentes, etc., garantindo que as tropas irão depor suas armas num local conveniente, sem que esta condição seja estendida aos chefes e oficiais que irão manter as suas.

"S. Ex.ªˢ irão garantir o direito de todos irem aonde quiserem.

"Deus preserve S. Ex.ªˢ.

GEORGE THOMPSON.
LUCAS CARRILLO.
Angostura, 30 de dezembro de 1868."

A seguinte resposta foi imediatamente dada:

"Quartel-General em frente a Angostura, 30 de dezembro de 1868.

"Aos Srs. George Thompson e Lucas Carrillo, Comandantes das Fortificações de Angostura.

"Os abaixo-assinados respondem da seguinte maneira à comunicação de hoje dos Srs. Thompson e Carrillo.

"Que, tendo por objetivo evitar o inútil derramamento de sangue, eles

---

[97] Veja Apêndice III.

não hesitaram em prolongar até a manhã de hoje o termo de 6 horas que eles deram ontem para sua rendição.

"Os abaixo-assinados garantem aos que formam a guarnição de Angostura que eles irão manter a sua patente militar que atualmente tem, assim como seus ajudantes e assistentes.

"Que eles igualmente consentem que os chefes e oficiais da guarnição mantenham suas espadas sob a palavra de honra que não irão usá-las contra os aliados durante esta guerra.

"Que, finalmente, eles concedem as honras de guerra aos soldados da guarnição de Angostura: que marchando com suas armas, eles irão depositá-las no local indicado pelos abaixo-assinados ou por sua ordem.

MARQUES DE CAXIAS.
JUAN A. GELLY Y OBES.
ENRIQUE CASTRO."

Às 12 horas em ponto nós marchamos para fora de Angostura, e as tropas, tendo entregue suas armas, foram divididas em três partes para serem alimentadas pelos aliados até que eles pudessem se sustentar. Caxias ofereceu me enviar para Buenos Aires ou para a Inglaterra. Eu recusei sua oferta, pois tinha dinheiro suficiente para pagar minha passagem até Buenos Aires. Então, fui até Itá Ivaté aonde eu achei 700 de nossos feridos sozinhos na casa de López sem que seus ferimentos sequer tivessem sido tratados. O terreno ainda estava coberto com mortos em diferentes estágios de decomposição. Eu obtive permissão de Caxias para enviar alguns estudantes de medicina que estavam comigo em Angostura para atender os feridos, e a meu pedido, o General Gelly y Obes enviou 25 homens para ajudá-los. Então, eu acampei com algum de meus homens por dois dias debaixo de umas laranjeiras perto de Angostura, e depois disto fui para Villeta onde fui muito bem recebido pelo Capitão Haukes no H.M.S. Cracker, e fui com ele para Assunção, onde permaneci por dois dias a bordo, fazendo uma visita à cidade deserta que tinha sido saqueada pelos brasileiros. As casas pareciam habitadas: toda a mobília e tudo o mais estava lá como se as pessoas ainda morassem ali. Então, eu fui para Buenos Aires onde eu encontrei um irmão generoso, e novamente sob seu teto experimentei os confortos de uma vida civilizada depois de 11 anos de residência no Paraguai, sendo que os 4 últimos eu sofri muitas provações.

Entretanto, os aliados estavam determinados a não encerrar a Guerra, e ao invés de enviar sua cavalaria para seguir López, eles marcharam para Assunção, que os brasileiros ocuparam e saquearam, com os argentinos tomando uma atitude mais digna de acampar fora da cidade.

Os recursos de López no começo do ano de 1869 consistiam de 6 mil feridos no hospital nas Cordilheiras, que é uma serra baixa cerca de 70 km de Assunção, e 10 da linha do trem. Ele tinha cerca de 12 pequenos canhões de campo, não tinha mosquetes, nem munição, e 5 pequenos vapores que ele tinha levado para o Riacho Manduvirá[98]. Os brasileiros de propósito deixaram que muitos de seus prisioneiros fossem embora para se juntar a ele, pois eles estão determinados a não deixar nenhum paraguaio de qualquer idade ou sexo vivos. E, quando López tiver juntado tantos homens quanto lhe seja possível, eles irão combatê-lo novamente, e novamente irão lhe dar tempo para juntar outra pequena força.

López agiu todo o tempo por impulsos de orgulho pessoal, ambição e avareza, e não foi capaz de esconder esses motivos. Os aliados ao contrário, enquanto diziam agir com extrema humanidade, por detrás da "guerra civilizada" exterminaram a nação paraguaia, e nunca, nem por uma única vez, tentaram chegar até López, o suposto objetivo de sua guerra.

Depois de participar de um "Te Deum" em Assunção, Caxias declarou a guerra terminada, e sem permissão, foi embora para o Brasil, onde ele foi feito Duque pelo Imperador.

O término da guerra do Paraguai agora depende inteiramente do estado da despensa pessoal de López, e irá terminar quando seu estoque de vinhos e outras coisas boas forem consumidos, pois então ele achará que já fez o suficiente por sua glória.

---

[98] *Manduví*, uma castanha da terra; *rá*, como: como uma castanha da terra.

CAPÍTULO XXV

A RESPEITO DA ALEGADA CONSPIRAÇÃO E DAS ATROCIDADES COMETIDAS POR LÓPEZ.

Este assunto é de abordagem difícil, mas que não pode ser passado em branco. Eu mesmo conheço muito pouco sobre ele, e provavelmente ninguém conhece muito, pois as vítimas e seus algozes, como todos os outros que poderiam dar alguma informação no assunto, já desapareceram, com exceção de uns poucos sortudos que escaparam, e alguns dos quais se espera que publiquem tudo que sabem a respeito.

Eu vou iniciar com o caso do Sr. Washburn, o embaixador americano no Paraguai, que jogou mais luz sobre o assunto do que qualquer outra pessoa que eu conheça. Ao chegar a Buenos Aires vindo do Paraguai em setembro de 1868, o Sr. Washburn enviou uma longa carta ao Sr. Stuart, embaixador britânico na Confederação Argentina. Os seguintes trechos desta carta são bastante interessantes:

"Ao deixar o Paraguai no dia 12 do mês corrente, eu lamento informar a V. Ex.ª que quase todos os estrangeiros naquele país, incluindo vários de seus compatriotas, estavam na prisão, e sendo eu a única pessoa fora do alcance do poder do Presidente López que tem conhecimento pessoal da situação destas pessoas, parece ser meu dever prestar qualquer informação que eu possa ter. A menos que uma ação rápida seja feita, pode ser que não reste uma para contar a história de sua desgraça!"

O Sr. Washburn continua dizendo que quando os encouraçados passaram Humaitá, Berges, o Ministro para Assuntos Estrangeiros, lhe disse que foi ordenado que a cidade fosse evacuada, ao que o Sr. Washburn respondeu que ele não iria deixá-la. Muitas pessoas levaram para ele seus pertences de valor para ficar sob seus cuidados, pois eles tinham que partir imediatamente, e não tinham meios de levá-los com eles. Várias pessoas obtiveram asilo na casa do Sr. Washburn, entre eles o Dr. Carreras e o Sr. Rodriguez – o primeiro ex-primeiro ministro de Montevidéu, e o último ex-secretário da representação uruguaia. As pessoas da delegação mal se encontravam com qualquer pessoa, e quando um estrangeiro fazia uma visita rápida a eles com a permissão da polícia, eles tinham a notícia de várias pessoas sendo enviadas para a prisão sem saber porquê.

Em meados de junho, o cônsul português em exercício, Leite Pereira, se refugiou na delegação, tendo sido sua *exequatur* cancelada. Em 11 de julho, Benitez, o Ministro para Assuntos Estrangeiros (José Berges estava no acampamento acorrentado) exigiu que ele fosse entregue, bem como pediu-se ao Sr. Washburn que expulsasse todos da delegação que não fossem membros dela. Ao ouvir isto, Pereira decidiu se entregar e responder às acusações, pois ele não tinha cometido crime algum. Tão logo ele deixou a casa, ele foi preso e enviado para o exército acorrentado. Na manhã seguinte, o Sr. Washburn recebeu uma carta urgente exigindo que Carreras e Rodriguez deixassem sua casa a uma hora da tarde daquele dia. O Sr. Washburn disse a eles que eles poderiam ir ou ficar como o desejassem, e eles preferiram ir do que esperar e enraivecer mais ainda López. Eles também foram enviados ao exército acorrentados.

Na mesma tarde, outra demanda foi feita para que o Sr. Masterman e o Sr. Bliss fossem mandados embora. Entretanto, estes eram membros da delegação, sendo o primeiro médico e o segundo tradutor. O Sr. Washburn se recusou a entregá-los, e os manteve com eles até ele ir embora, apesar de muitas cartas ameaçadoras terem sido enviadas a ele. Quando eles deixaram a casa com o Sr. Washburn para sair do país, ambos foram aprisionados e enviados acorrentados para o exército. Desde que o Sr. Leite Pereira entrou na casa do Sr. Washburn, ela foi inteiramente cercada por dúzias de policiais. A princípio, o Sr. Washburn pensou que apenas estrangeiros estavam sendo enviados para a prisão, mas depois ele soube que um trem chegou a meia-noite em Assunção, cheio de prisioneiros paraguaios; que quase todos homens na capital (Luque) – juízes, funcionários, contadores, todos menos o Chefe de Polícia, Benitez, e o Vice-Presidente – foram enviados como prisioneiros acorrentados até San Fernando. Então, o Sr. Washburn continua dizendo:

"Mas o que era tudo isso ninguém em minha casa tinha a menor ideia, e eu ainda acredito nisto firmemente. Entretanto, a correspondência publicada irá mostrar que por volta de 18 ou 20 de julho, o governo suspeitou, ou se dispôs a suspeitar, de uma conspiração, alegando que o ex-ministro Berges era um traidor, e que estava conluio com o inimigo, e que sob a minha imunidade diplomática eu tinha transmitido a correspondência entre os conspiradores. Inicialmente, eles estavam tão confiantes em me implicar que começaram a publicar a correspondência, mas depois de receberem minha carta de 11 de agosto, na qual eu mostrei tantas contradições nas declarações que foram feitas pelos acusados, provavelmente sob tortura, que eles suspenderam as publicações. Mas não era a natureza de López mostrar qualquer magnanimidade, ou mesmo justiça, reconhecendo que ele tinha sido induzido ao erro por falsos testemunhos. Homens que o conheceram logo falam sobre sua coragem e magnanimidade, e ele nunca é citado como exemplo disso, exceto em seu próprio Semanario, o qual ele é virtualmente o editor. Durante toda esta guerra, López nunca se expôs pessoalmente a qualquer ameaça pessoal; ele nunca se arriscou, nem em uma única ocasião, em qualquer batalha; e enquanto ele estava em Passo Pucu, ele tinha uma imensa caverna, ou melhor, casa, com paredes de terra de 6 metros de espessura, da qual ele nunca saía por semanas a fio. Ao mesmo tempo em que seu órgão de imprensa estava repleto, *ad nauseam*, com os feitos do grande López, liderando com uma coragem intrépida suas legiões à vitória, ele ficava sentado tremendo em sua caverna, com medo de sair para fora e que uma bala o atingisse. Em uma ocasião, uns dois anos atrás, quando ele estava ao ar livre com o Bispo e seus ajudantes de ordens, uma bala de canhão explodiu a uma distância de 800 metros ou mais de S. Ex.ª. Instantaneamente, o bravo López correu como uma ovelha assustada com seus ajudantes de ordens, incluindo o Bispo, este último perdendo seu chapéu enquanto corria apavorado atrás de seu chefe[99].

"Entretanto, não foi até agosto que eu ouvi, além da conspiração contra o governo, que tinha havido um grande roubo no tesouro público... Esta descoberta provavelmente foi feita somente alguns meses depois da remoção para Luque, lá pelo mês de junho, quando nós descobrimos que todos os estrangeiros que tinham recebido algum dinheiro nos anos prévios, e que provavelmente tinham algum dinheiro em suas casas, foram presos e enviados para o acampamento do exército. Entre esses estavam ingleses, franceses, italianos, espanhóis, alemães e portugueses. Parece que o plano de López era colocar a mão neste dinheiro, e então, por meio de torturas ou ameaças, extorquir confissões de seus donos como conspiradores ou ladrões do tesouro público. Com estas confissões eles serão provavelmente executados segundo a tradição de escroques e outros assassinos de que "homens mortos não contam histórias". Como López espera escapar com o dinheiro assim obtido eu não sei. Talvez ele ache que alguma canhoneira neutra o carregue embora com sua pilhagem no último momento, mas eu denuncio aqui que o dinheiro assim obtido não pertence a López. Ele pertence aos cidadãos daquelas nações capazes de recuperá-lo e devolvê-lo a seus legítimos donos... Até o momento, López tem hesitado em me aprisionar; ele não quer que ninguém sobreviva e que seja capaz de contar

---

[99] Isto aconteceu de fato. Se deu em 19 de maio de 1866, próximo a Passo Gomez.

ao mundo suas barbaridades, e pelas declarações das correspondências publicadas ultimamente não será permitido que ninguém escape, muito menos aqueles que as fizeram. Pois uma vez fora do alcance de López, eles declarariam que nunca as tinham feito, ou que o fizeram sob tortura".

Os seguintes parágrafos foram extraídos de uma carta enviada a López pelo Sr. Washburn a bordo do Wasp quando ele deixava o Paraguai:

"Antes de finalmente deixar o Paraguai, é meu dever fazer um protesto formal contra a prisão de dois membros de minha delegação, P. C. Bliss e G. F. Masterman. Sua prisão na rua quando eles estavam indo comigo da delegação para embarcar, foi uma grave violação da Lei das Nações assim como teria sido sua prisão a força na minha casa. Foi um ato, não apenas contra meu governo, mas contra todas nações civilizadas, e coloca o Paraguai fora do seio da família das nações, e por este ato você será considerado um inimigo comum, um que nega lealdade a Lei das Nações.

"Você também será considerado um inimigo comum, por ter aprisionado e mantido prisioneiros acorrentados, quase todos os estrangeiros residentes do Paraguai, e depois disso ter entrado em suas casas e tomado suas posses com a desculpa ridícula de por ter achado menos dinheiro nos cofres públicos do que esperava, portanto, aqueles que tinham algum dinheiro no país devem tê-lo roubado do governo".

Houve uma longa correspondência no Paraguai entre o Sr. Washburn e o Ministério para Assuntos Estrangeiros. Antes dela ter terminado, o ministro Benitez, também foi levado para o exército e fuzilado.

Entre os documentos de López capturados em Itá Ivaté em dezembro de 1868, há um livro contendo o diário das execuções, etc., em conexão com esta suposta conspiração. Esta lista foi publicada[100] e está em minhas mãos. Não há dúvida de sua autenticidade e correção. Ela começa em 19 de junho e termina em 14 de dezembro, depois do qual ainda houve execuções, mas não foram registradas ali. O nome de cada indivíduo é listado, e se a lista não fosse tão longa, eu a teria inserido na íntegra. Entretanto, eu fiz o seguinte resumo:

Estrangeiros executados	107
Idem: "morreram na prisão"	113
	220
Paraguaios executados	176
Idem: "morreram na prisão"	88
	264
Executados à 22 de agosto, nacionalidade não declarada	85
"Morreram" na estrada entre San Fernando e Piquissirí	27

---

[100] N.E.: "President López Official Papers", RCMP, 2013.

Total de vítimas até 14 de dezembro... 596

 Esta lista é somente daqueles que supostamente participaram da conspiração. Dois estão marcados na lista como fuzilados, mas que morreram imediatamente antes da execução. Cinco estão marcados como baionetados, e um como lançado. Entre aqueles estão listados como tendo morrido na prisão, está uma senhora, Dona Maria de Jesus Eguzquiza. Três ingleses estão entre as vítimas – um deles sendo o Sr. Stark, um comerciante, e outro o Sr. Watts, que se comportou tão bem na Batalha do Riachuelo. Neste documento, M. Libertat, o chanceler francês que foi levado pela canhoneira francesa, é listado como tendo sido "enviado para a capital".

 Pessoas que não "confessassem" eram postas sob tortura, colocando-se sua cabeça entre os joelhos e amarrados com mosquetes[101]. Elas também eram surradas com chicotes e chibatas, muitas até a morte, e algumas tinham suas mãos esmagadas com marretas. Foi tudo mantido em completo segredo, apesar de todos saberem mais ou menos que muitas pessoas estavam sendo executadas. Aqueles que foram postos na lista como tendo "morrido" na prisão, morreram sob tortura ou dos efeitos dela, e aqueles que foi dito que "morreram" na estrada entre San Fernando e Piquissirí, eram prisioneiros que caíram de exaustão e não puderam seguir adiante (a marcha tinha cerca de 190 km). Eles eram levados para o meio do mato e baionetados.

 Muitos franceses e italianos figuram nesta lista, e eles tinham cônsules no Paraguai que continuamente visitavam López e a Sra. Lynch em seu quartel-general. Para dizer o mínimo, a conduta destes cavalheiros é inexplicável.

 Depois de deixar Angostura, eu encontrei um capitão que tinha sido capturado dia 27, e que disse que ele próprio tinha comandado um pelotão de fuzilamento no dia 21, e que tinha executado o General Barrios, o Bispo, Benigno López, Coronel Alen, a esposa do Coronel Martinez[102], e alguns outros. Estas execuções tiveram lugar à vista das irmãs de López, que tinham sido horrivelmente surradas, ninguém sabe porque, e que foram enviadas para o interior em carroças. Em um dos últimos dias de Itá Ivaté, quando ainda havia uns poucos destes prisioneiros restantes, López cavalgou por onde eles estavam, quando dois deles sucessivamente, o Sr. Treuenfeldt, diretor dos telégrafos, e o Sr. Taylor, mestre de obras, um inglês, imploraram para que eles os libertasse. Ele fingiu estar muito surpreso de que eles eram prisioneiros, e ordenou que os libertassem. Pouco depois eu encontrei ambos, eles eram apenas pele e osso, e nenhum

---

[101] Eu acredito que o Sr. Masterman foi submetido a esta forma de tortura e tem um trabalho sobre o Paraguai pronto para publicar.
[102] Veja página 210.

deles tinha a menor ideia de razão de terem sido aprisionados. Capitão Saguier que tinha se comportado bravamente nas Batalhas de Curuzú e Curupaiti, foi aprisionado e torturado porque tendo sido apontado como inquisidor, e enviado para interrogar alguns dos prisioneiros, não tinha achado que eles eram culpados, e reportou isto. Deste modo, ele próprio foi aprisionado, mas graças à sua excelente saúde, sobreviveu até que foi libertado dia 22 de dezembro para comandar a artilharia, mas foi ferido no mesmo dia.

Não há dúvida de que o propósito de López em tudo isto foi colocar suas mãos em todo o dinheiro, público e privado, existente no país, e ao mesmo tempo ele aproveitou a oportunidade para se livrar de todos a quem ele tinha a menor objeção. O roubo do tesouro público era algo impossível de ser feito no Paraguai, exceto por ele mesmo, devido à rede de espionagem sempre ativa, especialmente neste departamento. Depois de ordenar que todo o dinheiro público fosse depositado em seus cofres, e muito provavelmente enterrado em diferentes partes do país, ele colocou na prisão do exército e assassinou *todos* que tinham algo a ver com o tesouro público ou seus escritórios, ou com seus negócios particulares, de maneira que não há ninguém vivo atualmente que tenha a menor ideia de onde está o tesouro paraguaio, exceto ele mesmo. Todos os comerciantes e outros que tinham dinheiro foram tratados da mesma maneira, e seus documentos e dinheiro tomados pelos agentes de López, e provavelmente enterrados em locais conhecidos apenas por ele mesmo. O Sr. Stark tinha consigo o dinheiro de muitas pessoas além do seu próprio. Tudo foi tomado, até mesmo as moedas do bolso de sua esposa.

Grande parte do dinheiro obtido assim, sem dúvida foi levado embora por algum dos vasos de guerra neutros que visitaram Angostura no final de 1868. Entretanto, nem os vasos ingleses, nem os americanos fizeram alguma transação desta natureza.

Muitas senhoras estavam entre os prisioneiros assim torturados, além das irmãs de López. Sua mãe lhe fez outra visita em Itá Ivaté, provavelmente para interceder por seus filhos, mas parece que ele não deu a menor atenção por seus rogos.

CAPÍTULO XXVI

PERSONALIDADE DE LÓPEZ.

Francisco Solano López é um homem muito robusto de cerca de 45 anos de idade. Ele é baixo, mas tem uma presença dominante. Na Inglaterra ele seria chamado de moreno, sendo da cor dos espanhóis em geral, com cabelos negros. Suas mãos e pés são muito pequenos. Quando está de bom humor, ele é bem apessoado, e suas maneiras e conversação bastante agradáveis. Ao contrário, quando está de mal humor, ele pode ser desagradável. Ele é muito cuidadoso com sua aparência, gosta de uniformes militares, em especial com relação ao seu Estado-Maior, e tem jeito peculiar de caminhar. Suas pernas são curtas e bem curvadas para trás. Ele tem uma boa postura no cavalo, e quando jovem costumava ser um excelente ginete. Entretanto, agora é bastante trabalhoso para ele montar e desmontar. Ele tem hábitos bastante indolentes. Costuma ficar sentado conversando por longas horas, e em pé também, e suas caminhadas se limitam a 100 ou 200 metros.

Ele gosta muito dos filhos da Sra. Lynch, mas não de seus outros, os quais ele tem vários de diferentes mulheres. Ele não tem sentimentos amigáveis por ninguém, pois fuzilou quase todos aqueles que tinham sido favorecidos por ele, que por anos foram seus únicos companheiros. É um grande fumante, e amante da boa mesa; ele come muito; depois do jantar, quando de bom humor, ele ocasionalmente canta uma canção curta. Ele tem um grande estoque de bons claretes, os quais ele gosta muito, e que ninguém à sua mesa costuma beber, a não ser ele próprio – nem mesmo a Sra. Lynch ou o Bispo; as pessoas que jantam com ele são servidas de vinho de qualidade inferior. Durante alguns meses no Passo Pucú, ele costumava jogar damas o dia inteiro com o Bispo. O Bispo costumava acordar muito antes dele, e ficava esperando no corredor de López com o chapéu na mão.

Quando López aparecia, o Bispo ia na direção dele com um olhar subserviente e fazia uma profunda reverência, a qual López respondia com um aceno de cabeça sem tocar em seu quepe. López fala um francês fluente, e sempre conversava nesta língua com a Sra. Lynch que foi educada na França. Ele sabe um pouco de inglês, e é claro espanhol, pois esta é a língua oficial do país. Entretanto, ele apenas conversa em guarani com os homens e os oficiais, incluindo a mim. O guarani é uma língua muito charmosa e expressiva, apesar de ter muitas palavras emprestadas do espanhol para expressar coisa que os índios originais não conheciam.

López é um bom orador, especialmente naquele tipo de oratória para inspirar confiança em suas tropas e depreciar o inimigo. Raramente ele próprio diz ou faz alguma coisa para desagradar pessoas, deixando isto para o General Resquin fazer. Ele não permite que ninguém faça uma piada em sua presença, apesar dele próprio gostar de contar piadas. Ele faz questão que respeitem sua dignidade, e até mesmo costumava fazer com que seus irmãos o chamassem de "S. Ex.ª". Ele tem uma vontade de ferro e um grande orgulho, e uma grande relutância em dar uma contraordem depois que ele já decidiu algo. Quando ele quer ele é muito gentil e cavalheiresco, e capaz de se impor mesmo sobre diplomatas, fazendo-os acreditar em qualquer coisa que ele deseje.

Ele nunca sente a morte de seus melhores homens e oficiais, exceto por ter menos homens para lutar, mas ele sempre foi muito cuidadoso em não permitir que o inimigo soubesse onde ele estava, e para este propósito, ele aboliu os capacetes de latão de sua guarda, assim como sua bandeira, e colocava a guarda atrás de algumas casas. Ele não permitiu que os guardas se mostrassem, e nem que as sentinelas apresentassem armas, nas três ou quatro ocasiões em que visitou parte do exército, para que o inimigo não o reconhecesse se o visse. Ele também desistiu de usar seu poncho favorito que era escarlate com bordados a ouro, e usava um chapéu de palha ao invés de seu quepe, e usava do lado do avesso o tecido dourado da sela. Ele tinha seu cavalo selado todas as manhãs e suas carruagens prontas antes do amanhecer, para estarem prontas para partir caso o inimigo penetrasse em suas linhas por um local qualquer.

No começo da guerra, raramente ele bebia fora das refeições, mas ultimamente, ele pegou o hábito de pedir um cálice de vinho do porto várias vezes durante o dia. Este hábito começou um pouco antes das últimas atrocidades, e sem dúvida teve uma grande influência em torná-lo cruel. Entretanto, durante este período, geralmente ele estava de bom humor. Em San Fernando, ele costumava sair com seus filhos para pescar numa lagoa perto do quartel-general.

A seguinte história, que me foi contada por uma testemunha ocular, dará uma ideia de sua "justiça" sumária. Durante os últimos dias de dezembro, um cabo de sua escolta foi a cavalo até o mordomo de López pedir um pouco de bebida. O mordomo, que era um oficial, perguntou para que ele queria uma bebida, e disse a ele para ir lutar. Com isto o cabo se tornou impertinente e disse "Oh, tudo isso é conversa fiada. O inimigo nos cercou, e logo nós estaremos liquidados". Depois de um pouco de resistência, o oficial tirou-o do cavalo e o levou pelo pescoço até López que estava tomando café da manhã em sua tenda. Depois de ouvir o que oficial tinha a dizer, López disse a ele: "Leve-o para fora e mate-o". O oficial levou o homem, que não ofereceu resistência, para fora tenda e partiu sua cabeça ao meio com sua espada.

Sua desconfiança de todos é ilustrada pelas seguintes ocorrências. Em agosto de 1866, um ianque, o Sr. Manlove se apresentou em nossos postos avançados e foi levado até o quartel-general. Ele disse que tinha vindo para fazer propostas comerciais para López que não quis recebê-lo. Finalmente, por terceiros, ele disse a López que tinha à sua disposição três vasos nas Índias Ocidentais, todos aparelhados para pirataria, e tinha vindo até ele para pedir cartas de corso para atacar o comércio brasileiro. López achou que ele era apenas um espião e não quis nada com ele, e o manteve na prisão por algum tempo. Finalmente, ele o libertou, e a Sra. Lynch costumava enviar para eles presentes como cerveja, etc. Entretanto, algum tempo depois, ele foi aprisionado novamente e fuzilado como conspirador.

Em julho de 1867, o Major Von Versen, um distinto oficial do exército prussiano, se apresentou nos nossos postos avançados. Ele foi enviado pelo governo prussiano para observar a guerra do lado paraguaio. Ao chegar no Rio de Janeiro, os brasileiros o jogaram na prisão acreditando, ou dizendo acreditar, que ele iria se juntar a López como comandante em seu exército. Depois de algum tempo, o embaixador prussiano conseguiu sua soltura, e ele foi para Buenos Aires. Ali, novamente o governo o jogou na prisão, e depois de uma grande negociação, ele foi liberado na condição de ele não deveria ir ao Paraguai antes de fazer uma viagem por terra até o Chile que também estava em seu programa. Como acordado, ele seguiu pelos pampas até o Chile, chegou lá, retornou e foi para o Paraguai tendo cavalgado cerca de 4,8 mil km para manter sua promessa. Ele deixou seus documentos em sua valise em Corrientes com um agente de López que costumava se comunicar pelos índios do Chaco, e que deveria ter enviado a valise para López imediatamente. Chegando ao acampamento aliado, ele comprou o melhor cavalo que pôde, e uma manhã fez uma investida e chegou até as linhas paraguaias. Ali, teve seus braços amarrados nas costas, e lhe foram tomados as roupas e o cavalo, e ele foi tratado como um espião, apesar de seus documentos nunca terem aparecido, López finalmente se convenceu que ele realmente quem dizia, e foi permitido que ficasse à volta de sua cabana apenas. Entretanto, durante o recuo pelo Chaco, ele foi acorrentado junto com os outros prisioneiros, e teve de fazer toda a jornada a pé, e novamente do Tebicuarí até Piquissirí, estando todo o tempo entre os prisioneiros. Finalmente, por sorte ele escapou com vida.

CAPÍTULO XXVII

NOTAS DE ENGENHARIA.

Eu devo começar este capítulo dizendo que no começo da guerra, eu não tinha pretensões de ter conhecimentos de engenharia militar ou de artilharia além do que pude aprender de alguns livros que fui capaz de obter no Paraguai, e que estudei na ocasião. Destes livros, os principais foram "Fortificações de Campo" de Macaulay, "Os Artigos Profissionais do Corpo de Engenheiros Reais", e vários trabalhos sobre artilharia. O Coronel Wisner, um húngaro, era o principal oficial engenheiro do exército paraguaio, mas ele esteve doente durante toda a guerra, e ficou incapaz de fazer qualquer coisa, de maneira que todo o trabalho ficou comigo.

Depois de experimentar diferentes meios de esboçar mapas, eu adotei o seguinte método que achei que respondeu melhor em termos de rapidez e precisão. Eu costurei algumas folhas de papel almaço, e o livro assim formado eu carregava solto em cima de uma prancheta rígida. No centro do livro, eu fiz furos através dele com a ajuda de um transferidor circular a cada cinco graus. Estes furos foram numerados em cada página, e eu começava a esboçar em uma página depois de tomar nota da direção geral que o esboço teria, e então desenhava as linhas de N. e S., e as linhas de L. e O. Eu dobrava um quarto de folha de almaço até que ela ficava com cerca de uma polegada de largura, e nas suas bordas eu marcava minha escala. Isto servia como régua e escala. Tendo fixado meu ponto inicial no papel, de maneira que o esboço coubesse todo no mesmo, eu tomava medidas, com um pequeno compasso de mão, de todos os objetos que eu podia ver, e estas medidas eu anotava com a minha escala de papel, e estas medidas eu aplicava no meu compasso de furos, e deslocava-as cuidadosamente numa direção paralela a minha posição no papel, e então desenhava uma linha. Então, eu estimava a distância que era medida pela escala. Indo por um caminho e voltando por outro, frequentemente eu encontrava discrepâncias menores do que deveria. Eu mapeei desta forma uma grande parte do Bellaco, e todo o terreno entre o Tebicuarí e Pilar, o Rio Tebicuarí, e toda a região imediatamente ao norte dele, assim como a região em torno do Tebicuarí. Da região em torno de um raio de 15 a 20 km do Passo Pucú, eu fiz um mapeamento trigonométrico bastante detalhado, assim como uma agrimensura em cadeia da estrada ao norte do Tebicuarí. Eu também fiz um mapeamento trigonométrico do Rio Paraguai, de Curupaiti até seu deságue no Paraná.

Figura 21 - Canhão montado *en barbette*[103].

Com exceção de algumas velhas baterias de Humaitá que eram feitas de alvenaria, todas nossas defesas consistiam de muros de terra, revestidas com torrões de grama e outros obstáculos. Geralmente era empregado um traçado de linhas contínuas, como se pode ver nos desenhos do apêndice. O terreno em geral era irregular de maneira que as defesas não assumiam nenhuma forma definida, mas os redutos eram colocados de forma a flanquear as vias de acesso que eram acessíveis apenas através de passos, onde em ângulos opostos eram mais redutos e sempre colocados. Pequenos ângulos salientes eram feitos para os canhões, de maneira que eles ficassem projetados à frente da linha de trincheiras onde a infantaria se posicionava, e que, consequentemente, eles poderiam flanquear. Todos os canhões eram

---

[103] N.E.: A montagem *en barbette* era simplesmente uma plataforma elevada protegida por um parapeito circular para dar amplo campo de ação ao canhão. Na foto temos uma montagem deste tipo num navio.

montados *en barbette*, para dar a eles o mais amplo campo de ação possível, por meio de plataformas elevadas. Os paraguaios não tinham muita infantaria, e sua artilharia era sua principal defesa em caso de ataque.

O perfil era geralmente o mesmo em todas as defesas, tendo o fosso geralmente 3,5 metros de largura e 1,80 metro de profundidade com uma inclinação de 3/1. Nenhuma sapata foi feita, mas a inclinação do parapeito e a escarpa formavam uma, sendo a terra em geral firme para fazer uma sapata bem sólida. A parte externa era revestida com torrões de grama, e sendo a escarpa bem inclinada, era muito mais difícil de escalá-la do que se tivesse uma sapata. A mureta tinha em geral de 30 a 45 cm de altura e 90 cm de largura e era feita inteiramente de torrões de grama. Em locais expostos a bombardeios, os parapeitos foram gradualmente aumentados, e era feita uma proteção adicional para os homens cavando-se um pequeno fosso em volta da mureta, no qual eles podiam se sentar. Em Curupaiti os bombardeios eram tão frequentes que teve de se fazer uma cobertura de couro sobre este fosso, como é mostrado no desenho[104].

A turfa no Paraguai é muito mais sólida do que a da Inglaterra, e quanto mais grossos eram cortados os torrões, melhores os revestimentos que eles promoviam. Os melhores revestimentos que nós tínhamos eram os feitos de obstáculos. Eu revesti as baterias do Fortin no Tebicuarí com uns travessões de 3,5 metros de altura, com uma pequena inclinação, cheio de obstáculos, e um emaranhado de cipós chamado "Usüpó" que tem um comprimento de vários metros e uma grossura de um centímetro. Três ou quatro desses eram torcidos juntos formando uma espécie de corda que formava a defesa de rede, e que também eram colocados entre as estacas para servir de amarras. Este cipó tinha a propriedade de não apodrecer debaixo da terra, e era muito útil. Ele dava um bom revestimento que sendo frequentemente atingido por balas de Whitworth de 150 libras não eram danificados além de serem cortados no ponto onde a bala penetrava, o que mal deixava vestígios de sua passagem. Ao contrário, as defesas com torrões de terra quando atingidas por um tiro de canhão eram desarrumadas consideravelmente. Como não se pode obter este cipó em Angostura, as defesas tiveram de ser revestidas com galhos flexíveis. Isto não era tão bom quando o cipó, mas ainda era muito superior aos torrões de grama.

Nas placas VI e VII são mostrados os dois métodos de montarmos nossos canhões de 8 polegadas. A primeira figura mostra a velha montagem, na qual a guarnição ficava necessariamente exposta, quando não se usava coberturas. O defeito era pior quando o pivô ficava no final ao invés do centro do carro, pois nossos canhões tinham de ser montados de forma que eles pudessem atirar em qualquer direção, seja para a frente ou para trás. Na trincheira mostrada na bateria da direita, a pouca infantaria da

---

[104] Veja Ilustração V.

nossa guarnição tinha que defender a posição contra um ataque por terra, e os canhões tinham de disparar metralha por cima de suas cabeças que eram protegidas pelo parapeito. O método de montagem dos canhões na bateria da esquerda protegia quase que completamente a guarnição que trabalhava nos canhões, enquanto que estes podiam ser movidos muito mais facilmente, pois estavam montados sobre roletes. Pela inclinação que ficava o carro, o canhão se movia com muito mais facilidades, além da vantagem de não sobrecarregar as correias que movimentavam o canhão. O monte de terra na frente do paiol de pólvora também servia como parapeito contra o lado terrestre, e a guarnição de cada canhão estava protegida por todos os lados. No caso de um ataque por terra, os canhões dispararjam por cima do paiol de pólvora, cujas portas ficavam do lado oposto dos canhões, sendo que a bateria propriamente dita era protegida por um fosso profundo flanqueado por um canhão de 32 libras colocado no ângulo de reentrada. Este 32 libras, assim como o canhão esquerdo da bateria, eram protegidos por um muro contra o fogo da frota, pois era de suma importância que estes dois canhões não fossem desmontados durante a ação. Todos os canhões da bateria tinham uma pequena fresta no parapeito para permitir que disparassem nos encouraçados abaixo deles, caso estes procurassem por proteção passando por debaixo do barranco alto do rio. Entre os paióis e o fosso, havia um pequeno fosso onde eram mantidos cartuchos reserva, cordames, etc.

Com o objetivo de fechar a navegação do rio aos encouraçados, eu mandei fazer uma barreira e a coloquei através do rio em Fortin[105]. Ela era formada de troncos de madeira Timbó (que flutua), cada um com 5 metros de comprimento e 45 cm de diâmetro, presos com grilhões de maneira que formassem uma espécie de corrente. Nós não tínhamos ferro suficientemente fortes para fazer estes grilhões, e nós os construímos com trilhos de cabeça dupla removidos da linha férrea, e os cortamos em dois. A corrente foi feita um quarto mais comprida que a largura do rio, e foi segura em cada ponta por quatro postes enterrados no solo. Quando foi colocada em posição, ela assumia uma curva conforme mostrada na Ilustração III. Ela ficava quase submersa por causa de seu peso, e os brasileiros teriam que disparar sobre ela por um longo tempo para ter alguma chance de danifica-la. Se eles tivessem arremetido contra ela, eles não a teriam rompido, pois seriam empurrados gradualmente devido à forma assumida pela corrente, e nenhum barco pequeno poderia se aproximar, pois por causa da corrente ela estava em contínuo movimento vertical, e teria sido muito perigoso para pequenas embarcações por causa do peso da corrente. Inicialmente, as extremidades dos troncos não estavam reforçadas com anéis de ferro e alguns deles se partiram pelos buracos dos arrebites. Então, eu enviei a

---

[105] Veja Ilustração V.

corrente de volta para Assunção, e mandei colocar anéis de ferro em todas extremidades dos troncos, mas no seu retorno, por uma estupidez das pessoas que a traziam numa noite escura, passaram pelas baterias antes que nós ficássemos sabendo que ela estava vindo, e ela se foi embora com a correnteza e se perdeu. Apesar dos encouraçados estarem ao alcance das baterias, eles não perceberam ela passar, e provavelmente ela foi carregada pela correnteza até um riacho para o espanto dos índios.

APÊNDICES

N° I.[106]

Protesto do Governo Paraguaio contra a intervenção do Brasil na Banda Oriental.

Ministério do Exterior, Assunção, 30 de agosto de 1864.

O abaixo-assinado, Ministro do Exterior, recebeu ordens de S. Ex.ª, o Presidente da República, para endereçar esta nota a V. Ex.ª, pelos motivos que ele explica a seguir.

O abaixo-assinado recebeu de S. Ex.ª, o Sr. Vasquez Sagastume, Embaixador residente da República Oriental, a nota datada de 25 do mês corrente, endereçada a ele por ordem de seu governo, contendo cópias da última correspondência trocada entre este governo e S. Ex.ª, o Sr. Conselheiro Saraiva, Embaixador Plenipotenciário de Sua Majestade o Imperador do Brasil nesta república, consistindo de três notas datadas de 4, 9 e 10 do mês corrente.

A atenção do governo do abaixo-assinado foi chamada ao importante e inesperado conteúdo destas notas, por causa do desenrolar dos acontecimentos das dificuldades na Banda Oriental, cujo destino não pode ser ignorado, e também com o objetivo de apreciar os motivos que podem ter levado a tal solução violenta.

A moderação e a precaução que caracteriza a política do Governo Imperial fez com que o Paraguai esperasse uma solução diferente para suas reivindicações para com o Governo de Montevidéu, e esta esperança era fundada em grande parte pelo fato que o Sr. Saraiva, e mesmo o Gabinete Imperial, quando declinou da mediação oferecida por este governo a pedido do governo Oriental, disse que ela não era necessária devido ao curso

---

[106] Veja página 16.

amigável que a questão estava tomando.

O governo do abaixo-assinado respeita os direitos que são inerentes a todos governos de resolver suas diferenças ou pedir reparações quando a satisfação e a justiça foram recusadas, sem prescindir do direito de apreciar o modo de efetuá-las, ou a repercussão que possa ter sobre o destino daqueles que têm interesse legítimo no resultado.

As demandas feitas por S. Ex.ª o Sr. Conselheiro Saraiva ao Governo Oriental em suas notas de 4 e 10 do mês corrente, era que suas exigências deveriam ser satisfeitas dentro de 6 dias, sendo que ao falhar isto, ele ameaçava fazer represálias com forças imperiais de terra e mar, o que significava a ocupação de parte daquele território caso o governo se recusasse a atender e a satisfazer as exigências como parece pela nota de S. Ex.ª o Ministro de Assuntos Estrangeiros, datada de 9 do mês corrente.

Este é um dos casos em que o governo do abaixo-assinado não pode deixar de apreciar o modo de efetivar a satisfação das exigências do governo de V. Ex.ª, porque seu resultado por influenciar os interesses legítimos do Paraguai.

A alternativa do ultimato contida nas notas de S. Ex.ª, o Sr. Conselheiro Saraiva, causou uma dolorosa impressão no seio do governo do abaixo-assinado. Notas estas onde ele demanda uma impossibilidade por causa do estado interno do país e nem o prestígio dos Srs. Thornton, Elizalde e Saraiva, nem o consentimento e abnegação do Governo Oriental, foram suficientes para retira-la.

A recusa de S. Ex.ª, o Sr. Conselheiro Saraiva, a proposta feita a ela pelo Governo Oriental, para submeter as exigências a um arbítrio, não foi menos dolorosa para o governo do abaixo-assinado, mais ainda porque este princípio serviu como base ao Governo Imperial nas exigências da Majestade Brasileira.

O Governo da República do Paraguai deplora profundamente que o governo de V. Ex.ª achou correto se afastar nesta ocasião de sua política de moderação, na qual ele deveria confiar agora mais do que nunca, depois de aderir ao estipulado pelo Congresso de Paris. Mas ele não pode observar com indiferença, e muito menos consentir, a ocupação de qualquer parte da República do Uruguai por forças brasileiras, sejam navais ou terrestres, como cumprimento da alternativa do ultimato imperial, seja temporária ou permanentemente. E S. Ex.ª o Presidente da República já ordenou que o abaixo-assinado a declarar a V. Ex.ª, como representante de Sua Majestade o Imperador do Brasil, que o Governo da República do Paraguai irá considerar uma infração ao equilíbrio de forças dos estados do Prata qualquer ocupação por forças imperiais do território de Montevidéu, por causa dos motivos nomeados no ultimato de dia 4 do mês corrente, enviado para o Governo Oriental pelo Ministro Plenipotenciário Especial do Imperador, pois este equilíbrio interessa ao Paraguai como garantia de sua segurança, paz e prosperidade, e que ele protesta de forma solene contra tal ato, se eximindo de toda responsabilidade dos resultados desta declaração.

Tendo assim levado a efeito as ordens de S. Ex.ª o Presidente da República, o abaixo-assinado aproveita esta oportunidade para saudar V. Ex.ª com a maior consideração.

JOSÉ BERGES.

Para V. Ex.ª, Sr. César Sauvan Vianna de Lima,
Embaixador Residente de Sua Majestade, o Imperador do Brasil.
Etc., etc., etc.

Nº II

Tratado da Aliança contra o Paraguai, assinado dia 1º de maio de 1866, entre os plenipotenciários do Uruguai, Brasil e República Argentina, extraído de documentos apresentados perante a Casa dos Comuns por ordem de Sua Majestade Britânica, em obediência a Sua mensagem de 2 de março de 1866.

O Governo da República Oriental do Uruguai, o Governo de Sua Majestade o Imperador do Brasil, o Governo da República Argentina:
Os dois últimos estando atualmente em guerra com o Governo do Paraguai, que declarou guerra a eles com atos hostis, e o primeiro estando num estado de hostilidade e com sua segurança interna ameaçada pelo dito governo, que calunia a república e abusa tratados formais e os costumes internacionais das nações civilizadas, e que tem cometido atos injustificáveis depois de interromper as relações com seus vizinhos com os procedimentos mais agressivos e abusivos:
Estando persuadidos que a paz, segurança, e o bem-estar de suas respectivas nações são impossíveis enquanto o presente Governo do Paraguai durar, e que é necessário para os interesses maiores que este Governo deva desaparecer, e ao mesmo tempo respeitando a soberania, independência e integridade territorial da República do Paraguai:
Resolveram contrair um Tratado de Aliança, ofensiva e defensiva, com este fim; e nomearam seus plenipotenciários como se segue:
S. Ex.ª o Governador Provisório da República Oriental nomeou S. Ex.ª Dr. Carlos Castro, Ministro de Assuntos Estrangeiros; Sua Majestade o Imperador do Brasil, S. Ex.ª Dr. J. Otaviano de Almeida Rosa, conselheiro e deputado da Assembleia Geral Legislativa e oficial da Ordem Imperial da Rosa; S. Ex.ª o Presidente da República Argentina nomeou S. Ex.ª Dr. Rufino de Elizalde, Ministro de Assuntos Estrangeiros – que tendo apresentado suas respectivas credenciais, as quais acharam em boa e devida

forma, acordaram o seguinte:

Art. 1. – Sua Majestade o Imperador do Brasil, a República Argentina e a República Oriental do Uruguai se unem em aliança ofensiva e defensiva na guerra provocada pelo Governo paraguaio.

Art. 2. – Os aliados contribuirão com todos os meios de guerra de que possam dispor, em terra ou nos rios, como julgarem necessário.

Art. 3. – Devendo começar as operações da guerra no território da Republica Argentina ou na parte do território paraguaio que é limítrofe com aquele, o Comando-Chefe e direção dos exércitos aliados ficam confiados ao Presidente da mesma República, General-Chefe do Exército argentino Brigadeiro-General D. Bartolomeu Mitre.

As forças marítimas dos aliados ficarão sob o imediato comando do Vice-Almirante Visconde de Tamandaré, Comandante-Chefe da Esquadra de Sua Majestade o Imperador do Brasil.

As forças terrestres de Sua Majestade, o Imperador do Brasil, formarão um exército debaixo das imediatas ordens do seu General-Chefe Brigadeiro Manoel Luis Osório.

As forças terrestres da República Oriental do Uruguai, uma Divisão das forças brasileiras e outra das forças argentinas, que designarem seus respectivos chefes superiores, formarão um exército às ordens imediatas do Governador Provisório da República Oriental do Uruguai, Brigadeiro General D. Venâncio Flores.

Embora as Altas Partes Contratantes estejam convencidas de que não mudará o terreno das operações de guerra, todavia para salvar os direitos soberanos das três nações firmam desde já o princípio de reciprocidade para o Comando-Chefe, caso as ditas operações se houverem de traspassar para o território brasileiro ou oriental.

Art. 4. – A ordem e economia militar dos exércitos aliados dependerá unicamente de seus próprios chefes. As despesas de soldo, subsistência, munições de guerra, armamento, vestuário e meios de mobilização das tropas aliadas serão feitas à custa dos respectivos Estados.

Art. 5. – As Altas Partes Contratantes prestar-se-ão mutuamente, em caso de necessidade, todos os auxílios ou elementos de guerra de que disponham, na forma que ajustarem.

Art. 6. – Os aliados se comprometem solenemente a: não deporem as armas senão de comum acordo, e somente depois de derribada a autoridade do atual Governo do Paraguai; bem como a não negociarem separadamente com o inimigo comum, nem celebrarem tratados de paz, trégua ou armistício, nem convenção alguma para suspender ou findar a guerra, senão de perfeito acordo entre todos.

Art. 7. – Não sendo a guerra contra o povo do Paraguai, e sim contra o seu Governo, os aliados poderão admitir em uma legião paraguaia os cidadãos dessa nacionalidade que queiram concorrer para derribar o dito

Governo, e lhes darão os elementos necessários, na forma e com as condições que se ajustarem.

Art. 8. – Os aliados se obrigam a respeitar a independência, soberania e integridade territorial da República do Paraguai. Em consequência, o povo paraguaio poderá escolher o Governo e instituições que lhe aprouverem, não podendo incorporar-se a nenhum dos aliados e nem pedir o seu protetorado como consequência desta guerra.

Art. 9. – A independência, soberania e integridade territorial da República do Paraguai serão garantidas coletivamente de acordo com o artigo antecedente pelas Altas Partes Contratantes durante o período de cinco anos.

Art. 10. – Concordam entre si as Altas Partes Contratantes que as isenções, privilégios ou concessões que obtenham do Governo do Paraguai hão de ser comuns a todos eles, gratuitamente se forem gratuitas ou com a mesma compensação ou equivalência se forem condicionais.

Art. 11. – Derrubado o atual Governo da República do Paraguai, os aliados farão os ajustes necessários com a autoridade que ali se constituir para assegurar a livre navegação dos Rios Paraná e do Paraguai, de sorte que os regulamentos ou leis daquela República não possam estorvar, entorpecer ou onerar o trânsito e a navegação direta dos navios mercantes e de guerra dos Estados aliados, dirigindo-se para seus territórios respectivos ou para território que não pertença ao Paraguai, e tomarão as garantias convenientes para efetividade daqueles ajustes sob a base de que os regulamentos de polícia fluvial, quer para aqueles dois rios, quer para o Rio Uruguai, serão feitos de comum acordo entre os aliados, e os demais ribeirinhos, que dentro do prazo que ajustarem os ditos aliados aderirem ao convite que lhes será dirigido.

Art. 12. – Os aliados reservam-se combinar entre si os meios mais próprios para garantir a paz com a República do Paraguai, depois de derribado o Governo atual.

Art. 13. – Os aliados nomearão oportunamente os plenipotenciários para a celebração dos ajustes, convenções ou tratados que se tenham de fazer com o Governo que se estabelecer no Paraguai.

Art. 14. – Os aliados exigirão desse Governo o pagamento das despesas da guerra que se viram obrigados a aceitar, bem como reparação e indenização dos danos e prejuízos causados às suas propriedades públicas e particulares e às pessoas de seus concidadãos, sem expressa declaração de guerra; e dos danos e prejuízos verificados posteriormente com violação dos princípios que regem o direito da guerra. A República Oriental do Uruguai exigirá também uma indenização proporcionados danos e prejuízos que lhe causa o Governo do Paraguai pela guerra em que a obriga a entrar para defender sua segurança ameaçada por aquele Governo.

Art. 15. – Em uma convenção especial se marcará o modo e forma de liquidar e pagar a dívida procedente das causas mencionadas.

Art. 16. – Para evitar as dissenções e guerras que trazem consigo as questões de limites, fica estabelecido que os aliados exigirão do Governo do Paraguai que celebre com os respectivos Governos tratados definitivos de limites, sob as seguintes bases:

1. A República Argentina será dividida da República do Paraguai, pelos rios Paraná e Paraguai a encontrar os limites com o Império do Brasil, sendo estes do lado da margem direita do Rio Paraguai à Baía Negra.
2. O Império do Brasil se dividirá da República do Paraguai: do lado do Paraná pelo primeiro rio abaixo do Salto das Sete Quedas, que segundo a recente carta de Mouchez é o Igurei, e da foz do Iguaçu e por ele acima a procurar as suas nascentes.
3. Do lado da margem esquerda do Paraguai pelo Rio Apa desde a foz até às suas nascentes.
4. No interior, pelos cumes da Serra do Maracaju, sendo as vertentes de lestes do Brasil e as de oeste do Paraguai e tirando-se da mesma serra linhas as mais retas em direção às nascentes do Apa e do Igurei.

Art. 17. – Os aliados se garantem reciprocamente o fiel cumprimento dos convênios, ajustes e tratados que se devem celebrar com o Governo que se tem de estabelecer na República do Paraguai, em virtude do que foi concordado no presente Tratado de aliança, o qualificará sempre em toda a sua força e vigor para o fim de que estas estipulações sejam respeitadas e executadas pela República do Paraguai.

1. Para conseguir este resultado concordam que no caso em que uma das Altas Partes Contratantes não possa obter do Governo do Paraguai o cumprimento do ajustado, ou no caso em que este Governo tente anular as estipulações ajustadas com os aliados, os outros empregarão ativamente seus esforços para fazê-las respeitar.
2. Se estes esforços forem inúteis, os aliados concorrerão com todos os seus meios para fazer efetiva a execução daquelas estipulações.

Art. 18. – Este Tratado se conservará secreto até que se consiga o fim principal da aliança.

Art. 19. – As estipulações deste Tratado, que não dependam do Poder Legislativo para serem ratificadas, começarão a vigorar desde que seja aprovado pelos Governos respectivos, e as outras desde a troca das ratificações que terá lugar dentro do prazo de 40 dias, contados da data do mesmo Tratado, ou antes se for possível, que se fará na Cidade de Buenos Aires.

Em testemunho do que, nós abaixo-assinados, Plenipotenciários de S.

Ex.ª o Sr. Governador Provisório da República Oriental do Uruguai, de Sua Majestade o Imperador do Brasil e de S. Ex.ª o Sr. Presidente da República Argentina em virtude de nossos Plenos Poderes, assinam o presente Tratado e lhe fizemos pôr os nossos selos, na cidade de Buenos Aires no dia 1º de maio do ano do Nosso Senhor de 1865.

    Carlos Castro.
    J. Octaviano de Almeida Rosa.
    Rufino de Elizalde.

PROTOCOLO

S. Ex.ᵃˢ os Plenipotenciários da República Argentina, da República Oriental e de Sua Majestade o Imperador do Brasil, reunidos no Escritório de Assuntos Estrangeiros, acordam:

1. Que para cumprir o Tratado da Aliança desta data as fortificações de Humaitá serão demolidas, e nenhuma outra ou outras do mesmo tipo deverão ser construídas interferindo desta maneira com o cumprimento fiel deste tratado.
2. Que é uma medida necessária para garantir a manutenção da paz com o governo que poderá ser estabelecido no Paraguai, não deixar nenhuma arma ou meios de guerra, sendo que todos aqueles encontrados serão divididos igualmente entre os aliados.
3. Que qualquer troféu ou saque que seja capturado ao inimigo será dividido entre os aliados por aquele que realizou a captura.
4. Que os generais que comandam os exércitos aliados deverão arranjar os meios de atingir estes objetivos.

E assinam o presente em Buenos Aires no dia 1º de maio de 1865.

    Carlos Castro.
    J. Octaviano de Almeida Rosa.
    Rufino de Elizalde.

Nº III

Em consequência de umas deturpações publicadas por Caxias na sua Ordem do Dia, eu enviei para ele a seguinte carta:

Buenos Aires, 28 de janeiro de 1869.

Eu acabei de ler em um jornal publicado nesta cidade a Ordem do Dia de V. Ex.ª, nº 272, datada do dia 14 deste mês, relatando os últimos acontecimentos da Guerra do Paraguai. Não achando correta a descrição dos acontecimentos que precederam a evacuação de Angostura, a qual eu fui comandante, eu tomei a liberdade de chamar a atenção de V. Ex.ª às imprecisões a que me refiro, a saber, está incorreta a nota do dia 29 do último mês, na qual eu, juntamente com o Sr. Carrillo, segundo em comando da dita fortificação, enderecei aos generais do exército aliado, dizendo conter "questões frívolas", porque se limitou a informar V. Ex.as de um abuso da bandeira de paz cometido por um vaso do esquadrão brasileiro e por protestar contra este fato. Também não é correta que os oficiais portadores da uma bandeira de paz que se apresentaram no quartel-general de V. Ex.as na manhã do dia 30 de dezembro, para dizer que "eles estavam prontos para se render, e contavam com a generosidade dos generais aliados para que os oficiais pudessem ficar com seus pertences, espadas, etc.".

Seu humilde e obediente servo,

GEORGE THOMPSON.

Um pouco antes de deixar Buenos Aires e ir para a Inglaterra, eu ouvi de fontes confiáveis que ao invés de manter os termos da capitulação de Angostura, os brasileiros estava forçando os homens a se alistarem no exército brasileiro, e ao chegar no Rio de Janeiro, eu enviei a seguinte carta ao Ministro da Guerra lá:

A S. Ex.ª o Barão de Muritiba, Ministro da Guerra.

Rio de Janeiro, 12 de março de 1869.

Eu tenho a honra de me dirigir a S. Ex.ª com o propósito de comunicar que ouvi de vários paraguaios que vieram de Assunção recentemente, que os homens que se renderam em Angostura, os quais eu era o comandante, foram obrigados a se juntarem ao exército aliado, e que outros foram enviados para esta cidade sem serem perguntados se estavam de acordo ou não.

Como isto contraria o acordo escrito da rendição e as garantias verbais que o Marquês de Caxias e seu Estado-Maior deram, eu me dirijo pessoalmente a S. Ex.ª para implorar que o senhor investigue e retifique esta situação que sem dúvida aconteceu na ausência do Marquês de Caxias do teatro da guerra.

Que Deus preserve S. Ex.ª por muito anos.

GEORGE THOMPSON.

Nº IV

Os seguintes extratos mostram todo um processo de condenação e execução de desertores no exército paraguaio:

Depoimento do soldado Norberto Ruidias do 45º Batalhão a respeito de sua deserção:

Piquissirí, 1º de outubro de 1868.

Ele disse que cerca de dezesseis dias atrás, deixou o hospital onde ele estava doente com diarreia e febre, e foi para sua casa em Quindí, sob pretexto de ter recebido sua dispensa devido à doença, e que no próximo dia foi levado até a guarnição de seu distrito, e antes de ontem o enviaram a seu acampamento como prisioneiro.

Ele também diz que não havia motivo para sua deserção.

Por esta razão o desertor está acorrentado neste acampamento.

HILARIO MARCO.

Piquissirí, 2 de outubro de 1868.

Por ordem suprema, o soldado Norberto Ruidias, um desertor do 45º Batalhão, que foi capturado no distrito de Quindí dezesseis dias depois de sua deserção, deverá ser fuzilado.

F. RESQUIN.

Acampamento em Piquissirí, 2 de outubro de 1868.

Em cumprimento da sentença suprema que antecedeu, o soldado Norberto Ruidias, um desertor do 45º Batalhão, foi fuzilado, e em testemunho disso eu assino embaixo, retornando este documento selado.

GONZALEZ.

Nº V

Ilustrações da edição original

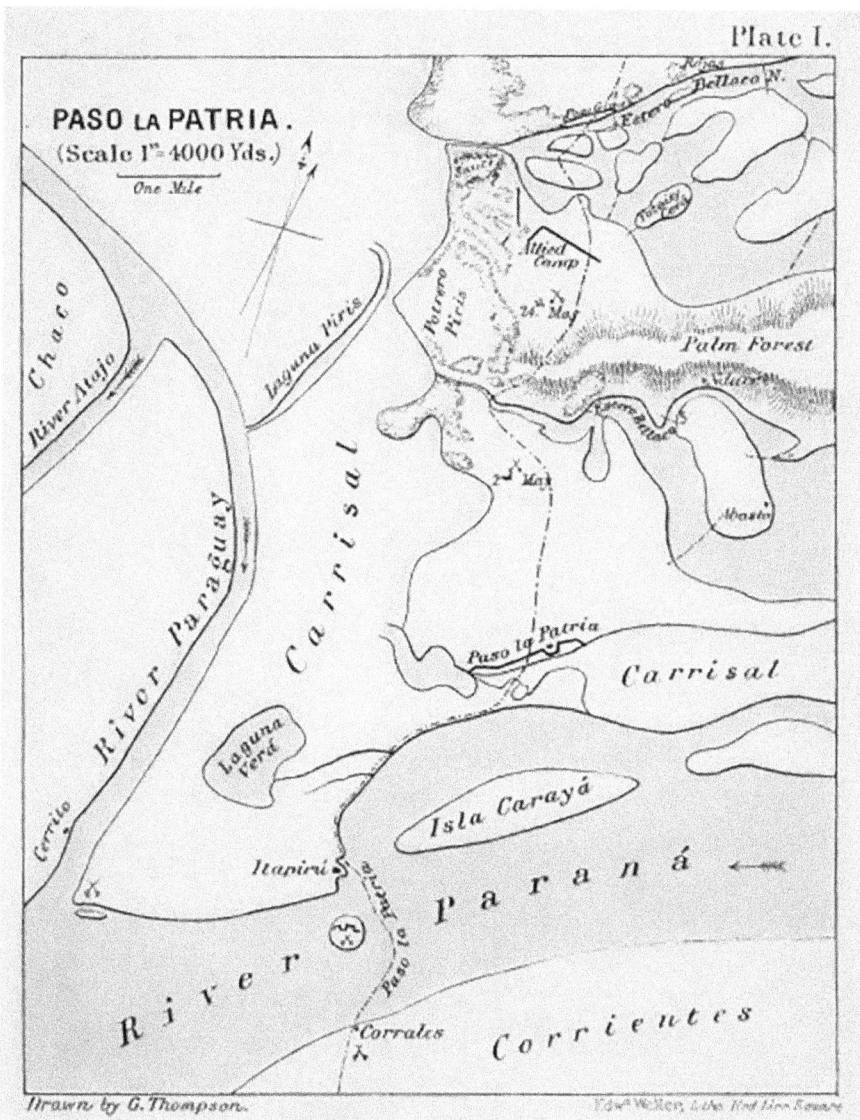

Figura 22 - Ilustração I

GEORGE THOMPSON

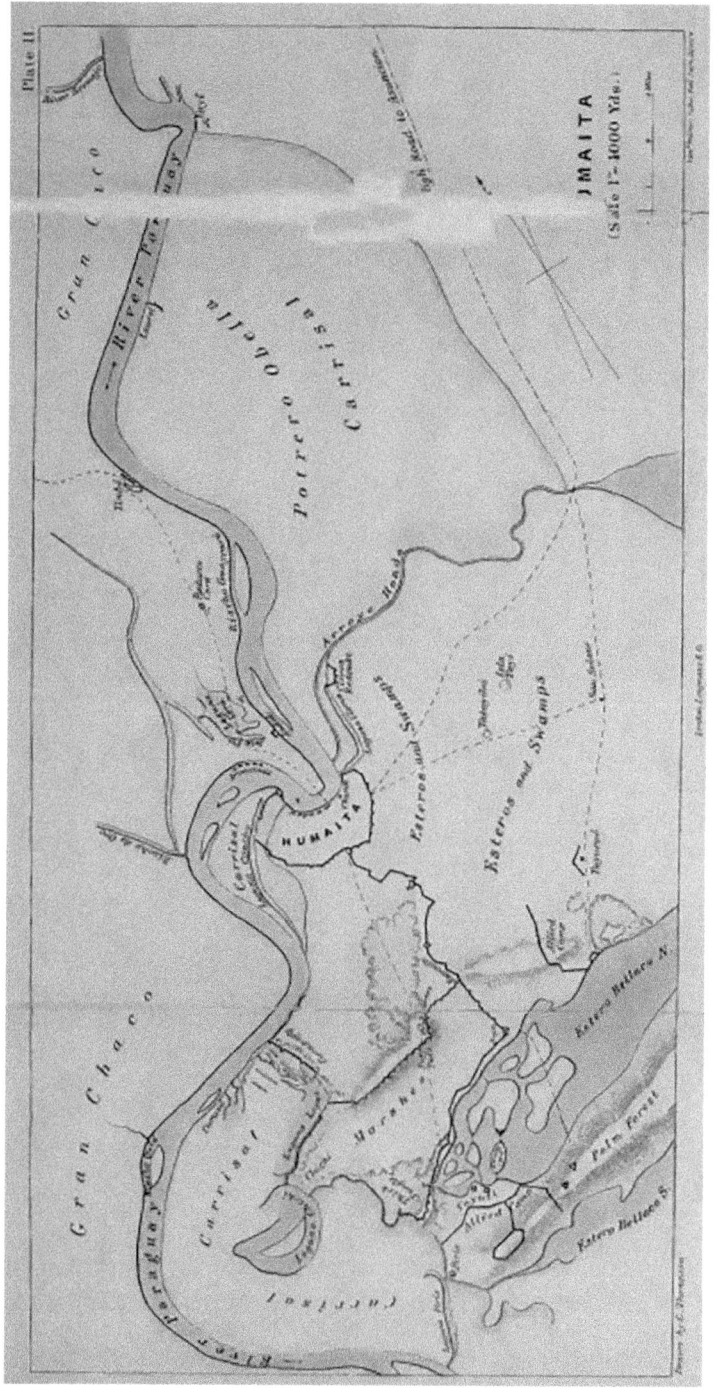

Figura 23 - Ilustração II

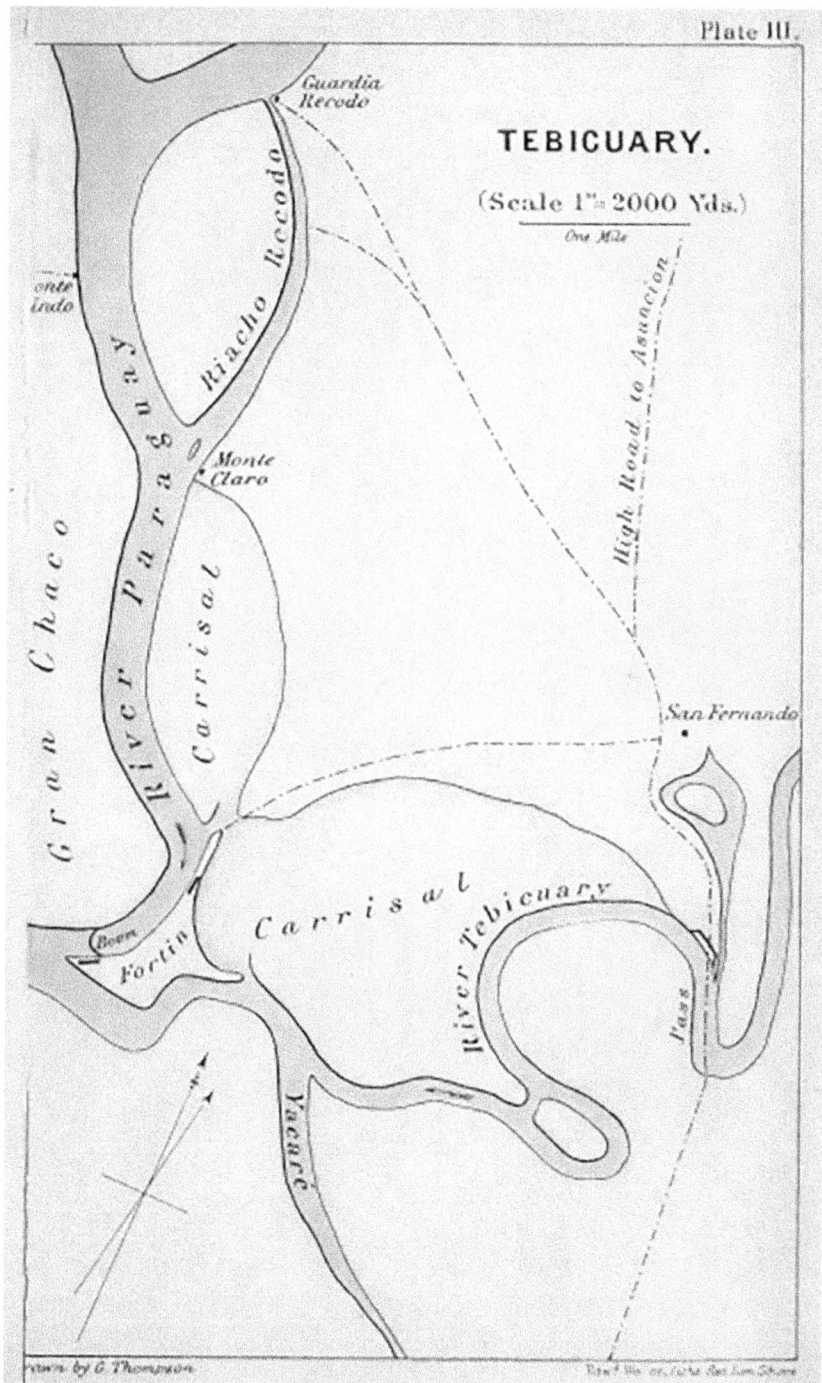

Figura 24 - Ilustração III

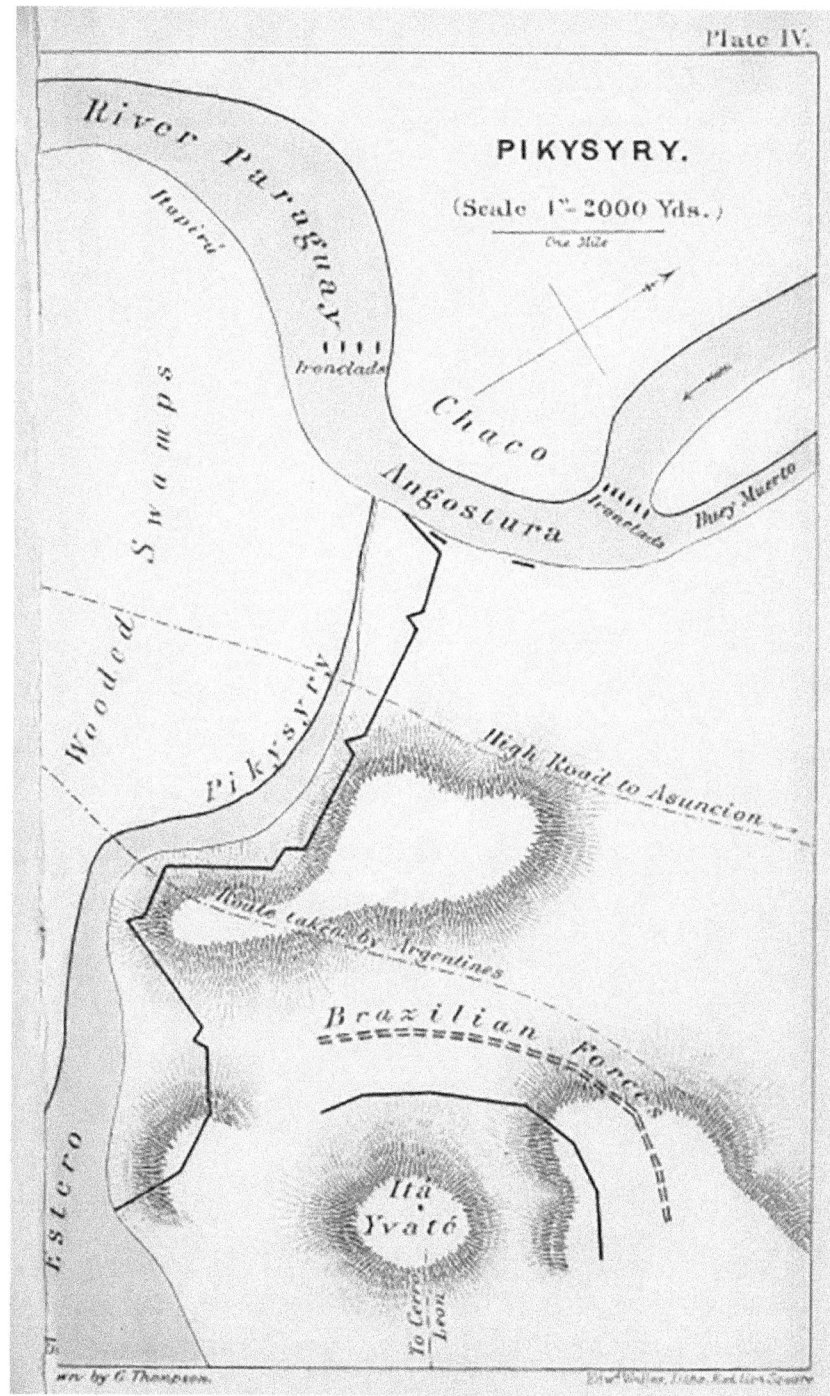

Figura 25 - Ilustração IV

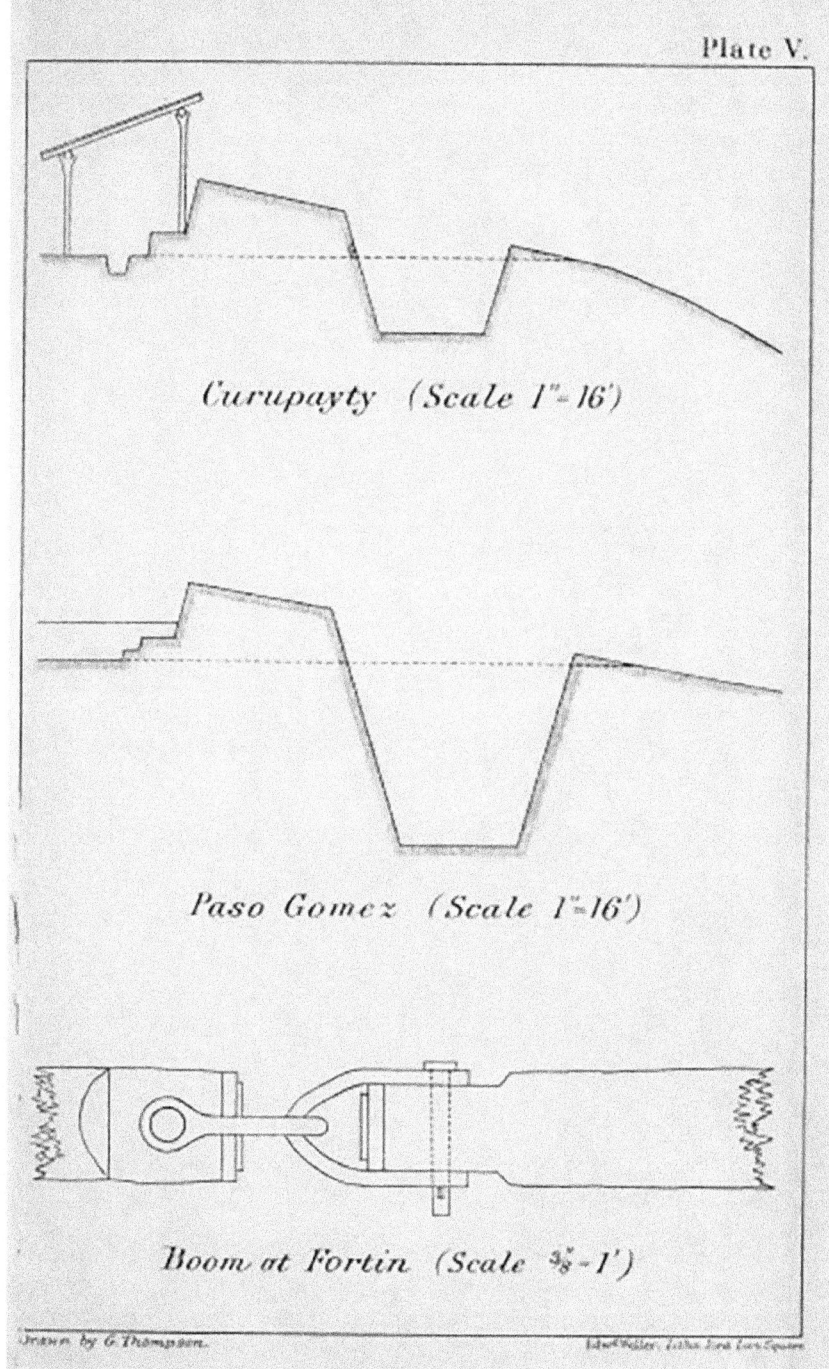

Figura 26 - Ilustração V

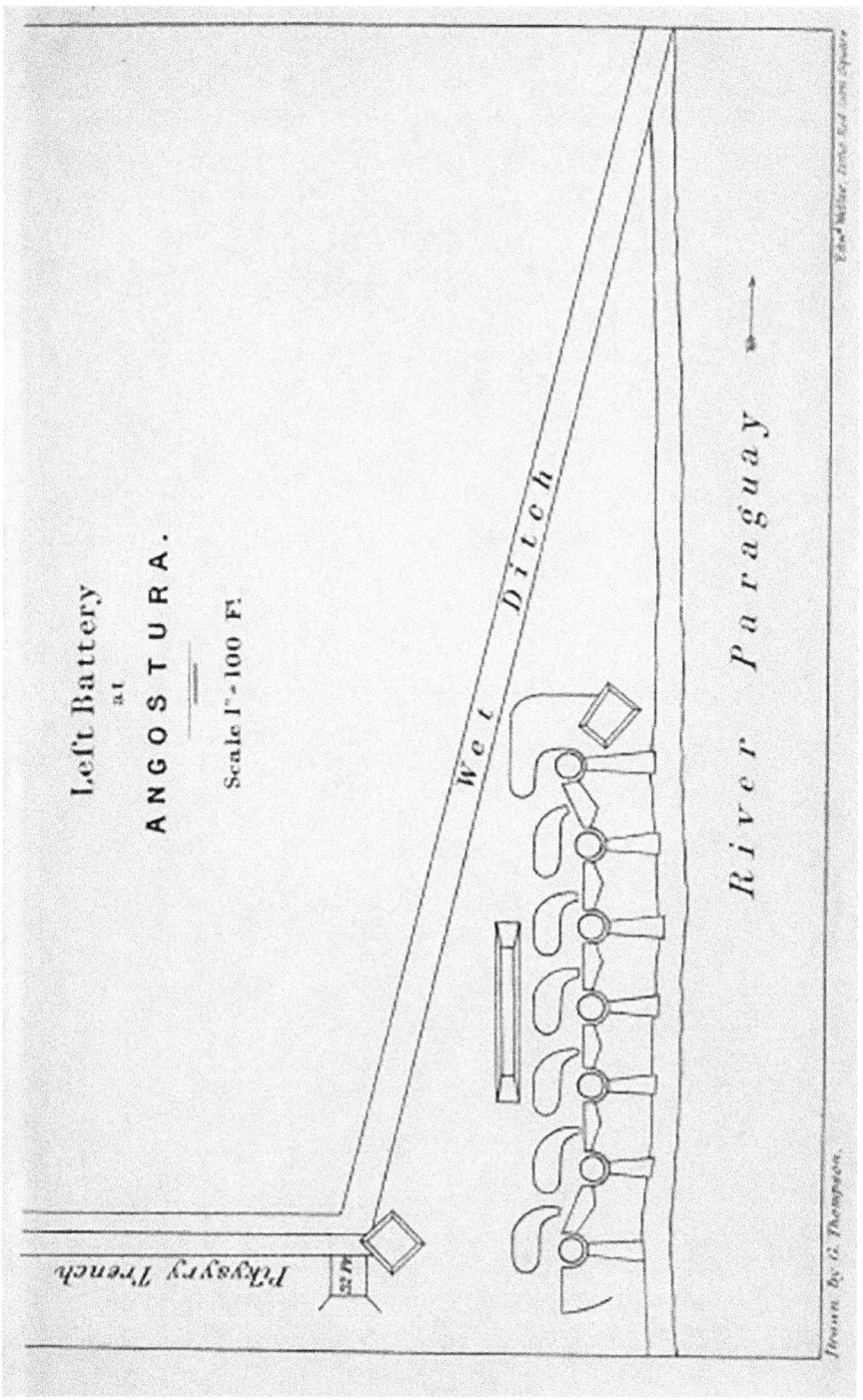

Figura 27 - Ilustração VI

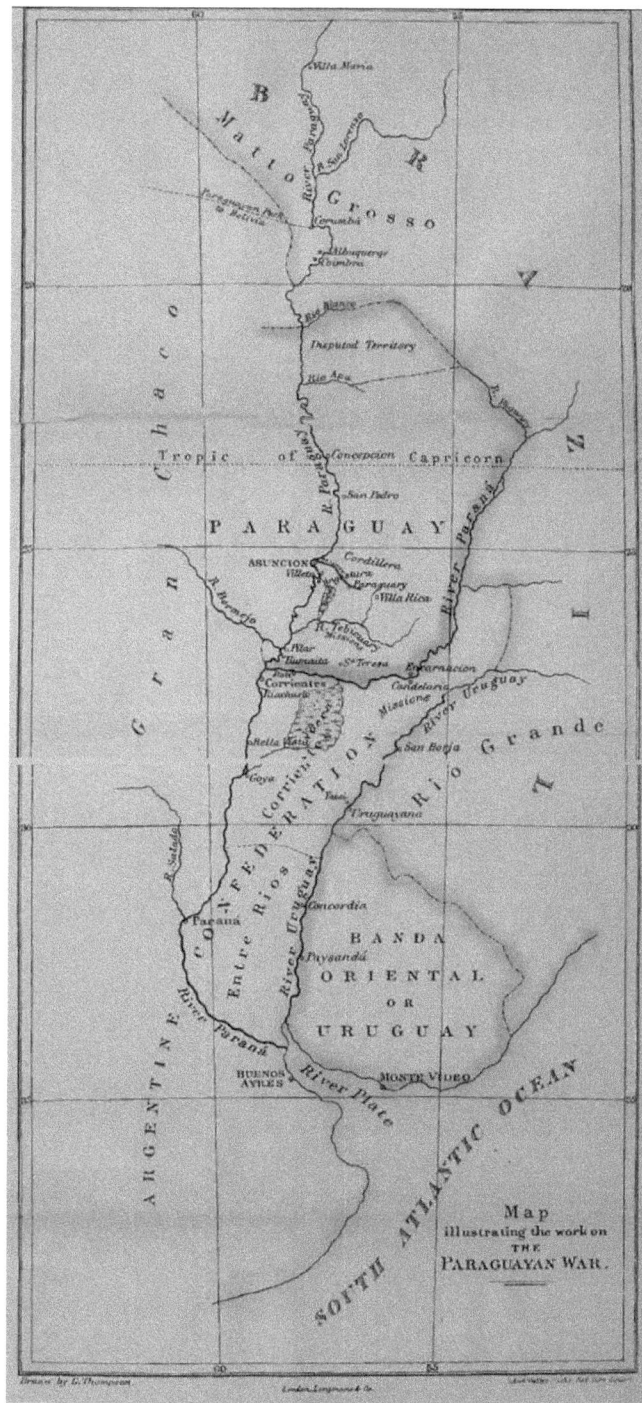

Figura 28 - Ilustração VII

SOBRE O AUTOR

George Thompson nasceu em Greenwich, Inglaterra, em 1839 e morreu em Assunção, Paraguai, em 1878 aos 36 anos de idade. Depois de completar seus estudos na Europa, imigrou para o Paraguai em 1858 aos 19 anos onde foi contratado pelo governo de Carlos López que estava contratando muitos estrangeiros, em especial técnicos ingleses, para modernizar o Paraguai.

Ao eclodir a guerra em 1864, Thompson foi convocado para trabalhar nas fortificações de Humaitá junto com o engenheiro militar austríaco, Cel. Franz Wisner von Morgenstern. Ao longo da guerra, seu bom trabalho chamou a atenção de Solano López que foi promovendo-o a vários postos no exército paraguaio, até atingir a patente de coronel ao final da guerra.

Após a rendição de Angostura, Thompson retornou a Inglaterra onde imediatamente publicou seu livro "War in Paraguay" que se tornou um clássico da guerra. Apaixonado pelo Paraguai e seus habitantes, retornou ao país em 1871 para ajudar na reconstrução, onde morreu em 1878.

GEORGE THOMPSON

OUTROS LIVROS DA EDITORA RCMP

História:
1. A Batalha do Riachuelo, A. L. von Hoonholtz
2. La Plata, Brazil and Paraguay, A. J. Kennedy
3. Campaign in France, J. W. von Goethe
4. War in Paraguay, G. Thompson
5. History of Paraguay, Vol. I, C. A. Washburn
6. History of Paraguay, Vol. II, C. A. Washburn
7. Paraguay and Her Enemies, M. T. McMahon
8. Letters from the Battlefield of Paraguay, R. Burton
9. Guerra do Paraguai, E. C. Jourdan
10. President Lopez Official Papers
11. The Captivity of Hans Stade, H. Stade & R. Burton

Outros assuntos:
1. Conan: Cravos Vermelhos, Robert E. Howard
2. A Rainha das Catacumbas Marcianas, Leigh Brackett
3. A Feiticeira de Vênus, Leigh Brackett
4. A Amazona Negra de Marte, Leigh Brackett
5. Bestiário Amoroso, Regis Eco

Cheque regularmente a nossa página da Internet para mais novidades: http://www.editorarcmp.com.br

www.ingramcontent.com/pod-product-compliance
Lightning Source LLC
LaVergne TN
LVHW051224080426
835513LV00016B/1394